天下文化
BELIEVE IN READING

上｜2006 年「蔡萬霖先生紀念獎學金」頒獎典禮
下｜2007 年國泰慈善基金會新移民母國文化尋根之旅暨兒童成長營隊成果展

2009 年 4 月 18 日於博鰲亞洲論壇與中國國務院總理溫家寶會晤

上｜國泰慈善基金會與伊甸基金會開辦「新住民二代多元智慧培力課程」，自2010年開辦迄今

下｜2011年千里步道籌畫中心及國泰慈善基金會合作的「社區故事樹——一村一林徑計畫」種樹記者會

上｜2010 年國泰慈善基金會「一日志工、讓愛轉動」啟動儀式
下｜2011 年 4 月 9 日在博鰲亞洲論壇與國台辦主任王毅

上｜2011 年 4 月 15 日於博鰲亞洲論壇會晤國家主席胡錦濤
下｜2011 年 10 月 7 日拜會陝西省長婁勤儉

上｜2011 年 10 月西安兵馬俑
下｜2011 年 10 月 10 月 5 日參加辛卯年重陽兩岸同胞祭祀黃帝典禮，宣頌祭黃帝文

上｜2012年國泰慈善基金會青年公園「社區故事樹」種植活動
下｜2012年12月13日北京大學第一次兩岸人文對話主講者合影

上｜國泰慈善基金會「2012 年新移民關懷國際研討會」
下｜102 年度國泰楷模志工頒獎典禮

上｜2013 年 10 月 31 日在台灣大學霖澤館舉行第三次兩岸人文對話
下｜2014 年 10 月在杭州錢王祠祭祖

上｜2015 年第二屆國泰圓夢計畫成果發表會，與桐林國小小提琴隊合影

下｜2015 年「蔡萬霖先生紀念獎學金」得主受獎

2016 年 3 月 26 日於博鰲亞洲論壇會晤國務院總理李克強

上｜2016 年 2 月 24 日台北論壇訪問團拜會北京社科院台研所的周志懷所長合影
下｜2016 年 2 月 24 日台北論壇訪問北京智庫中國國際問題研究院由蘇格院長接待

2017 年國泰慈善基金會「新住民二代優勢論壇」

上｜2016 年 5 月 18 日兩岸經濟文化論壇在鄭州舉行
下｜2017 年與第四屆「國泰圓夢計畫」獲獎學生合影

上｜2017 年受駐美代表高碩泰邀請出席雙橡園八十風華紀念活動
下｜2017 年 12 月兩岸經濟文化論台在新北市舉行

上｜2018 年 4 月 20 日在河南鄭州拜會河南省政協劉偉主席
下｜2018 年 6 月 6 日第十次兩岸人文對話在北京鳳凰衛視演藝廳

上｜2020 年 5 月 12 日於國泰金融會議廳舉辦的《錢復回憶錄 · 卷三》新書發表會
下｜2021 年 4 月 7 日由中研院近史所舉行的「錢復先生資料捐贈典禮」

上｜與監察院同仁合照
下｜2021 年 2 月 20 日出席由台大舉辦的錢思亮紀念學術演講會

2022 年 9 月第十一次兩岸人文對話，透過網路視訊進行

與兒女及孫輩拍攝全家福

錢復回憶錄

退而不休的使命傳承

典藏版卷四：2005~2023

錢復 著

目錄

自序 vi

第一章　國泰慈善基金會

一、台灣新住民關懷活動 1
二、一日志工讓愛轉動 6
三、蔡萬霖先生紀念獎學金 10
四、兒童成長營 19
五、多元國泰兒童圓夢計畫 21
六、環境保護工作 23
七、關懷銀髮族 24
八、為基金會赴國外工作 26
九、結束在國泰的服務 28

第二章　太平洋文化基金會　47
一、綜述　47
二、兩岸文化交流　51
第三章　蔣經國國際學術交流基金會　78
一、綜述　78
二、本會海外單位　81
三、重要活動　83
四、興建蔣經國總統圖書館　89
第四章　出國演講或參與論壇　99
一、二〇〇五年　100
二、二〇〇六年　128
三、二〇〇七年　128
四、二〇〇八年　139
五、二〇〇九年　154

目錄

六、二〇一〇年 159
七、二〇一一年 179
八、二〇一二年 184
九、二〇一三年 197
十、二〇一四年 214
十一、二〇一五年 217
十二、二〇一六年 225
十三、二〇一七年 233
十四、二〇一八年 249

第五章　博鰲論壇 250
一、二〇〇九年 253
二、二〇一〇年 262
三、二〇一一年 269

第六章　健康狀況 279
一、左耳突然失聰 282
二、蜂窩性組織炎 285
三、腦中風顱內出血 293
第七章　有關政治的事務 305
第八章　一生的回顧 336
【附錄一】錢復紀事 374
【附錄二】錢復英文著作 386
【附錄三】錢復獲國內外授勳獎章 387
【附錄四】人名索引 390

自序

二〇〇五年我自公職退休，而在二〇二〇年也出版了第三冊的回憶錄，原想此後可以擱筆休息，但是退休後一介平民之身仍有不少工作，也常被拉去作很多臨時性的工作。整體而言，這些工作對社會多少也有些貢獻。

最近半世紀人類的生命由於醫藥發達也持續延長，很多國家已進入高齡化社會，許多退休的長者，因為無所事事，健康迅速發生變化，各種疾病叢生。所以在許多先進國家已採用不強制退休的做法，我的二家兄在美國聖地牙哥的加州大學任教並主持生物工程學院作到前年滿九十歲才退休，而他退而不休，每天都會進研究室指導學生和新進教員。

不少朋友認為我退休後的工作很有意義，而且適當的忙碌也使我健康，就鼓勵我把退休後的生活寫出來，給大家作參考。因此我自二〇二一年就動筆寫退休的工作和生活，其中有些事件仍與外交、政治和兩岸關係有關，正值二〇二四年大選將屆可能讓有意服務國家的朋友感到興趣，但是野人獻曝，書內所寫僅是個人的經歷，並沒有特別的用意。

錢復

第一章
國泰慈善基金會

二〇〇四年下半年我在監察院的任期應於次年一月底結束，當時考慮退休後的生活，美國亞利桑那州立大學（Arizona State University）和加州聖地牙哥州立大學（University of California at San Diego）都有意聘我任教，但是兩地生活必須駕車，我無駕駛執照需仰賴玲玲為我駕駛，實在不妥。國維和家琪十分貼心，知道我少年時代曾在上海度過，所以在上海為我置辦了環境極佳的住所。只是我們都已屆七十高齡，台北的醫生朋友多，醫療照顧也好，加上朋友都在台北，一動不如一靜。

到了九月二十二日是玲玲和我結婚紀念日，國維來家晚餐說國泰金控蔡宏圖董事長和蔡鎮宇副董事長兄弟多次找他，想約我退休後去國泰慈善基金會擔任董事長。此一職務原由他們的尊翁蔡萬霖先生擔任，當時老人家健康欠佳，恐不能續任，另外也要聘我擔任金控的高級顧問，他們兄弟近期想來家中邀請，我說可約在週末二十五日晚間。次日我就查相關資料，知道國泰金控在富比士全球五百大企業（The Global 500）中排二一四名，萬霖先生白手起家經營事業以守法為原則，他常以「誠信、勤勉、謹慎、迅速、正確、負責」十二字與同仁互勉，在社會上普獲好評。他認為辦企業「取之於社會要回饋社會」，所以在一九八〇年六月創辦了國泰人壽慈善基金會，主要業務是辦理中小學獎學金、偏鄉關懷、急難救助、九二一震災重建，每次颱風風災都有大筆捐款賑災。我瞭解了情況以後，在九月二十五日晚間蔡氏兄弟到我寓所來談時，立即答應他們的好意，並表示當盡力使基金會的工作更能符合萬霖先生的創會理想。

不料二天後萬霖先生仙逝，基金會希望我能儘早到任，因此我在監察院退職後三週，基金會於二〇〇五年二月二十二日舉行董事會，推選我為董事長，三月一日便去松仁路國泰金融中心十九樓的辦公室上班。

二〇〇四年我發聖誕卡給國外友人時也附了一封通函，說明我將於來年二月一日起自公職退休，三月一日起在國泰慈善基金會工作，附上新的地址和連絡資訊。許多友人都函賀，也有若干傳來全球的慈善事業於上世紀末逐漸轉為公益事業的訊息。

至於慈善（charity）和公益（philanthropy）有什麼不同？前者是依出資者主觀的期望，對於需要捐助者如學校、醫院、教會等提供捐助；後者則是依社會實際的需求提供捐助。各國大學的商學院自一九八〇年代開始，普遍在專業課程外加開「企業社會責任」（Corporate Social Responsibility, CSR）一科，積極的建議企業要做社會公益，而且不少企業在發表年報時都會有CSR的專章。

談到「慈善」和「公益」大致有四點不同：㈠慈善是去設置機構，雇用人員，薪金和行政支出占每年預算比例很大，如美國的福特基金會（Ford Foundation）、洛克菲勒基金會（Rockefeller Foundation）都在總預算百分之五十以上；公益組織則依賴志工，人事和行政費用極少，每年的預算絕大多數是支援工作計畫。㈡慈善是每年有一定的支援計畫等候各機構或人員來申請，經審查後予以補助；公益則是積極發掘社會上的問題如疾病、貧窮、飢餓、無住所、環境汙染、教育不足等而設法解決。㈢慈善是完全無私的，公益則不必然是無私的，從事公益活動常會對企業有正面的效益。㈣過去的慈善工作都是個別運作，所有資料都對外保密；公益活動範圍較廣，單一的基金會不易發生效果，需要志同道合的團體共同去做，因此其工作必須充分透明化。

西方主要國家對基金會的限制比我國少很多，它們的基金會可以投資，對象大多是「社會企業」，如環保、生物科技、小額貸款機構（microfinance）。將公益和創投結合的例子，在二〇〇四年的歐洲就有由五十三個公益和創投基金組成的「歐洲公益投資協會」（European Venture Philanthropy Association, EVPA），不到一年會員已加倍為一一四個。具體的做法是由創投公司的會員進入公益組織會員內部，強化其組織，提供金融及非金融的支助，等公益組織會員完全健全後，再退出交由原組織自行經營。創投會員完全盡義務，不求獲利。這些是我接任工作前所做的家庭作業。

二〇〇五年二月二十二日，國泰慈善基金會董事會推選我為董事長，蔡宏圖先生為副董事長，在那次會議上我建議本會多年來均有獎學金的發放，由國小、國中、高中、大學到研究所都有名額，但金額不高對真正窮苦的學生幫助不大，現在本會創辦人蔡萬霖先生逝世，我們應該為真正需要補助的學生提供高額獎學金，使他們求學期間無後顧之憂，鑑於本會年度預算僅新台幣八百萬元，可否請創辦人兩位公子捐款一千萬元成立「蔡萬霖先生紀念獎學金」，提供一百名研究生每名十萬元？各位董事一致贊成，宏圖先生並表示所需經費當由萬寶開發及霖園投資捐助。一百名研究生的選拔將分配予與國泰金控及國泰建設業務相關的研究所，獲獎的研究生可於暑假來本集團相關公司實習，如成績優異，獲得碩士學位後可進入相關公司工作，一方面是建教合作，一方面也幫助國泰集團網羅優秀的新血輪。

我於同年三月一日正式赴松仁路國泰金融中心十九樓的辦公室上班。基金會不斷有新增的社會公益活動，分述如下：

一、台灣新住民關懷活動

二〇〇五年七月初國泰人壽黃調貴總經理提到，當時各地外籍新娘（以下簡稱外配）人數已劇增達三十四萬人，她們生育率高，所生的子女是台灣新住民，但是入學後成績無法跟上本地的同學，盼本會能選擇二個縣市設法協助。

我和會內同仁研究，台灣人口男多於女，因此若干中低收入的男子無法找到結婚對象，因而產生專門介紹外配的行業，收取高額仲介費到東南亞或大陸安排女性嫁到台灣。這些外配原以為台灣是遍地黃金，孰知來了以後生活仍然貧苦，而丈夫公婆則認為付了錢買來的外配，一定很想要賺錢，因此外配一出門，他們就直覺以為去賣淫，造成很多家庭糾紛，甚至家暴，外配不堪忍受有自殺的、有出走的、有逃回娘家，當然也有被騙賣淫的，形成許多社會悲劇。這裡面主要是言語不通，文化背景不同，政府也注意到這問題，所以也為外配開班教授國語，但是所用的是國小一年級的課本，對外配既無興趣，也不實用。據此基金會邀請了實踐大學鄧蔭萍教授、嘉義大學葉郁菁教授協助，為外配編撰她們可接受並且實用的課本。這二位都是特殊教育的專家，多年來對本會幫助很大。我們先在高雄縣鳳山市、嘉義縣水上鄉和新北市新莊區試辦「親子共讀」。最初準備二間教室，一間提供外配、一間提供子女使用，有志工照顧，舉辦說故事、教唱歌舞蹈等活動。我建議再增加一間，為丈夫和公婆準備咖啡茶點、報紙雜誌和紙牌，但嚴禁賭博，讓外配家人近距離觀看外配的上課過程。

三個月的課程結束，二〇〇六年一月十七日上午，北部的結業典禮在國泰金融中心的會議廳舉行，那天外配學員都穿了本國正式服裝，子女也穿了漂亮的新衣，最使我感動的是公公穿了整套西裝，上衣和褲子上的摺痕顯示這套西裝已被壓在箱底很久，今天盛會才穿出門；婆婆們都穿暗紅色的旗袍，頭髮上插了小紅花，這是參加喜慶宴會的裝扮。外配們的先生拿了照相機，到處搶鏡頭，節目由小朋友的歌舞開始，外配們用新學的中文表達她們對課程的滿意。我看到這幅幸福的畫面，心中充滿喜悅，知道這些外配真正的被家人所接受。由於初步的成功，第二梯次就擴大到十七縣市辦理。

待外配稍通中文以後，我們接著使她們能融入社會。我們結合伊甸基金會，在外配人數多的社區，找一個公園，在週末下午，提供外配一些材料費，請她們烹煮本國的餐點，免費供應鄰近居民品嘗。接著我們的志工會居中媒介：「張太太妳剛才吃的是李太太所做的點心，她住在妳的樓下，以後妳去買菜可以約她一起去，幫她介紹攤販和妳的朋友。」這樣外配在社區內就可以交到一些朋友，不會天天有遠適他鄉的孤獨感。

第三項工作是「課後輔讀」。因為外配生育較多，台灣的國小一年級新生每八人就有一個是外配所生的台灣新住民[1]。這些小朋友家境不好，父母都要打工，所以下課回家的家庭作業沒有能做好，第二天去學校常受老師處罰及其他小朋友的霸凌。我們結合世界和平會、伊甸基金會等社服團體的志工，為這些小朋友指導家庭作業，第二天老師看了十分稱讚，同學們也樂意和他們一起玩。這些台灣新住民成績相當好，台南市東山區（過去為台南縣東山鄉，是外配很多的地區，經濟條件也差）當地的新住民考取國立大學經濟系，對本會而言是一大喜悅。

第四項工作是「回外婆橋」。那段時期我們想扭轉新住民的劣勢為優勢，所以在寒暑假時辦理這項工作，請外配帶了就學的子女連同子女的老師做為一組，前往外配本國。外配和子女住在外婆家，共同生活，使子女與外婆家人有機會用母語交談；老師則由國泰集團在當地的單位安排與當地學校教師交流，瞭解該國的歷史、文化背景、經濟和社會的狀況。二週學習結束後，透過老師和新住民就讀的學校研商，是否願意增加外配國家語文的課程，由外配任教師，子女為助教。這項活動和政府的新南向政策符合，教育部非常認可也積極推動。透過這項活動新住民二代原

1 編按：數據資料來自教育部全球資訊網〈99 學年外籍配偶子女就讀國中小人數分布概況〉。

來的弱勢變成強項，使他們增添自信，快樂成長。

「新住民關懷活動」推行十五年來，使外配過去的痛苦生活改變，特別是占台灣學童八分之一的新住民能成為國家寶貴的人力資源。我們為如何做好這項工作，每年都舉辦國際學術研討會，得到許多國際學者寶貴的建議。當然，更要感謝的是陪伴基金會一路走來的鄧、葉兩位教授，和國立台北教育大學王大修教授以及共同合作的社服團體及本會的志工同仁。

二、一日志工讓愛轉動

國泰集團員工四萬五千多人分布各地，各子公司之間比較沒有交流。二〇〇九年，國泰金控蔡鎮宇副董事長建議由基金會辦理「一日志工」活動。我和國泰人壽張發得總經理及國泰世華銀行陳祖培總經理研商，決定於同年四月成立國泰集團的「一日志工讓愛轉動專案小組」，決定由旗下各公司的同仁兩位一組，每年有一天公假執行弱勢家庭訪問工作，每次訪問兩個弱勢家庭，攜帶伴手禮，訪問後將心得和建議支助的做法送交專案小組。

我們決定對於弱勢家庭的支助，不用現金而用實物。這主要是因為三年前的二〇〇六年三月三日，《自由時報》刊登一則消息，報導南投縣竹山鎮一位婦女罹患惡性腫瘤，住在當地醫院，她有五名子女下課後都去醫院陪伴母親。醫院的社工同仁注意這些孩子都未吃晚飯，所以帶他們去附近餐廳用餐。五個姊弟各點一碗陽春麵，自己吃了一半，另外一半打包帶回醫院供父母食用。這則報導感動了無數善心人士，捐款不斷湧入。我們先請當地志工瞭解實況，志工建議千萬不要捐現金，因為家中某位成員會拿去賭博，輸了回家五個姊弟就會被家暴，所以基金會決定在南投縣政府教育局設立基金，五名姊弟學校所需的一切費用都由基金支付。現在已過了十五年，姊弟都已高中畢業，有的升入大學，有的已就業。由於上述緣故，國泰慈善基金會很少用現金支助個別的家庭。

「一日志工」另外一個問題是案源的困難，我們向地方政府社會局請求提供弱勢家庭的案源，他們表示這是「個資」，有法律限制不能提供。我們向一些社福團體請求提供，它們也婉拒。所幸我們辦理外配活動和天主教善牧基金會合作關係良好，執行長湯靜蓮修女以及家扶中心慷慨支援；另外有大專院校同學為主幹的世界和平會，它的主持人大目法師據說在台大政治系上過我的課，也仗義支援。有了這些案源，再加上我們在全國各地志工所提供的當地案源，我們的工作就可以順利展開。

我自己也曾兩度擔任「一日志工」。第一次是二〇一〇年三月，去台北市木柵區一個台北市政府為低收入戶興建的出租住宅，每戶十二坪，月租新台幣二百元，戶主是做資源回收工作，妻子是外配有三個兒女都在附近國小就讀。他們的住家進門是三坪大的客廳，有神壇，前面的供桌兼飯桌和書桌；左邊三坪，分為兩間，各一坪半，一間是浴廁，一間是廚房；右邊一間六坪，其中一半有似北方的「炕」，但是下面是抽屜，裡面放寢具，一家五口就睡在炕上，面對炕是一排衣架，一家五口的衣服都掛在上面。我和戶主夫婦談話就在廳房，小桌旁有一疊小圓椅，平時可以套起來，不占地方，用時拿下來。我問戶主生活如何？他說很感謝，政府有廉價住宅出租，而且附近有公園、籃球場、圖書館，小孩下了課大概都在這三個地方；他們兩夫婦收入可以勉強應付日常生活，只是不容易儲蓄。我們談了兩小時，留下伴手禮，祝福他們健康快樂。

的確，健康是低收入戶最大的幸福，而不幸的是，中國諺語「福無雙至、禍不單行」在我們的探訪工作中屢見不鮮。如我們在花蓮的同仁探訪到一個家庭，父親是台電的技工，一次颱風後的搶修使他的雙手斷了，兒子是學生，不久也在一場車禍中斷了雙腿。他們家沒有自來水，過去要走到二公里外的自來水管，接了二桶水挑回家。現在兩位都不能做，所以父親背了兒子，取了水由兒子抬回家。基金會看到這個報告，立刻替他們家接上水管，可以不用每天辛勞。

我第二次做「一日志工」是二〇一一年八月二日，先去拜訪中和市圓通路的一戶老太太，她的女兒二年前自殺，女婿癌末住院，一個外孫由她照料。這次探訪同仁警告我要爬五層樓，我說老太太住在上邊每天買完菜都要爬，我應該上去。看到外婆，她曾中過風行動不便；見到小朋友，他告訴我在學校對數學、社會和自然科不喜歡，我就逐一向他說明要如何改變自己學習的態度，這三科將來對他做人、做事都有幫助。他聽了我冗長的說明後，整個人不再緊張，對我說他有一台電腦，但是主機壞了，我告訴他我會囑咐同事來看，能修就修，否則幫他換一台主機。

接著，去家扶中心在中和市辦的育幼院看到院童居住和學習的環境都很好。四十四位學童中有一位盧姓學童是八月生日，我事先得知，準備了一支米老鼠手錶送給她，其他小朋友也有伴手禮。一個下午欣賞小朋友表演，我也講了許多鼓勵他們的話。結束時院童們依依不捨，一再問錢爺爺何時再來。

整體而言，一日志工不僅讓受訪者得到溫暖，對於志工訪問的同仁獲益更多。從志工訪談報告中，我們獲知許多同仁在訪問弱勢家庭時看到他們安貧樂道的生活，想起自己有很好的工作、優厚的待遇，覺得一定要更努力地工作，使公司日益壯大；同時志工們過去對家人的愛都視為當然，經過訪視後發現自己家庭的幸福美滿，對家人的態度有了很大的改變，對尊長孝順，對配偶常為對方設想，對子女給予愛的教育，使家庭變得更和諧快樂。

本會志工訪問的主要對象是獨居老人、貧弱家庭、弱勢兒童和身心障礙者。其中獨居老人所占比率較高。這些老人無法自理生活，飲食都靠附近寺廟或村里長（學校剩餘的營養午餐）提供，我們的同事極具愛心，所以並未發生獨居老人餓死案例。但是志工訪問獨居老人最大的痛苦是一進房門惡臭迎面而來，他們必須打開房門及窗戶使空氣流通；接下來就要清掃房內的汙垢（包括糞便，我們志工都帶紙尿褲做伴手禮）。等清理完畢，志工可以和老人談話。這些老人因平日無人交談，所以常常會一口氣講一小時，志工們就會約下次續談。久而久之，兩人變成無話不說的好友，一旦老人去世，志工還會幫他辦理後事。

志工們在訪問貧弱家庭時，常會發現真正貧窮的家庭，因為《社會救助法》閉門造車的規定，無法獲得政府「中低收入戶」的補助。事實上，該法於一九八〇年公布後，低收入戶的數字逐年增加，表示我們的社會貧富差距日漸擴大，中產階級減少，這會造成社會的不安定。雖然政府法律立意良好，但是由於一些強制性的規定，使真正需要照顧者得不到照顧，這些案例中，特別是因為法律規定三親等內親屬有自用住宅，就不能視為中低收入戶。我們的志工們發現很多一貧如洗的家庭，由於出嫁的姊姊或母親的娘家有自住房屋，不管這是鐵皮屋或貨櫃屋，這家庭就不算中低收入戶。類似情形如出嫁姊姊有工作，不論是清潔工或資源回收者，她的娘家再窮苦也不算中低收入戶。我瞭解了這個情形後，於二〇一〇年二月八日去內政部拜見江宜樺部長，提供許多案例向他說明《社會救助法》的規定過於嚴苛。其實，貧窮同胞向地方政府申請低收入戶的救助，地方政府的社工人員如果像我們基金會一樣去親自訪視，就可以知道這戶人家是不是真正過不下去了。江部長很同意我的說法，告訴我們說內政部也知道有這個問題（該救助的家庭沒有拿到救助），現在正著手修正該法。同年九月就向行政院提出《社會救助法修正案》，經行政院通過送立法院。修正案將戶主的兄弟姊妹排除於家庭人口中，且對未產生經濟效益之不動產，排除於家庭不動產的計算中。低收入戶之貧窮線，應參考各縣市發展狀況及每年度民生狀況予以微調。

一日志工訪談結果，有不少個案志工同仁志願利用假期再做訪談，也有的建議基金會予以補助。補助的方式很多，最普通的是發六千～一萬元的大賣場購物券，也有對子女教育費用或醫療費用予以支付的；其中很特殊的，例如二〇〇九年七月台北縣（現為新北市）鶯歌區林劉女士破損嚴重的住屋，由基金會洽請國泰建設公司予以整修，對行動不便的老人我們贈與電動輪椅。

截至二〇一一年三月底，我們的「一日志工讓愛轉動」專案已實施滿二年，絕大多數同仁均已參與，這兩年時間一共訪問了五一八八一個家庭，支助了六八二個家庭，有的是一次支助，有的是按月或按學期支助。此時基金會感覺這一專案可告一段落，但是專案組織仍予維持。因為有集團同仁不斷發現新案，自動前往關懷，基金會對有需要者仍予支助。同一時間（二〇一一年七月）基金會規劃成立「霖園志工團」，由集團同仁志願參加組成，內部建有「志工管理網路平台」，是基金會和志工團的連絡管道，除了持續執行訪視關懷活動外，增加了一些與環保有關的活動，如植樹、淨灘、環保義賣，此外還有夏日捐血、校園及監所關懷、校園反毒抗誘、關懷部落、風災震災後災區服務等。

到二〇二〇年十二月為止，霖園志工團已有二萬多位成員。基金會也和不少社福團體合作對於反毒防毒工作貢獻心力。其中之一是名播音員劉銘所創辦的「混障綜藝團」，每位團員都有一種或數種身心障礙，但是他（她）們沒有因為先（或後）天的障礙而自暴自棄。團員中有腿部截肢，可以坐在輪椅上表演舞蹈，也有因先天腦障，講話發音有困難，卻苦練可以唱出悅耳的歌曲。綜藝團過去缺乏表演機會，而且表演前後也需要志工協助。基金會和「混障」合作，每年提供十到二十次演出機會，支付酬金並由「霖園志工團」的志工協助服務。演出的地點是監所和毒品問題較嚴重的學校。每場表演都有很正面的反應，很多人看得淚流滿面，事後寫信告訴我們，這種表演勝過教誨師的授課。有一位同學寫信說：「看完這場演出，我覺得相較於身障人士所承受的挫折，我所承受的是如此微不足道，他們都能做到了，我也不能輕易放棄自己。」基金會另外一個重要合作夥伴是基隆崇右影藝科技大學同學所組成的「撼動H.D.A.」，這個社團專門表演高難度、十分驚險的特技。

我們安排HDA到各地的高中和大專院校表演，並配合反毒防毒的宣導。還有台大電機系葉丙成教授，精心開發的寓教於樂的PaGamo線上遊戲，曾獲得全球第一屆教學創新大獎（Reimagine Education）的冠軍，他和基金會合作將反毒防毒的資訊放入線上遊戲。警政署刑事警察局認為基金會在打擊毒品工作上卓有績效，和基金會攜手合作在各地推動反毒防毒的活動。

三、蔡萬霖先生紀念獎學金

基金會自一九八〇年成立就開始辦理清寒績優學生獎學金，由高中、專科、大學到研究所，至二〇〇四年共獎勵優秀學生一七〇九六位，獎學金額達七八五八萬元。到二〇〇五年為紀念創會董事長蔡萬霖先生，正名為「蔡萬霖先生紀念獎學金」，目的是培養社會領導人才，加強台灣未來在全球的競爭力。獎學金金額是十萬元，第一年名額共三十位，包括優秀研究生二十位，另外由相關研究所所長推薦有專業創新的研究生八位和二位特殊功勳獎。自二〇〇六年開始，獎學金錄取名額增加為一百位，分為「勤學向上」和「特殊功績」兩類。

在每年頒獎時，給我印象最深的是台大法研所的陳同學，他自幼罹患脊椎性肌肉萎縮症，手腳均無法使用，生活讀書都依賴陳媽媽幫助，可是他天賦聰慧又有毅力，他在〇六和〇七連續兩年獲獎，這是極少有的。以後他去哈佛大學法學院深造獲得碩士學位，返國後考取律師但志不在賺錢，是在助人，他一方面是人權律師，一方面又義助窮人，打官司不收費用。二〇二一年初我決定自基金會退休，想起有一件該做的事未做，就是陳媽媽三十多年來為愛子盡心盡力付出一切、助他成長，基金會每年表揚模範志工時應為陳媽媽頒一個「終生奉獻」的特別獎。可惜這年預定的頒獎日因新冠肺炎疫情嚴重，實施三級管制，頒獎典禮未能舉辦，不過未來疫情舒緩，我們還是要表揚這位偉大的母親。

二〇一六年，蔡萬霖先生紀念獎學金更名為「卓越獎助計畫」，針對家庭經濟困難的高中績優學生及擁有特殊功績、為國爭光、對國家社會有重要貢獻的各級學生，以及熱中文化教育、社區經營、環境友善、金融科技發展的青年學子們提供獎助金，使他們能運用所學展現特長，使國家社會能變得更好。這幾年卓越獎助計畫的實施，受獎者獲得的不只是一份獎金，它讓我們看到同學們在各方面令人感動的成就。獎助計畫使青年學子對未來更有信心。自二〇〇五年首度獲得「蔡萬霖先生紀念獎學金」的同學開始，就組織了一個「得主聯誼會」。一年一年過去，這個聯誼會的人數也逐年增加。會員們在工作、學業忙碌之餘，組成跨校、系團隊，發揮創意提出一系列為社會服務的計畫，包括社區風情推廣、社福機構服務、新住民文化推廣等，基金會對這些工作也大力協助。

四、兒童成長營

台灣雖然經濟發展迅速，但是我們城鄉的差距仍然不小，生活在高山離島的兒童對於都市內的許多事物都存在有好奇心，例如台北的一〇一、捷運、科學博物館、海洋博物館等。所以自二〇〇三年開始，基金會在暑假中七月間舉辦兒童成長營，用四天三夜的時間來台北觀光旅遊，邀請原住民、新住民和經濟弱勢地區國民小學的學童一百位來台北，住在國泰人壽在淡水的教育中心。四天的活動中涵蓋許多不同的領域，包括藝文體驗、醫療常識、科普教育、理財規劃、西餐禮儀。這項活動我們也邀請了台北市立教育大學的同學，擔任學童們的生活輔導員。當時台北喜來登大飯店蔡前董事長辰洋非常支持，每年在飯店大禮堂指導學童進用西式晚餐，並由餐廳主管向學童介紹西餐禮儀。蔡董事長對原住民小朋友特別喜愛，時常邀請原住民名歌手胡德夫先生向小朋友講話，鼓勵他們勤學上進。

兒童成長營的前十年，學校是由基金會各地志工推薦，再由基金會選出最合適的十所小學，選拔學童由校長、老師陪同參加。這些小朋友都很有才華，每次西餐禮儀課時，他（她）們就會做精采的表演。到了二〇一三年，因為基金會辦了「學童圓夢計畫」，所以成長營的參加者，就由選入圓夢計畫的小朋友來參加。每年成長營結束，我們都收到不少小朋友的謝函，令人非常感動。

五、多元國泰兒童圓夢計畫

基金會為培養孩童努力不懈的精神，在學習過程中瞭解夢想要從不斷努力、自我實踐做起，在二〇一三年辦理「kituru（排灣語，自主磨練學習，執著向目標前進）練習國泰圓夢計畫」，請過去本會辦理「寒冬送暖」的學校，提出圓夢目標，獲取圓夢基金。第一年有八所學校入選，給我印象最深刻的是蘭嶼椰油國小，他們的夢想是擁有一架海底攝影機，來記錄蘭嶼之美，他們的kituru是全校師生由高岩跳海三千次。

「圓夢計畫」每年舉行，參加的學校和入選的也逐年增加。因為入選的不僅可以完成夢想，更可以參加當年的「少年成長營」。我對二〇一九年屏東嘉祿國小的團隊印象極為深刻，他們的計畫是由苗栗騎獨輪車到加祿國小，全長三百五十公里，參加者包括老師同學約二十人，沿途國泰志工為他們加油打氣，送飲料和食品，他們的目標是到金門騎獨輪車，我們讓這些小朋友如願以償。我認為這些同學將是下一代的領導人才，我也希望社會各界共同來重視並推展偏鄉學童教育，努力為他們營造更好的學習環境，協助學童教育向下扎根。

六、環境保護工作

最近半世紀來由於工業發達，人類生活改善，對電力油氣需求大幅增加，使二氧化碳、氟氯碳化的排放不斷增加，直接破壞臭氧層和大氣層，造成氣候變遷，地球暖化問題日益嚴重。如何節能減碳、保護環境，成為重要的課題。基金會於二〇〇一年結合台灣經濟研究院、工業技術研究院產業經濟研究所、財團法人中技社、中華大學綠色創新產業中心，於四月二十二日世界地球日舉辦「低碳樂活社會」座談會。參加者包括產官學界，來賓發言踴躍。大家認為人類應生活簡單，有主張電費加價、有主張加課能源稅，主張都不錯，但是在現實環境中很難實行。

二〇一一年我在外交部的老同事蔡富美女士的女公子，在大陸教導保險業務員的高文寧女士來看我，告訴我在內蒙古阿拉善地區，多年來飽受來自戈壁沙漠西北方的影響，肥沃的土地已逐漸沙漠化，她和一些台商以及本地的青年企業家組織了阿拉善基金會，投資大量種樹以防止沙漠化。她也告訴我，每年秋冬之際台灣會有來自大陸的沙塵暴，經年累月使台灣西部海岸也逐漸有沙漠化的現象。這是我前所未聞的，立即詢問西部沿海地區的友人，他們說確實如此。因此從那年四月二十七日開始，基金會和嘉義縣布袋嘴文化協會合作，發動一百多位志工在嘉義縣布袋鎮新厝仔「洲南鹽場」種下家庭故事樹，稍後六月三日在台南吉貝耍部落灌溉水圳堤岸，志工們和新住民家庭合力種下二六〇〇棵灌木，希望能為部落建造一條綠林大道。志工們並承諾負責二年的認養守護計畫。

因為海邊種樹很難成長，必須向林務局購買適合海邊生長的樹苗，而且還要細心照護。那年冬天我也和郝龍斌市長在青年公園各種一棵樹。除了種樹之外，基金會也發動志工從事「淨灘運動」，因為台灣的海岸線綿長，假日遊客多，很多垃圾——特別是塑膠袋、塑膠瓶很容易被沖到海中，對海洋產生重大傷害。志工們在夏季不懼烈日當空，努力清除垃圾，非常受到地方政府的嘉許。

七、關懷銀髮族

台灣地區由於醫療水準的提升、人民平均壽命不斷延長以及中高收入族群無意生育下一代所造成的少子化，形成了六十五歲以上人口比率逐年提升的社會高齡化問題。一九九三年，六十五歲以上人口占據總人口百分之七．一，到二〇二〇年已增加到百分之十六．〇七[2]，預估到二〇二五年就要到百分之二十，二〇七〇年會到百分之四十三．六，屆時八十五歲以上的老人要占總人口的百分之十三．六。這些銀髮族的長者，多數會發生生活或心理的問題。生活上主要是健康方面有長期的疾病需要醫療照顧，起居飲食無法自理也需照顧。心理方面一是孤獨感，特別是獨居老人人數逐年增加，而長期照顧的社福機構嚴重短缺；一方面是老人的認知動能逐漸減退，成為詐騙集團最佳目標。二〇二〇年銀髮族被詐騙的案件，已超過一萬五千件。

本會自二〇〇九年開始辦理「一日志工讓愛轉動」工作，志工訪問弱勢族群，始終以高齡獨居老人占最高比率。志工們同情關切老人，初訪後不斷再次訪問，成為被訪問對象的好友，甚至被訪者往生、志工代為辦理喪葬事宜。本會累積了多年工作經驗，在若干地區設立普惠長照據點，結合在地的社福機構、村里長，設法滿足長者的需求。基金會也在人口老化、資源貧乏的地點，與當地社會局合作建立「國泰幸福農場」，根據長者需求提供菜圃及園藝課程。現在已在南澳仁愛之家、彰化湳底社區、台東長濱等地設立，配合當地資源創造社區紅利。針對詐騙集團的惡行，我們結合各地警察局、培訓在地志工宣導反詐騙教育。

2 編按：本節中所有數據資料皆來自國家發展委員會人口推估查詢系統（查詢日期二〇二三年七月）。

八、為基金會赴國外工作

美國《富比士》（*Forbes*）雜誌是工商企業財經著名的刊物，他是由斯蒂夫（Steve Forbes）和克里司（Chris Forbes）兩兄弟創辦並分別擔任正副總裁。它也在上海設立亞洲分社，出版《亞洲富比士》（*Forbes Asia*）由亞當．普魯士（William Adamopoulous）擔任總裁兼發行人。這三位先生都是我的好友，《富比士》自二〇〇一年開始每年舉辦「富比士全球總裁會議」（Forbes Global CEO Conference），最先五年先後在新加坡、香港、上海、香港、雪梨舉行，每年都邀我參加，我因當時仍服公職均予婉謝。

二〇〇六年的會議訂於九月初在新加坡舉行。斯蒂夫在三月間函邀，之後亞當．普魯士也打長途電話給我，希望務必參加。我和蔡宏圖董事長商量，建議他也去參加，獲得同意後我於五月十二日致函亞當．普魯士請他加邀，我也說明國泰金控在前一年富比士二千大企業（The Forbes Global 2000）中列名三二〇，而蔡董事長個人在《亞洲富比士》二月二十七日出版的大中華地區四十大富豪榜上名列第五。亞氏當即呈報斯蒂夫，他仍用最初發邀請函的日期三月三十日發函邀請。我也和星國在台北的柯新治代表連絡，請他代為安排在星的日程。我們希望能和李光耀資政、吳作棟資政、黃根成副總理、楊榮文外長以及淡馬錫公司、華僑銀行、錢幣署（星國中央銀行）和星國開發銀行負責人會晤。至於李顯龍總理，因為大會開幕當晚他會款宴，且他公務繁重不宜另做請見。柯代表很快就獲得星國外交部復電，將我所盼望的節目都安排好，同時也和我駐星胡為真代表協調，安排住宿車輛陪同人員等問題。大會是九月四日開始，我們原訂九月三日前往，但是星副總理黃根成亟盼我能參加他的大選區碧山—大巴窯集（Bishan-Toa Payoh GRC）選民為他舉辦的年度感恩高爾夫球賽，所以我提早在二日飛往新加坡。三日中午我們先在球場以海南雞飯為午餐，因參加的人數約有一百五十位，所以在拍攝集體照後，紛紛登上七十二輛小車，每車兩人，一聲令下分別駛往十八個球洞，每洞分配二組，槍聲響起，十八洞同時開球。

我和根成兄、星國原駐聯合國及美國大使馬凱碩（Kishore Mahbubani）以及星國華商總會會長蔡天寶同組，大家的球技相若，五時半結束，蔡君打一〇八桿，黃是一百桿，我打九十五桿，M君八十九桿最佳。

當晚胡為真代表伉儷在新官邸歡宴剛下機的蔡宏圖董事長和我，陪客有星國名外交家、曾任聯合國海洋法大會主席，對海洋法的制定有很大貢獻的許通美大使、新航總裁李慶言、星國開發公司鄭國平和星國華僑銀行董事長大衛・康納（David Conner）等。許通美談起當年我們共同在華府工作的往事，一算兩人的年齡都增加了二十歲。

九月四日大會正式開幕，由於三天後新加坡高爾夫公開賽有四天比賽，《富比士》是主要贊助商，所以本次大會的主題及分組議題都用高爾夫術語。大會主題是「瞄準果嶺」（Going for the Green）。開幕式中斯蒂夫就說，我們生存在一個動盪多變的世界，企業家在開展業務時要注意避險，但是也要瞄準目標，稍微冒險才能豐收。如何平衡冒險與收益是企業家成功的要訣。上午有兩個分組會議我都參加了，中午是外交部長楊榮文在四季飯店午宴，他告訴我後天要去倫敦、古巴、巴拿馬訪問。我將過去和巴國的交往向他說明。他的二公子曾患敗血症，在美國都無法治癒，之後送到花蓮慈濟醫院治療後痊癒，他對證嚴法師十分欽佩，席間談到他希望能來台灣，面向上人致謝。之後他們夫婦的確來台數次，都是去拜見證嚴法師。

當晚是大會主要宴會，由李顯龍總理主持，他在致詞中表示全球目前面對兩大問題，一是如何對付恐怖主義，一是如何調和不同文明間的衝突。昨天發生的事已是歷史，我們對明天做什麼決定才是重要的。李總理十分忙碌，後天要訪問英國和芬蘭。

九月五日先後拜訪星國華僑銀行、吳作棟資政、淡馬錫公司，中午黃根成副總理午宴，主要是由蔡董事長談國泰集團有意與星國金融公司策略聯盟。當天下午大會是李光耀資政與斯蒂夫對話，他長我一輪此時已八十二歲，看起來比過去蒼老很多，但是談話仍很犀利。他認為中共需要北韓做為緩衝區，北韓很瞭解所以並不聽北京的話；此外，好政府就是有良好的治理，貪汙較少（good governance, less corruption）。對談結束，他到旅館另一棟的國賓室接見蔡董事長、我和國維。這時他的態度和在會場時完全不同，和藹可親，問我退休後的生活、內人和三個孫子的近況，國維拿出照片，他稱讚不已。

九月六日上午我們到貨幣總署拜會王瑞杰署長，再去開發銀行拜會許文輝主席，結束後我去聖淘沙參加星國公開賽的配對賽，蔡董事長等即搭機返國。我和馬凱碩大使、《富比士》的財務長畢瑞爾（Jim Berrier）和一位二十歲的南非職業選手海格（Anton Haig）一起，大家打得很認真，我們這組的成績是低於標準桿十一桿。

次日上午十一時，星國總統納丹（S. R. Nathan）臨時約見。大約三十年前，我在外交部任政次，他在星國外交部任祕書長時經常會晤，彼此協助。他聽到我來星國就主動約見，談起當年種種互助合作的往事。他也告訴我，一九九〇年星國將與中共建交，他先期告知我國安局駐星特派員汪奉曾，汪表示不能置信。事實上我們早由李光耀總理處獲知。當天下午我乘新航班機返國。

二〇〇七、二〇〇八兩年富比士全球總裁會議都在新加坡舉行，我因出國過於頻繁都予婉謝。二〇〇九年會議改在吉隆坡舉行，並邀請我在第十六次會議討論

「由危機邊緣返回的領導者」課題時，擔任主要發言者。因為這時美國正因雷曼兄弟（Lehman Brothers）過度操作衍生性金融商品而引起金融風暴，全球均受其害，在此一困難危機之際，如何找到謹慎而又有勇氣的領導者，是當務之急。

我於九月二十七日搭機飛往吉隆坡，駐馬國曾慶源代表和《富比士》的禮賓處長來接，旋即去大會所在的吉隆坡香格里拉酒店報到入住。當晚我款宴曾代表和國內各機關派駐馬國同仁。次日參加為講員準備的小型酒會，我遇到馬國這次會議的主辦人馬哈迪前總理的公子國際貿易及工業部副部長穆克利茲（Dato Seri Mukhriz bin Tun Dr. Mahathir）。他告訴我父親已八十五歲高齡，身體健康，思路敏捷，曾和他談過一九八二年二月，我應他的要求去北部吉打州參訪並提出開發建議[3]。以後九〇年代初，我二次於馬來農曆年闔家赴馬度假，受到馬總理府研究署長扎卡利亞（Dato Zakaria Abdul Hamid）照料，並蒙馬哈迪前總理在私邸接見，至為感激。

---

3 請參閱《錢復回憶錄 卷二》第一一八～一一九頁。

三十日下午，馬哈迪前總理（Datuk Seri Mahathir bin Mohamad）將參加此次會議並與斯蒂夫．富比士對談，之後大會就閉幕了。我期盼能有數分鐘向他致敬，穆克利茲副部長當即表示毫無問題，他將陪我。

此次會議的舉行，在美國金融風暴和歐債危機之後，美國又有新任的歐巴馬總統（Barrack Obama），所以大會特別在第一天（二十八日）的第一場由斯蒂夫．富比士和兩位美國的州長——新墨西哥州的李查遜（Bill Richardson）和密西西比州的巴波爾（Haley Barbour）對談美國政治。這兩位州長前者是民主黨，後者是共和黨，當年我在華府工作時，一位是新墨州的眾議員，一位是白宮政治事務主任；在小型會議上見到我十分親切，予以熱烈的擁抱。之後兩天的餐會都同座，暢談四分之一世紀前的華府往事和舊友。三十日我在第十六次會議談到近來美國因房貸及衍生性金融商品肇禍，而歐洲若干國家政府債務危機均對其經濟有不利影響，在此情形下，亞洲企業家有機會創新發展，領導者的責任重大。

我談到領導者的特質時指出，要知人善用，不能事必躬親，領導者不是自己向前猛衝，而是能廣納同仁良好的建議，集思廣益，謹慎能斷，和全體同仁一起向所訂目標努力。也就是說，領導者不可只知「領導」（to lead），更要瞭解自己是為社會同仁和公司服務（to serve）。我的講話頗得與會者的好評。接著就是斯蒂夫·富比士和馬哈迪前總理對談。馬氏已八十五歲，思路清晰、言辭犀利，講話中氣十足，全場均寧靜聆聽。到四時三刻正式結束，馬氏公子穆克利茲就帶我去見馬氏，他一看到我就說十年沒見，你還是老樣子，記得九〇年代你在農曆年時常來馬國度假，我們還能見面談話，非常愉快。我回應說閣下剛才的談話對問題的深入剖析，真是寶刀未老，我認為閣下強健的體魄，將來或再行領導馬國。果然九年以後，二〇一八年他又出任馬國總理為時二年多，那時他已九十四歲，可能是全球少數能在如此高齡仍能做國家領導人的一位。他也提起一九八二年赴吉隆坡擔任代表的孔令晟將軍。我說孔將軍近年健康欠佳且住於郊外，我也頗久未見到他，以往每次見面，他總是對駐馬期間獲得閣下充分信任一點津津樂道。次日我就搭機返國。嗣後每年《富比士》仍邀請我參加此一年會，我因出國過於頻繁均予婉謝。

瑞士聯合銀行（United Bank of Switzerland，以下簡稱瑞銀）是全球最著名的「個人理財」銀行。各國的富商都是該行的客戶，該行也以幫客戶獲利、合作公益服務聞名。該行全球公益服務部門的亞太地區負責責人法理斯（Terry Farris）和全球負責人麥米倫（Martin MaxMillan），曾先後來基金會看我，談本會的工作。他們也要瑞銀台北分行邀我向該行同仁以英語講述本會的各項活動，在二〇〇六年底，我就接獲瑞銀總行的邀請，參加次年七月初在葡萄牙度假勝地長灘（Penha Longa）舉行的全球公益年會，參加者以該行客戶為主，其他是大學教授及公益團體的負責人。我是以講員身分獲邀。七月四日我由台北飛抵里斯本，我國駐葡萄牙的李辰雄代表在機場接我，並陪我乘車一個半小時到長灘，那是一個濱海觀光勝地。我們的會議在一座由修道院改建的度假旅館，占地極大，有許多房舍，還有一座十八洞的高爾夫球場。次日上午去會場報到，發現沒有我的名牌，之後知道他們按「F」字母排才找到。

開幕原定十時，晚了半小時才開始，之後的大會及分組會大致相同，不是遲開始，就是很少人參加，因為主要的與會者都是大富翁，他們帶了家人來度假，對開會並無興趣。我是六日下午在B5分組報告「公益與政府的關係」，我說歐美的公益團體都獲政府充分配合支持，亞洲地區則不同，因為少數富翁設立基金會為逃稅，甚至自己不領薪水，一切開銷家用均由基金會支付。政府為對付少數不良分子，訂定了十分嚴峻的法律，對基金會做種種限制，尤其是投資方面，所以歐美有「開創的公益」（venture philanthropy），在亞洲則辦不到。會議到七日結束。之後我也每年被邀請出席這項會議，我參加了二〇〇八年在新加坡和二〇一二年在北京舉行的會議，大致和〇七年相似。但是在北京那次，我知道除了要講一次話，其他時間都可利用。所以我事先請國泰集團駐大陸總代表王健源代我安排幾年來去大陸招待過我的友人，在六月二十二日晚間餐敘。我擬邀的是曾培炎（前國務院副總理、博鰲論壇負責人）、許家璐（人大副委員長、中華文化促進會主席）、韓啟德（人大副委員長、北大醫學院院長，夫人袁明為北大國際關係研究院副院長）、劉明康（銀行監理委員會主席）、王毅（國台辦主任）和魏家福（中遠集團董事長）

等六位及夫人。他透過台辦代邀，居然全數可以參加。

王首代最初訂在蘇州松鶴樓，台辦認為賓客中有三位是中央領導人，代我改訂上海市駐京辦的錦江會館，我們用的房間有二個大會客室，一個大餐廳可坐二十四人，還有一個小會客室。六時半開始，客人都準時到達，王毅主任帶了二瓶當地的名酒，我也由台北帶了數罐台灣在地的好酒，交流分享。但是賓客們告訴我，這天晚上對在座的夫人們是很難得的機會，因為北京宴客很少會請夫人的。結束後王首代要付款，我告訴他國泰對我極好，予我優渥的報銷開支空間，但是八年來我從未用過，甚至為公司業務宴請外賓我也自付。這餐飯要價不菲，因為每位貴賓的駕駛、隨扈，以及附近公安單位派來的警衛都在三樓吃鐵板燒，他們的費用幾乎和樓下相若，使我想起當年為化解李、郝間的糾結我請打球的往事[4]。

大陸有一位知名的「顧大姐」顧秀蓮女士，她曾任化工部長、江蘇省長、全國婦女聯合會主席，退休後主持「中國關心下一代工作委員會」。二〇一〇年她要在無錫靈山舉辦「世界公益論壇」，她要博鰲論壇前祕書長龍永圖擔任籌備處的負責人，並請他代邀我前往參加並且發表講話。我於五月二十二日由台北飛上海，無錫市台辦有人來接，乘車二小時到無錫，之後沿大湖行駛四十分鐘，到達靈山所在的馬山鎮。靈山由佛教信徒興建一座靈山大佛聞名，附近開發有不少現代旅遊觀光設施，其中最著名的就是這次論壇的會場所在「梵宮」。我於抵達希爾頓飯店後，立即會晤無錫市委書記楊衛澤，當時只有四十八歲，非常幹練，我和他談民間組織對於「除貧」工作可做的貢獻很認同。二年後，我於二〇一二年九月十七日赴南京參加紫金山峰會，他已調任南京市委書記，在次日早晨約我早餐，談得很投機。不料稍後他因貪汙被「雙規」免職起訴。當晚毛小平市長在梵宮五觀堂款宴與會人士，我向顧大姐及許嘉璐先生致意。二十三日在梵宮聖壇舉

4 請參閱《錢復回憶錄 卷二》。

行發起人會議，一共一百人坐成一個圓圈，先有青少年才藝表演，再由每人寫一張許願書卡，掛在樹上，然後攝影簽署發起人宣言。中午便餐後，每人均分配一間休息室，我和大陸原駐日大使和聯合國大使陳健同一間，不過他來得很晚，寒暄後我原想問他一九九三年二月我去東京擬晤聯合國蓋里（Boutros Boutros-Ghali）祕書長，《中時晚報》曝光，他是駐日大使，在報紙尚未印出前就向日本外務省抗議的原委[5]，可惜大會已催我們進入會場而未果。

下午大會我是第一個報告人，題目是「慈善和公益的區別」。我認為今後全球將走向公益之路，也簡單地介紹國泰慈善基金會的工作。當晚龍永圖君安排貴州衛視的高端討論節目，由他和我對話「論道」一小時。二十四日我由無錫台辦用車送往龍華機場，但是他們不能入關，是託機場貴賓服務公司專人陪我辦理手續，經由貴賓通關閘門到該公司的貴賓室，不久就登機返回台北。

九、結束在國泰的服務

二〇二一年初我計算到國泰工作已滿十六年，年事日長健康欠佳，而此年八月將舉行董事會，我的任期也可結束。二月下旬，我擬了一封辭函給蔡宏圖董事長，感謝他在十六年間對我無微不至的照顧和愛護，這十六年是我一生中最輕鬆愉快的時間，無憂無慮，不虞匱乏，都是他所給予的。蔡董事長看了信、聽了我的補述後表示，可以認同我的期望，在他決定第二十屆董事名單時可以不提名我。他也問我住所如何？我說內人和我均已年邁，搬一次家可能有損我們的健康，國維同意將向國泰人壽訂定租約，續租我們所住的居所國泰皇家大樓。蔡董事長表示，說你開刀時，我將皇家大樓7D改為無障礙空間，你繼續住下去，不要包括在租約內。

由於離職確定，我就要考慮辦公室的搬運，最大的困難是書籍文件太多，有

5 請參閱《錢復回憶錄 卷三》第三九二～三九三頁。

點無從做起之感。當時我的回憶錄第三卷已寫完，由天下文化於二〇二〇年五月十二日出版。不少朋友問我為什麼卷一、二出版後要等這麼久，要等十五年才出卷三。實際上二〇〇五年卷一、二出版時，外交部務會議中曾有人提書中某些資料還未滿二十五年，所以此次等我離開外交部滿二十五年，才出版卷三。回憶錄寫了三卷，我公職退休前的文件沒有再保留的必要，所以二〇二一年四月七日，我將一百五十多個紙箱的文件送給中央研究院近代史研究所，所以如此，一方面先父逝世前在中研院工作十三年，而近史所對於史料的典藏十分周到；一方面檔庫內有恆溫的設備，同時所方亦將史料掃描數位化，方便研究者參考。另外，我三卷回憶錄的原稿都是手書的，請李宗義兄電腦打字，他都影印一份給我，所以手寫原稿有兩份，正本送請蔣經國圖書館，影本送新竹市中華大學中華書院典藏。原因是蔣經國總統圖書館是蔣經國國際學術交流基金會所建，我自二〇一八年起擔任該會董事長，而中華書院是二〇一〇年設立，自開始我就擔任榮譽書院長，每年兩次要去做大師講座，我以前也曾將若干手稿捐給該校。

處理完這兩部分的文件後，我從六月起就將辦公室內的文件、信函等分別裝箱，標好是送往北安路七海園區辦公室、會客室或儲藏室。到七月底一個週末，搬家公司就依據標示分別放在各處。我自八月起每週三個上午，會去七海將書籍分類上架，文件放在卷櫃內，相當吃力。

八月十九日是第十九屆第九次董事會，也是我離職的一天。我先寫好「卸任感言」，將十六年半在基金會的工作做一總結，全文如下：

基金會第十九屆最後一次董事會已結束，自己在基金會的服務也告一段落。此時有千言萬語想說，但是怕延誤第二十屆第一次董事會的召開，所以將想說的話寫下來。

民國九十三年九月下旬一個晚上，蔡董事長宏圖兄到舍下約我在四個月後公職退休，到基金會工作。我素仰蔡創辦人萬霖先生創立事業是以守法、正派經營為原則，又為履踐取之於社會要回饋社會的企業精神，於民國六十九年設立「國泰人壽慈善基金會」做社會公益工作，因此毫無遲疑，立即接受。

民國九十四年三月初，基金會舉行董事會推選我擔任董事長，到現在已十六年半，這是我一生中擔任一項工作最長的時間。在這段時間中我學到社會上有許多弱勢族群生活艱困，需要照顧，因此基金會盡量對需要支助者給予支助，古人有言：為善最樂，每次我們能幫助一個個案，都使我內心充滿喜悅，所以這十六年半是我一生中最快樂的歲月。

我首先要感謝蔡董事長宏圖兄對我充分信任授權而且對我生活起居優予照顧，特別是三年前我因腦中風動了二次全身麻醉的大手術，他除多次到醫院來探視，並將我住所變為無障礙空間。其次，我要感謝所有的霖園志工，基金會的社會公益活動沒有他／她們犧牲週末、假日或夜晚出力服務，很難有如此完滿的成績。我也要感謝基金會各位董事和同工，大家對本會的貢獻是有目共睹的。

在離別的時候，我也有一件遺憾事：每年年初我們都要辦理模範志工表揚大會，但是這兩年由於新冠疫情都無法舉辦，我們在民國九十五、九十六連續兩年有一位台大法學研究所的學生陳君獲得蔡萬霖先生紀念獎學金。這位同學出生時罹患脊椎性肌肉萎縮症，四肢無法移動，衣食住行都靠陳媽媽細心照顧，就學以後作業、報告、考試都是他口述陳媽媽代為書寫或打字。之後陳同學去美國哈佛大學深造，獲得法學碩士學位，返國後執業律師以人權案件為主，也全力協助弱勢族群，他的訴狀也是口述由陳媽媽輸入電腦。陳媽媽過去三十多年無怨無悔地照顧陳同學，實在值得我們欽佩。我衷心期盼疫情早日結束，我們能繼續辦理模範志工表揚大會，邀請陳媽媽參加，向她頒發「終生服務獎」。

臨別依依，紙短情長，我雖將身離國泰，但我心自許永遠是霖園志工，各位如有任何需要我效勞之處，請不遺在遠隨時賜告，必將全力服務。最後敬祝蔡董事長、各位董事、各位同仁身體健康，家庭幸福美滿，萬事如意。

分發了「卸任感言」，蔡董事長起立做了相當長的講話，對我獎飾有加，指出我來國泰使基金會在政府、媒體、社會各方面都受到更大的重視；他也提到我為國泰業務拓展不時前往國外、大陸訪問接洽，裨益甚多。講完後蔡董事長贈以琉璃工房珍藏版的孔雀開屏雕塑一座，上面刻有：錢復董事長惠存「善行仁風德澤縈懷」

國泰人壽慈善基金會字樣。我接了下來，向大家一鞠躬，就結束了在基金會的任務。

第二章 太平洋文化基金會

一、綜述

太平洋文化基金會成立於一九七四年，由中華航空公司捐助基金，經教育部核准成立，由端木愷先生任董事長、李鍾桂女士任執行長，主要業務是促進國際學術文化交流。在最初階段工作主要對象以美國為主，出面邀請國會議員、重要助理來華參訪。因為董事長端木愷先生是東吳大學校長，所以參訪的目的是學術性、教育性為主，這是符合美國國會所規定的出國訪問標準。在這項工作上，太平洋文化基金會對政府的貢獻很大，尤其是端木董事長在東吳大學接待這些來訪的貴賓，用流利的英語、優雅的口才滔滔不絕地向貴賓們介紹我國國情，特別是教育文化方面的現況，也對貴賓所提的問題做誠懇詳實的答覆。每位參訪者離開後都表示上了一生中從未上過的精采一堂課。所以當時韓國邀請美國議員發生「韓國門」（Koreangate）案件，在美國鬧得沸沸揚揚，我國的邀訪並未受到影響，不少大牌議員還出面指出，來台灣訪問是真正的「教育旅行」。

太平洋文化基金會於一九八七年改組，由李煥擔任董事長、張豫生為執行長，工作重點也逐漸改變以主辦表演藝術和視覺藝術為主，邀請各國表演團隊及書法、繪畫專家來華表演或展覽，同時也安排我國表演團隊及書法、繪畫專家赴國外表演或展覽。由於經營得法，基金財務狀況大為改善，於一九九四年斥巨資在重慶南路三段興建五層樓房為辦公大樓，但是附近沒有停車位，大樓地下室可停少數幾輛車，而且還要用機械操作，進出場十分費時。

二〇一〇年李煥先生逝世，張豫生執行長偕數位董事要求我接任，並指出該會於我在外交部任職時貢獻甚多。我聽了這句話就勉強同意了。等我接任以後才知道過去所聽到的「財務健全」，在前此十年已成過去式。最主要的是建造辦公大樓花費了五億台幣，而二〇〇九年辦理「兩岸一甲子學術研討會」，在財務方面也是無底洞。二〇一二年十一月二十九日，張豫生執行長來看我說基金會財務已瀕山窮水盡，我只能以個人名義捐款一百萬元，協助基金會度過年關。

二〇一三年五月二十三日，張豫生執行長在家接到詐騙集團電話，說他的愛孫被綁架，他大驚之下立即去世。辦好後事，會計室的鍾主任告訴我付了他的撫恤金，我們的基金已動用過半，依法董事長有法律責任，我十分緊張，先於同年九月廿二日國維、美端為我們夫婦金婚設宴，請求賓客勿贈禮，改以現金捐助基金會，共募得二百二十餘萬元，設法彌補基金缺額。又請孫震校長介紹他的老同事，曾任台大訓導長、立法委員和國立宜蘭大學校長的劉瑞生教授接任執行長。劉執行長的社會關係很好，就任後積極解決財務危機，他認為基金會的辦公大樓是一個浪費的源泉，積極尋覓房屋仲介者設法出售，但是由於前述的缺點無人願意問津。此外，大家眾口一聲，認定該樓房絕對不值五億元。他們認為縱使我們降價到二億五千萬元，也不會有人願意承購。後來我找了高爾夫隊的球友戴德梁行總經理顏炳立先生，請他幫忙並代覓新辦公室。顏君和劉執行長十分努力，終於以三億一千萬元出售重慶南路的房舍，另以七千萬元購買長安西路一八〇號基泰商業大樓二樓之一的辦公室。

這樣一來，我們終於將基金補足，剩下的款項依法以半數委託國泰投信操作。不幸的是，由於股市疲弱並未獲利。劉執行長交遊廣，有幾位對股市起伏很熟，就告訴他逢低買進，高點賣出，這樣使我們能撐過幾年。之後立法院通過財團法人法，主管機關教育部嚴格執行，只許基金會買指數「股票型基金」（ＥＴＦ）和不動產投資信託（ＲＥＩＴＳ），而且標的商品必須過去三年，每年獲利在百分之三以上。二〇二一年新冠肺炎全年肆虐，我們無法辦活動，但日常開支仍要支付，所幸瑞生兄在年底前買進一檔ＥＴＦ，兩週後遇上這檔ＥＴＦ配息，居然將全年的開支都可以應付了。

二、兩岸文化交流

在我參加太平洋基金會工作前，基金會已和河南的宋慶齡基金會有相當密切的合作交流關係，但是在我接任前，該會發生嚴重的違紀事件，所以我積極地尋覓對岸的合作夥伴。

二〇一〇年五月二十二日我應大陸「中國關心下一代工作委員會」負責人顧秀蓮女士邀請，前往無錫靈山參加世界公益論壇[1]，會中遇到時任中華文化促進會（以下簡稱文促會）主席、甫卸任人大副委員長的許嘉璐先生，他是大陸知名語言學家，我和他談起太平洋文化基金會的工作，他很感興趣。之後由該會常務副主席王石先生來台拜會，商談兩會合作，每年舉辦「兩岸人文對話」，一次在大陸，一次在台灣，並定於二〇一二年底在北京大學做第一次對話，題目訂為「中華文化與

1 請參閱本書第一章七節，第五十一頁。

世界和平」。在此之前，二〇一一年陝西省黃帝陵基金會邀請本會組團，於十月初赴西安參加一年一度的秋祭黃陵。我們考量黃帝乃中華民族始祖，在世時制衣冠、造舟車、養蠶桑、定算數、制音律、創醫藥、造指南車，對中華文化貢獻極大，所以決定組團前往，並約前銓敘部長邱進益夫婦、實踐大學董事長謝孟雄、政大外交學系主任李明夫婦、公共行政所所長吳瓊恩夫婦參加。又因黃帝陵基金會盼本會對該會提供捐助，我們的若干企業界負責人捐人民幣二十萬元，所以也有十多位企業家參加，全團三十人，我們於九月二十八日下午，在太平洋文化基金會舉行行前說明會，介紹參加的團員彼此認識，並對行程中每一項活動予以說明及應特別注意事項。

十月二日我們搭乘華航五六一次班機，由桃園機場飛往西安，由於班機遲到，所以到下午二時才起飛，五時三十分到西安，黃帝陵基金會孫天義理事長來接機，他已近八十高齡，原為西安外國語學院院長，已退休現為陝西省政協副主席。他的家世很特別，父親是孫殿英將軍，一九二八年駐守於河北薊縣發生假演習之名、盜掘清乾隆皇帝和慈禧太后陵墓，盜取無數陪葬的珍寶，當時稱為「東陵案」。此時孫理事長尚未出生，當他進入青年期，知道父親為國人不齒，他就發憤勤學，獲得文學博士學位並成為大陸首屈一指的翻譯專家。他在父親一九七四年去世後，就將其盜墓所獲古物全數捐贈北京故宮博物院，並於退休後，全職不支薪擔任黃帝陵基金會理事長，將殘破多時的黃帝陵整舊如新，但是在黃土高原上要維持這一建築，必須大量人力和經費，所以仍需不斷募款。這次向我們請求捐助，也是為維護黃帝陵的歷久彌新。

第二天上午，我們去參觀西安碑林博物館。這裡原是孔廟，珍藏由秦漢至明清各個時代的碑刻墓誌共一千餘件，是大陸保存古代碑石最多的地方。下午我們去兵馬俑博物館，該館吳館長昨晚才由洛杉磯返回，今天仍來親自接待，而館內由於「十一」長假，人山人海，我們由特警開道才能前往一、二、三坑參觀，實在是嘆為觀止；接著去華清池，仍是人潮洶湧，看到車輛的牌照有來自廣東、雲貴、西藏、新疆、內蒙各地的車輛，可見大陸的經濟發展是普及各地。在華清池看「五間閣」，就是一九三六年西安事變發生的地點，他們特別讓我走進右邊第二間房間，就是蔣公蒙難之地，看了使人有不勝今昔之感。

當晚在華清池，由陝西旅遊集團張小可董事長設宴，飯後觀賞他製作的大陸首部大型實景歷史舞劇《長恨歌》，聲光特技均甚佳。次（五）日為「辛卯年重陽兩岸同胞祭祀黃帝典禮」。我們凌晨四時二十分起床，五時四十分啟程赴黃陵縣，車行二小時半到達黃帝陵。先到最高的橫山謁陵，由我上高香；接著去園區植樹，我們帶了來自阿里山及日月潭的象徵物品，完成植樹儀式。接著去黃帝陵廣場登九十九階，於九時開始典禮，我被安排在首位主持儀式並恭讀祭文，這是本會在台北請台灣大學中文系洪國樑教授撰寫，內容主要是讚頌黃帝一生的功績。之後由當地青少年表演古代舞蹈，告祭時有一條龍由氣球引導升空。典禮結束我們又登三十六階，進入「人文初祖殿」，恭拜黃帝像並觀賞兩旁石碑，再到軒轅廟攝影，並在廟後登車赴黃陵縣濱湖酒店，由縣委書記曾明同及縣長呼世杰招待午餐。

飯後返回西安車行三小時，因多處塞車。晚間參觀大唐不夜城，完全將當時唐代盛況充分表現。七日中午拜會陝西省常務副省長婁勤儉，他是工程師出身曾在北京任工業及信息化部副部長（之後升任省長、省委書記及江蘇省委書記）。我說陝西過去是比較貧窮的地方，此次看到各項建設突飛猛進，非常欽佩。他說「十二五」規劃（涵蓋二〇一一～二〇一五年）是陝西加快發展的重要時期，西安國際化大都市和西咸（咸陽）建設的推進，都是陝西進入中等發達省份行列的重要措施，也為海內外眾多企業提供了難得的投資機會，希望我們能為陝西的特色多多代為宣傳。陝西在能源資源、科技教育和交通區位方面都有特殊優勢。

當天下午我就由西安搭機返回台北。西安是一個很特別的都市，在歷史上自西周起，歷經秦、漢、兩晉、前趙、前秦、後秦、西魏、北周、隋、唐都在此建都，前後一千一百餘年。仰韶文化的發掘，證明七千年前此地也已有城垣的雛形。

太平洋文化基金會和文促會於二〇一二年十二月十三日，在北京大學舉行第一次「兩岸人文對話」，主題是「中華文化與世界和平」，依四個子題進行引言和討論，分別是中國傳統文化價值理念的當代思考、中華文化與國際外交、和平問題相關的中西文化比較，和推進和平過程中媒體擔當與國民引導。四項子題分別由大陸方面的劉夢溪教授、萬兆光教授、金燦榮教授、何亮亮女士和台灣方面的傅佩榮教授、包宗和教授、陳哲明先生、鄭貞銘教授擔任引言，最後由我和許嘉璐名譽主席做總結。

我們一行於十二月十一日飛往北京，下榻北京大學的博雅大酒店。次日上午赴北大參觀，主要是史料館、考古館和化學系所；中午由周其鳳校長款宴，邀了父親教過的學生之後在北大任教者，還有國際關係研究院的賈慶國院長及袁明教授。下午前往廊坊，因為文促會當晚在該地舉辦當年「中華文化人物」頒獎典禮，先由人大副委員長嚴雋琪女士和我談話。她是嚴家淦先生的姪女兒，談起嚴先生的往事，以及我在七年前去蘇州參觀嚴園，正好有家淦先生的照片展；晚間用餐後即舉行頒獎典禮，台灣有一位建築師謝英俊先生，他是因為汶川地震後設計受災家庭的新住屋，表現優異而獲獎，但是我卻為另一位民間收藏家頒獎。

典禮結束返回酒店，已近午夜。十三日全天是人文對話，上下午共有四場對話，我必須認真聆聽每一位的引言，並將重點記錄，以備最後做總結時引用，所以這一天實在是十分辛苦。我在總結中指出，人類有史以來國家間相處不外戰爭與和平，大家都知道戰爭不是好事，所以晁錯在《言兵事疏》就提到「兵，凶器；戰，危事也」，然而自有史以來戰爭不斷，主要是爭取土地、資源和報復。中華文化的核心是和諧，但是現在人類對天然資源過度浪費，導致氣候變化天災不斷，中華文化主張「節用而愛人，使民以時」、「和而不同」、「以和為貴」，「和」使社會中上下貴賤各當其位，社會就會安寧，國家如此，世界也是如此，這是中華文化為世界和平做出的重大貢獻。此外，我們的文化崇尚「公」而不是「私」，孔子曰：「天無私覆，地無私載」，人只要努力，天一定會幫忙。

會議結束後，許多師生圍著我要簽名和照相，還有一位馬松林先生，送給我一百隻折紙鶴。因為台北尚有行程，我第二天上午就返回台北。

這年是文促會二十週年，也是換屆的一年，原任主席許嘉璐改任名譽主席，由原任文化部常務副部長高占祥接任主席。高先生是一位奇人，很像上世紀前一半我國極著名的王雲五先生，沒有受過正式學校教育，小時候還做了幾年童工，但是他努力自學，精通經史子集，也會琴棋書畫。和王先生不同的是，他還是優秀的攝影家、國標舞專家、平劇欣賞者。所以他任文促會主席後，就多方發展該會的工作。他為人極為謙和，第一屆文化對話，地主設席款宴我們時，他請許先生為主人，對話的總結也請許先生代表文促會擔任。他比我小一歲，我們一見如故，我對他淵博的學識、多方面的技能極為欽佩。一九八〇年代中期，他擔任共青團河北省委書記，中共中央要各單位的領導推薦年輕的優秀幹部，高先生推薦了二位，一位是河北省正定縣縣委書記習近平，一位是他的機要祕書栗戰書。二十多年後兩位都成為國家領導人。高先生推薦他們的文件，幾年前還曾在人民大會堂展出，足見他識人的能力。

二〇一二年以後，我多次去北京都會去拜見高先生，但是他的健康欠佳，多數是到北京醫院的高幹病房六〇八室見面。使我驚訝的是，這間病房進門是辦公室，有二位祕書、二台電腦，他在病中仍不停寫作。高先生的著作極多，最使我欽佩的，是他認為我國為兒童啟蒙用的《三字經》、《千字文》和《弟子規》的內容都和現代社會生活不符，所以他改編成《新三字經》、《新千字文》和《新弟子規》。

依照兩會原定的協議，「兩岸人文對話」每年舉辦一次，輪流在大陸和台灣舉辦，第二屆對話應於二〇一三年年底在台北舉行。但是當年一月中旬，我們收到文促會的來函建議，因為大陸方面高度重視學校品德教育，所以準備在五月選一個週末，在南通市的南通中學舉辦第二次兩岸人文對話，主題是「中華文化與學生品德教育」。南通中學是十九世紀末的狀元張謇於一九〇九年創立，已有百年以上的歷史，是大陸知名的學校。我覺得這是一個好題目，因為德、智、體、群四育，德育為首，而近年全球各地的學校教育只是專注智育，忽視德育，甚為不妥，因此我找了台北著名的復興實驗高級中學的李珀校長，請她負責辦理我方參加「對話」的事務。復興設立於一九五二年，也有近半世紀的歷史，李校長對品德教育極為重視，立即同意。之後又決定兩校將於「對話」期間，簽署兩校「建立友好學校協議書」。

會期定於五月二十六日舉行，但是二十四日上午，本會執行長張豫生因心臟病去世。因此我通知文促會，二十六日開幕式後即需趕回台北。所幸此次「對話」引言人和總務都是兩校的負責人和老師，所以進行順利。開幕式中我講話提到，中華民族的教育向來是四育並重，而四育中第一就是德育，因為德育教好了這個青年就是社會上的貢獻者；德育教不好，這個青年可能成為社會的破壞者。這兩者的差距太大了。品德教育對於兩岸的中華民族，都是解決我們今天所面對的社會上各種亂象的唯一辦法。稍後我見證了李珣校長和姚文勇校長簽署的建立友好學校協議書，就趕回台北。

張豫生執行長去世後，我就洽請台大前學務長、宜蘭大學前校長劉瑞生教授接任，並積極籌備第三屆兩岸人文對話，並定於十月三十一日，在台灣大學法學院霖澤館舉行。這次對話主題是「中華文化與企業經營」。文促會名譽主席許嘉璐和高占祥主席，帶了數十位文促會各地分會的負責人同來參加，我們為他們安排在新生南路的福華別館住宿，並請他們在會後赴各地參觀。開幕式由台大楊泮池校長致詞歡迎，隨即開始對話，大陸方面杜維明教授以「人文精神與商業倫理」為題先做講話，接著是前鄭州市市長陳義初以「中華文化與當代大陸經濟的幾點思考」、孫震教授以「創造價值 vs. 追求利潤：放於利而行，多怨」、許士軍教授以「中華文化下之家族企業傳承」共四篇專論，完成了上午的對話。中午在福華別館進自助餐，下午四場由大陸雅昌企業公司總裁萬捷以「企業在弘揚中華文化進程中的責任」、鼎盛文化產業公司總裁梅洪以「從實景演出看文化產業發展」、台灣的元大創投公司董事長李克明以「資本主義必然崩盤，經典商道應運而生」和台大會計系所劉順仁教授以「爵有德，封有功——該如何建構以人為本的華夏會計學」為題，展開四場對話。最後由許嘉璐先生和我分別做總結，我說過去講中華文化，就想到傳統的倫理道德，聽了今天八位的講話才知道中華文化可以企業化、生活化。用中華文化來從事企業經營，一方面推廣中華文化，二方面可以盈利，三方面還可以做許多公益活動，使我受益良多。

晚間本會款待所有大陸來的朋友。次（十一月一日）日文促會其他同仁赴花蓮觀光，高占祥主席來看我，他說以往為漢字究竟應用簡繁體，曾和馬英九總統通信，另外台北有家醫院院長和馬很熟，也常去北京看他，所以此次帶了別緻的藝術品想送給馬，可惜沒有安排拜見他。他也提到習老太太齊心女士喜歡看平劇，每次看戲都要他陪，所以也去習府多次。我說習近平接任總書記後「戒貪」、「戒奢」都是很重要的，但是似乎下藥過猛。「戒貪」應以軍公教人員為對象，非極端嚴重者不宜涉及民眾，「戒奢」也是一樣。另外，由大陸來台訪問的地方官員很多表示習上台後，不斷要求他們開會檢討，有時一星期中有三、四天要開會，反而沒有時間處理公務。高說這的確是問題，應採中庸之道，他會向栗或習反映。我又說大陸十四億同胞中，現在生活在貧窮線下的約為七、八千萬人，使這些人脫貧是最重要的工作，對於巨富者與其要他們戒奢不如請他們幫忙脫貧。高認為這是極正確的見解，他一定會反映。到了二〇二一年十二月，大陸終於完成全國脫貧。

第四屆兩岸人文對話，於二〇一四年十月十四日在杭州師範大學舉行。我因為被北京育英中學（現為第二十五中學）選為傑出校友，十月十二日校慶要我講話，所以是由北京前往杭州，其他與會同仁由台北前往。

這次會議的主題是「中華文化對當代教育的意義」。兩岸各有三位主講者，總結由大陸政協副主席張懷西和我分別主講。我提到我們古代的經典不是一部《聖經》，我們幼年時讀《弟子規》、《三字經》、《千字文》等，其實內容有些已不合現代需求，如父母過世要守孝三年、寡婦不能再嫁等。高占祥名譽主席費了很多功夫，編了《新弟子規》、《新三字經》和《新千字文》，這是以中華文化為主幹，注入西方的觀念如法治、創新等做為新教育的內容。二十一世紀是中華文化發揚於世界的世紀，我們要將傳統的中華文化現代化，符合今日的需求，配合一些西方正確的新教育思想，教導我們的兒童和青少年。此外，我特別提到孔子的教育理念，是要變化學生的氣質，這點在兩岸似乎都未受到重視。

第五屆「兩岸文化對話」於二〇一五年六月三日在長沙舉行，這次的主題是「周雖舊邦，其命維新：中華文化對人類未來可有的貢獻」。這次對話的特點是除文促會和本會由兩岸各聘兩位講者外，另外由美國聘請兩位華裔名教授——普林斯頓大學（Princeton University）中文部主任周質平教授和哥倫比亞大學（Columbia University）中文部主任劉樂寧教授，由美東遠道前來參加，擔任講者。此次對話原定在湖南大學的嶽麓書院舉行，臨時獲北京教育部通知更改地點，在我們所下榻的聖爵菲斯大酒店的宴會廳舉行。之後才知道我們所定的日期接近「六四」，北京方面不希望在大專院校舉辦大型活動，縱使是純學術性的也不例外。

我在總結中指出中華文化博大精深，我認為最重要的是「修己」，劉夢溪教授則談到「知恥」是中華文化的開始。知恥如能在全球推動，政客和金融大鱷的貪婪行為就不容易發生。其次，我們只有一個地球，因此要建立生命共同體的觀念，做到天人合一。每一個人要修己，也就是說自己想做的事，如果對他人或社會不利，則絕對要克制自己，不要去做。

第六屆兩岸人文對話於二〇一六年三月二十二日在宜蘭佛光大學舉行，討論主題是「中華文化中的群己關係」。很可惜這年的博鰲論壇是二十四日舉行，我要在二十三日動身，所以只能在開幕式時講話。

我說中華文化傳統中有「五倫」，即「父子、夫婦、兄弟、君臣、朋友」但是對人與社會就沒有規範。一九八一年李國鼎先生鑑於社會風氣不佳，人與人間相處也不好，所以提出第六倫，也就是人和社會的關係，簡稱「群己關係」，指的是怎樣使我們生活的社會更美好。

第七屆兩岸人文對話是二〇一六年十月二十六日，在廣西桂林市的榕城湖濱飯店會議中心舉行，主題是「中華文化多元互補的啟示」。這次會議的特點是主辦單位特別邀請在美國匹茲堡（Pittsburgh）的許倬雲教授，以視訊方式就「中國信仰系統的開展與融合」為題，發表一小時的講話。與會人員對他以久病之軀做如此長的演說，均深為感動。會議仍由雙方各三位學者主講，並經討論由我做總結。我說過去四十年最流行的名詞就是「全球化」，是美國主導，要求所有國家都要政治民主化、經濟自由化，任何國家不遵從，美國就會制裁。然而民主是要選舉，參選者必須使用大筆經費，這要靠金主支持。投票選出的領導者不為民眾服務，而是為金主服務，早上許倬雲先生談到美國政治腐敗時，兩眼都有淚水，這是殘酷的事實；經濟自由化，就是各國的市場必須開放讓美國大企業能將貨物銷往各地，其結果是富人愈富、窮人愈窮。經過四十年的試驗，我們瞭解「全球化」不是解決世界問題的答案，因為「全球化」的做法太霸道。針對世界問題，中華傳統文化中的「王道」才是答案。中華文化的精華是誠意、正心，然後再修身、齊家、治國、平天下。誠意正心就是人要隨時自修、自省，不許自己有私心。每一個人誠意正心、忘了自己、要想如何能幫助他人，進而擴及社會，再推廣到全世界，這是中華文化多元互補給我的啟示。

第八屆兩岸人文對話由我方辦理，時間是二〇一七年四月二十日。由於當時國內政情關係，大陸方面無法組團來台，因此由本會董事香港華懋集團主席龔仁心建議，在香港該集團的如心海景酒店辦理。兩會亦協議此次採圓桌會議方式，使參與者可充分討論。

這次會議的主題是「漢字與中華文化之存續」。因為前一年十二月二十六日「北大中文論壇」有人投書，認為不論簡體字或正體字都不適合全世界潮流，應該將漢字拉丁化，引起許多討論，所以文促會建議以這個題目做為圓桌論壇討論的主題，兩岸各有三位語文專家提供論文。我在總結時提到，中華文化是用漢字書寫的，如果沒有了漢字，以後的人就無法閱讀這些古代的經典。我很擔心近年來網路發達，年輕朋友往往發明一些網路用詞，這些新文字和漢字比較，漢字是優雅的、美麗的，而網路文字剛好相反。我呼籲兩岸的老師在演講、授課、寫書時提醒青年朋友重視漢字，特別是書法；有一位講者提到他用手指按電腦鍵盤，久而久之很多字都忘了，這是很可怕的。我直到現在，寫任何東西都是用紙筆而不敲鍵盤，原因就是對於漢字的尊重。漢字對中華文化的存續，確實是極重要的。

第九屆兩岸人文對話，於二〇一七年十一月十四日在廣東梅州市嘉應學院舉行，主題是「兩岸客家學術之比較」。梅州是全球客家人的根源地，四周多山，我們飛機降落時幸虧是晴天，因為機場四周都是高山峻嶺。早年中原人士南遷，找不到平坦的土地，只能在群山中尋覓謀生之道和比較安全的地方。客家話據說是真正的中原語言，所以非常典雅，客家人交談多半是出口成章。另外，由於所遷居的地區多是貧苦之地，必須努力奮鬥才能謀生，所以常說娶客家女性為妻能吃苦耐勞，與會學者說這是宿命也是使命。范佐雙教授說，在台灣的客家文化與大陸不同的地方是各地有義民廟，每年都有義民祭，希望能推廣到大陸；房學嘉教授提到閩南和粵北的客家人喜歡群居，所謂圍龍屋，一方面是和諧社會，一方面可以共同抵禦外來的侵略。討論時，嘉應學院的師生都認為客家話已逐漸沒落，客家文化也式微了。我在總結時表示，現代年輕人都要跟上時代，所以對舊的事務多願拋棄不肯學習，但是客家話是一種優美的語言，我常和客家友人練習用客家話交談，他們也不吝校正我發音的錯誤。問題是梅州客語和南部海豐、陸豐的客語不盡相同。客家刻苦耐勞的文化放諸四海皆為準，希望大家珍惜。

第十屆兩岸人文對話於二〇一八年六月在北京舉行。文促會王石主席先與我洽商第十次宜擴大辦理，討論內容可包含音樂、藝術、演藝等項目，我說這些項目繁多，恐無法在一天完成，如分成兩天進行，又恐對話失去聚焦點。所以最後仍決定以「中華文化在二十一世紀」為主題，分文化、政治、經濟、科學四子題。王石主席為使一般民眾都能看到，所以連絡了鳳凰衛視做全天的現場直播，這是有利有弊，利是更多人可以看到對話，弊是由於直播，講者不能使用投影片簡報軟體（power point），而且講者必須面對鏡頭，不能看稿，而講台上除了麥克風外，並無放置稿子的桌面。

對話於六月六日上、下午，在北京鳳凰衛視國際傳媒中心文藝廳進行。文化組陸方是名哲學家葛兆元教授，我方則是黃光男館長；政治組陸方是王石主席，我方是朱雲漢院士；經濟組陸方是睢國餘教授，我方是孫震教授；科學組陸方是天文學及科學史專家孫小良教授，我方是張有福教授。八位講者都是滿腹經綸、出口成章的專家，我要做總結必須全天聚精會神聽講，盡量做筆記，重溫老童生的舊夢。

一天下來，到四時四十分要我做總結。我對文化方面提到，文化是一個民族、一個國家集體的智慧、思想累積起來，中華文化在兩岸都受到同樣的重視和保存，這是值得欣慰的；對於政治和經濟，目前兩個大國的領導人有全然不同的做法，一方面是表面民主、實際受金主財團控制，特別是軍火業和石油業，政策取向是逞勇好鬥，另外國內民眾貧者愈貧、富者愈富，聲稱要全球化但做的是單邊主義、保護主義而且對貿易夥伴不時加以制裁或抵制，當今氣候變化受到各方重視，他卻粗暴的退出巴黎氣候變化公約；另一方的領導者於二〇一七年達沃斯世界經濟論壇（Davos Forum）公開表示要開放市場、擴大內需、不以出口為重點，使全球貿易逐漸走向均衡。他也表示在經濟上要永續發展，全力支持巴黎氣候變化公約。可以看出前者是唯我獨尊、順我者昌、逆我者亡，是中華文化中所指責的霸道做法；後者是心懷仁德，中華文化中所謂王道的做法。假以時日王道必將優於霸道。

在科學方面，現在科學研究重要的考慮是「利」，做研究以能賺大錢為目的，這是違反中華文化傳統厚德載物的精神，尤其現在「人工智慧」和機器人的研究，使人類生活日益便利，衣食住行都有機器人可幫助，人類真會走向四肢不勤、五穀不分，有可能被機器人消滅。所以科學研究者一定要清楚地瞭解「倫理」，什麼是可以做的，什麼是不該做的。我的總結結束，觀眾起立鼓掌。事後王石主席告訴我鳳凰衛視台應觀眾要求，又將對話再播放，中南海也調了錄影帶去放映。我的總結最後畫蛇添足加了一句：「我們希望早日迎接第十一屆的兩岸人文對話」。不料二〇一九年初爆發新冠肺炎，疫情瀰漫拖延，對話一直未能舉行。

二〇一三年，我們和文促會在台灣大學舉辦第三屆人文對話時，大陸有一位講者是文促會河南分會主席陳義初先生。他在會後對我說這項活動很有意義，想和我們合辦「豫台兩岸經濟文化論壇」，一次在河南，一次在台灣。我對陳先生稍有瞭解，他是清華大學電機系畢業，在河南電機工廠工作一直做到總經理，九〇年代被調為鄭州高（科技）新（興）工業區做主任，因為成績優良，不久就擔任鄭州市副市長，九七年升任市長做了兩任，政績斐然，鄭州市民眾對他十分愛戴。然而，由於他為人耿直、明辨是非，所以也得罪了一些人，二〇〇三年兩任期滿後，並未被高升，調任河南省政協副主任。我覺得他說話直來直往，相談甚歡，很快就決定第二年（二〇一四年）四月中旬在鄭州大學舉行。與此同時，河南省南陽市委書記穆為民為了該市所轄新野縣發現一座稱頌我曾祖父錢繩祖[2]擔任知縣時的「實政碑」，發函邀我親往參觀。我們一行四月十六日飛往鄭州，次日全天參觀開封；十八日上午拜會河南省郭庚茂書記，下午參加經文論壇，主題是「中華文化與企業經營」。

論壇結束後突降大雨，他們說鄭州欠旱，我帶甘霖來可保豐收。十九日赴登封看少林寺，二十日去洛陽龍門石窟，遇到不少台灣觀光客紛紛要求照相，下午去中國花園看牡丹，但多已謝了，之後上高速公路車行二小時半，到南陽市見到不少錢氏宗親；二十一日去河南西南角的淅川，當年曾祖曾任知州，先去丹江口看「南水北調」的起點，工程非常浩大，下午去看淅川省立第一高中，原來此校原是曾祖當年創辦的師範學校，二十二日由南陽前往南部的新野縣，曾祖曾任知縣八年之久，先父亦是在那裡出生。燕峰縣長在縣界等候，先去參觀曾祖的「實政碑」，之後先後前往劉備、關羽、張飛和諸葛亮經常討論問題的「漢議事台」，和世界最小的城——關羽繫馬的「漢桑城」。二十三日返回台北。

這次新野之行又有續集，次（二〇一五）年初，我又接到穆為民書記的邀請函，他們在新野縣城中心的漢城廣場興建了一座功德亭，將「錢大老爺實政碑」放在中間，希望我們全家前往參加三月三十一日的揭幕典禮，此時美端夫婦及二

2 請參閱《錢復回憶錄 卷一》第五頁。

女均在安娜堡（Ann Arbor）送孫聖安進研究院，長孫裕揚在南加大上課，因此我們和國維夫婦、裕亮、裕恆二孫及外孫聖連啟程前往參加，看到原碑殘破，似經整修一新，旁邊也有新野縣所撰「重建錢繩祖實政碑記」。

第二次兩岸經文論壇由我方主辦，於五月十四日在苗栗育達科技大學舉行，主題是「中華文化的人才培養」。陳義初主席帶了一團人來，十三日晚我和內人在竹南鎮的兆品飯店歡宴全體與會同仁，育達科大王育文副校長也參加。

十四日清晨接獲電話通知，九十三高齡的育達創辦人王廣亞先生已由台北趕來，要和陳義初主席和我共進早餐，之後去造橋鄉的育達大學國際會議廳，舉行開幕典禮和第一次會議。中午王廣亞先生在他的行館招待午餐，下午第二次會議後先由陳義初主席做總結，再由我說話。我強調培養人才要以中華文化中「格物、致知、誠信、正直」為主，做好全人教育，特別要重視品德。結束後，王育文副校長代表其父王創辦人在頭份東北角國際宴會廳，款待全體與會人員。

第三次豫台經濟文化論壇又回到鄭州，在鄭州師範學院舉行。日期是二〇一六年五月十九日，主題是「兩岸教育的現狀互補與合作」。我方主講者為前國立嘉義大學校長楊國賜、朝陽科技大學校長鍾任琴和台北海洋技術學院唐彥博院長；豫方是鄭州教育局長李陶然、鄭州師範學院院長趙健和鄭州大學校長劉炯天。各人的發言都非常專業。我在總結時提到，台灣以往除正規大、中、小學以外，還有不少專科和技術學校，專門訓練工商界所需要的基層人才，可惜一九九三年政府進行「教育改革」，為迎合家長希望子弟都能上大學，將專科和技職學校均升格為大學，每年大學聯合招生錄取率達百分之九十七左右，每年大量大學畢業生找不到工作，形成家庭和社會的問題，而企業界要招募基層員工則無人應徵。台灣的教育水準原來是全球翹楚，經過改革後大幅下降。因此「改革」兩字非必要，不宜輕易提出。

第四次豫台經文論壇又回到台灣辦理，日期是二〇一七年十二月六日，地點是台北海洋科技大學，主題是「網路時代對教育的影響和要求」。我在總結時指出，網際網路對教育的影響應予肯定（當時尚無因疫情而做遠距教學的需求）。但是它的缺點也不能忽視，如學生沉迷於網路的連繫，對於家人和同儕常置之不理，網路內容沒有經過審查核定，很多對於學生的身心有傷害的節目，往往使學生著迷；再者，網路時代學生多仰賴電腦和手機，為方便經常創造許多網路用語，對我們使用的文字有影響；另外，過去學生在校很重要的課程是書法，每週要交大小字作業，學生練習書法可以氣定神閒，對身心有益，現在使用電腦後，連給父母寫信都不會，而用簡訊方式。這許多的不良後果，資電業和教育當局都應注意。

第五次豫台經文論壇於二〇一八年四月十九日，在開封市河南大學舉行。此時陳義初先生已交卸河南文促會主席的職務，繼任者是河南省政協副主任、九三學社河南主委的張亞忠先生。此次的主題是「兩岸農業教育的現狀、互補和合作」。我們同去的講者中，初次邀請一位不是學者、而是長年經營養豬業的台灣福晶公司董事長楊正宏先生，他的公司在廣東、廣西都設有養豬場，是一位經營有成、十分謙虛的企業家。

我在總結時提到，台灣農業發展在上世紀七〇、八〇年代之交因超用農藥、化肥使土地及產品都受損。近年來從事有機耕作，同時年長一代的農民退休，土地休耕，有很多大學畢業的青年集合同道，向政府請求變更過去在各戶只能有三甲地的規定，允許成立農企公司經營大面積的耕作。所以現在農業有了新生命，同胞也有可靠的蔬果食用。會議期間，陳義初先生由東京致電給我表示歡迎，他正帶家人要去北海道觀光，我對他的盛情至為感動，也請他明年在台北舉行第六次論壇時以本會貴賓身分出席。不料二〇一九年初新冠肺炎肆虐，論壇也有數年無法舉行。

第三章

蔣經國國際學術交流基金會

一、綜述

中華民國第六、七屆總統蔣經國先生於一九八八年一月十三日仙逝，舉國哀痛。根據前駐美代表處文教組長李慶平先生，於二〇一五年七月十七日所撰〈蔣經國國際學術交流基金會成立的原委〉一文記載，前教育部李煥部長於一九八六年訪美曾由慶平兄陪同，赴匹茲堡訪問著名學者許倬雲院士，商談比照日本基金會的前例，成立一個國際學術交流基金會。許院士稍後連絡了一百多位旅美學者，上書蔣經國總統支持成立一個國際學術交流基金會。蔣總統甚表同意，並將該函交教育部處理，此時經國先生甫逝世，李部長約了李國鼎、宋楚瑜、毛高文、許倬雲、李亦園和我舉行籌備會，決定改名為「蔣經國國際學術交流基金會」，一方面由教育部編列預算，一方面由籌備人員向各界募款。

一九八九年一月十二日，基金會正式成立。當時基金計有教育部捐助三億元、李國鼎、李煥、宋楚瑜、蔣彥士、徐立德和我募捐以及其他各界自動捐助的十億四千三百多萬元，做為基金。教育部於次年又捐助十一億元，均向法院登記做為非營利性財團法人。第一屆董事共十八位，李國鼎先生是董事長，李亦園院士為董事兼執行長，其他十六位是毛高文、丘宏達、李煥、宋楚瑜、余英時、孫震、高英茂、連戰、郭為藩、許倬雲、張光直、張京育、蔣碩傑、蔣彥士、劉遵義和我；星移物換，到二〇一九年第十一屆董事會只有連戰、宋楚瑜、高英茂、郭為藩、劉遵義和我六人，其他十二位或逝世或退休了。第一次董事會亦訂立了本會捐助及組織章程，明定本會設立宗旨為：㈠促進中外學術及文教交流合作及㈡宣揚中華文化並增進國際間對中華民國實施三民主義經驗之瞭解。本會原始基金為新台幣三億元，依法完成財團法人登記後，可接受民間之捐助。基金限於支用其孳息，如動用本金須經董事會通過且不得超過基金總額百分之五。第二次董事會並決定：每年孳息百分之六十五須用於業務支出，百分之十為行政支出，其餘百分之二十五以歸回本金為原則，以免基金貶值。董事會也決定獎助類別分四大項：一、學術機構補助（Institutional Enhancement）；二、研究補助（Research Grants）；三、研討會補助（Conferences and Seminars）；四、出版補助（Subsidies for Publications）。之後又增加了第五項：博士論文撰寫及博士後研究（Ph. D. Dissertation Fellowships and Post-Doctoral Fellowships）這兩類，從第一年起就公開接受申請。最初只有北美地區和本國。會中分設北美諮議委員會及國內諮詢委員會，負責對申請案件的審查；之後又陸續增加歐洲、亞太和新興地區的諮議委員會，審查該地區的申請案。

本會成立之初因冠經國先生之名，難免有人誤解是否有政治性，但是經過幾年運作，獲得獎助的機構或個人都是以其學術水準而得，經過三十多年，本會在國際學術界的聲譽已獲肯定。然而，在經費方面，本會成立之初，國內銀行存款利率約為百分之九，而我們的基金已由十多億增為三十多億，當初存款利息即可輕鬆應付獎助、行政及回歸本金所需，之後利率逐年下降，財務狀況就吃緊了。幸而教育部專案呈報行政院，特別核准本會可使用基金之半數投資國內外股票、債券等。本會當時副執行長兼財務主任史綱先生善於經營，每年財務結算總有盈餘可併入「累積餘絀」。可惜史先生於二〇一六年應聘富邦證券董事長，而最近幾年或因股市不振、台幣過強，使我們遭受匯損以及多年新冠肺炎肆虐對本會財務造成「虧損」，多賴過去歷年的「累積餘絀」加以彌補。

二、本會海外單位

本會三十餘年來歷經李國鼎（一九八九～一九九五）、俞國華（一九九五～二〇〇〇）、李亦園（二〇〇一～二〇一〇），及毛高文（二〇一〇～二〇一九）四位董事長；李亦園（一九八九～二〇〇一）及朱雲漢（二〇〇一～二〇二三）二位執行長悉心經營，業務逐年擴展。創會之初即在美國首都華盛頓設立美國辦事處，請許倬雲董事負責，聘前美國在台協會主席丁大衛（David Dean）為駐會顧問，並由剛從喬治華盛頓大學（George Washington University）取得博士學位的李興維擔任主任；稍後於一九九七年，在捷克首都布拉格的查爾斯大學（Charles University）成立「蔣經國國際漢學中心」，以此地為中心拓展在東歐、中歐和北歐的漢學學術交流的工作；接著於一九九九年，在美國哥倫比亞大學成立了「蔣經國基金會中國制度史與文化史研究中心」，由王德威教授負責，二〇〇五年王教授轉往哈佛大學任教，此中心亦遷往哈佛大學，易名為「蔣經國基金會美洲校際漢學研究中心」。這個中心自本世紀開始，已連續多年在台灣的大學辦理「國際青年學者漢學會議」，邀請英語世界青年學者就一項主題和台灣學者交流，全程使用中文。例如有一年在花蓮，就以原住民多元族群為題。此外，與齊邦媛教授合作辦理「台灣現代小說英譯系列」，也是該中心的重要活動。

二〇〇五年在香港中文大學，由本會董事金耀基前校長負責，設立了「蔣經國基金會亞太漢學中心」，辦理「青年學者訪問計畫」、「中國文化研究青年學者論壇」等活動；二〇一四年於德國杜賓根大學（University of Tubingen）設立「歐洲當代台灣研究中心—蔣經國基金會海外中心」，做為以當代台灣為研究主題的歐洲學者、博士生與博士後研究者的國際學術合作與交流平台。

除了上述四個海外中心，本會也協助英國倫敦大學的亞非學院（SOAS）於二〇〇〇年設立「台灣研究中心」，並於二〇〇六年開始成立英語世界唯一的「台灣研究碩士班」。該學院也和本會合作，於二〇〇四年創立了「歐洲台灣學會」，每年在歐洲不同地點辦理年會、發表論文，並邀請出版商出席，將論文編輯成書。

三、重要活動

以上所述為基金會的工作要點，這三十多年來基金會秉持一項理念，就是本會的組織和工作都是純學術性，與美國傅爾布萊特計畫（Fulbright Program）、日本基金會或韓國基金會不同，我們完全非政治性，獎助金的發給也以學術水準為唯一選擇標準。但是在民主國家，選舉是定期舉行，有時候，由於改選新政府成立，對於基金會都有興趣。二〇〇六年八月十六日教育部杜正勝部長在行政院院會提出「台灣研究講座專題報告」，結語中指出「原來政府出資之蔣經國基金會早已成為獨立運作之民間機構，難以要求其承擔展現台灣之任務，考量台灣研究的深層意義，建議仍應由政府規劃辦理」。此一報告公布後，本會於同日發表新聞稿指出：「本會過去十七年來所有的獎助業務均遵循……（本會章程）設立宗旨與目的，在國際學術界早已建立相當的聲譽，……事實上教育部做為本會之主管機關，充分瞭解本會之設立宗旨以及業務推動之實際情況，從未對本會提出評語或建議。在二〇〇五年教育部針對所主管之教育財團法人全面進行評鑑，本會榮獲『績優』之評定。」

這次的風波暫時平定，但是二〇一七年三月二十七日行政院、立法院就行政院所擬《財團法人法》草案舉行協調會報，會後行政院發言人徐國勇指出，過去財團法人是依照《人民團體法》和《民法》管理，現在訂定《財團法人法》是針對現有的缺失加以控管，並舉例如本會、郵政協會、電信協會等都是新法規範的對象。本會於四月六日發布新聞稿指出：「蔣經國國際學術交流基金會是中華民國第一個面向國際的學術交流基金會，由政府及民間共同捐款成立，以獎助世界各國學術機構與學者，進行有關漢學及台灣發展經驗之研究，自民國七十八年一月成立以來，秉持學術獨立原則，已被國際學術界公認的最重要漢學與台灣研究獎助機構之一，並為中華民國贏得無數的友誼，是台灣軟實力的重要環節。」接著新聞稿詳細說明基金會成立背景與定位設計、基金來源與運用、董監事均為無給職、教育部對本會善盡監督職責和基金會積極推動台灣研究的做法。結論是：「在國際學術界本會已經成為台灣軟實力的重要環節，此一地位與聲譽得來不易，是台灣珍貴的資產，期盼各界能共同呵護，基金會的補助業務一向遵循客觀與嚴格的學術標準……維持本會之學術獨立地位對其國際學術公信力至為關鍵，延續此定位，也才符合民間捐助人的捐助初衷。」

本會四位資深學術界董事余英時、許倬雲、金耀基、劉遵義也於同年五月十日上書蔡英文總統及陳建仁副總統指出，《財團法人法》草案若干規定似乎是針對蔣經國基金會而量身訂做，其內容更具爭議性，對基金會將是一場災難。另外，毛高文董事長和朱雲漢執行長也向若干立法委員（其中有曾獲本會獎學金完成博士學位者）說明該法草案中幾項，確實有窒礙難行之處，因此在立法院審議時對草案做了修改，對本會的運作尚無重大的困難。較重要的變更，是將董監事分為官派及遴選二類。二十一席董事中，八位由教育部指派、十三席由上屆董事會組提名小組遴選，報請董事會確定。每屆需更換五分之一，即官派要更動一位，民間董事要更動三位。監察人部分官派一位、民間兩位。

二〇一九年為本會成立三十週年，執行部門協調全球若干知名大學於二〇一八年底舉辦紀念演講會，指定我於十月四日在美國哈佛大學做專題演講。因為那年是經國先生逝世三十週年，所以我選了「蔣故總統經國的遺澤：三十年後的評估」（The Legacy of the Late President Chiang Ching-kuo: A Retrospective Assessment 30 Years Later）為題，並積極撰稿。我指出經國先生主政十六年（六年行政院長，十年總統），是中華民國艱困的一段時間：先是退出聯合國，接著石油危機，做為以出口為導向的國家，我們缺乏充分的基礎建設。經國先生提出十項建設，為嗣後台灣的經濟建設奠定基礎。他接任總統後不到七個月，美國和我們斷交，國務院向國會提出的綜合法案（Omnibus legislation）草案，除設立非官方機構外，對兩國未來關係全無著墨。所幸多年來我們和國會兩院議員及助理都有良好關係，透過他們的幫助，將綜合法案改為《台灣關係法》（Taiwan Relations Act），對雙方交往有明白規定，使斷交後的經貿、文教、科技、軍事、安全關係都能維持，我們的邦交國雖然減少，他提出實質外交，使我們與重要無邦交國家都能持續拓展各項合作關係。

在國內，他也逐漸將勞力密集的工業改往鄰近國家生產，在國內全力發展電子及高科技工業，使全民生活改善。根據一九八〇年代的調查，台灣地區百分之八十五的民眾都自認為中產階級，這是政治穩定最重要的基礎；他也積極使國家走向民主化——取消戒嚴、廢除黨禁報禁、開放民眾赴大陸探親。執政之初，每遇週末假日他都赴各地探求民隱，八〇年代之初，他的健康不允許繼續，因此他固定在週末找若干黨政負責人士，去七海寓所談話，我是固定每週六下午四點被召往談話。他都是躺在床上，旁邊有張椅子，我坐定後他就有一連串的問題提出，我逐一答覆，到五時結束。這個週末談話，一直到一九八三年初我去華府工作後才停止。

經國先生較先父小兩歲，他們都有高血壓和糖尿病的問題，但是先父在一九八三年九月逝世，經國先生多活了四年多，這期間他完成有許多重大的改革，所以我們的同胞應該感謝他的醫療團隊的辛勞和努力。

在講詞的最後我說：「三十年後蔣經國總統的遺澤可在多方面衡量：他是一位有遠見的領袖，為台灣經濟發展鋪了堅實的基礎，他是一位對台灣民眾的福祉和繁榮深切關懷的無私領導人。我這一生能近身為這位偉大領袖服務，並且為他所寫的歷史做見證，實屬榮幸。」可惜這篇講稿我在二〇一八年七月完成，八月間因顱內出血動了二次手術，醫生不許我遠行，無法於十月去哈佛大學演講；我想請王德威教授代為宣讀，可是主辦單位仍盼我能前往，只是不久後新冠肺炎爆發，旅行困難，所以始終無法成行。

二〇一八年底基金會毛高文董事長因病請辭，並囑我代理主持十二月十四日的董事會，次年五月二十二日第十一屆第一次董事會推選我接任本會董事長。

四、興建蔣經國總統圖書館

二〇一〇年是經國先生百歲誕辰，也是基金會成立二十週年，我們鑑於先進國家對於有重要歷史貢獻的政治領袖，經常在其逝世後設立紀念圖書館，完整地收藏、整理並陳列其一生事蹟有關的檔案、文件、文物與資料，以供民眾閱覽與學術研究，加以台北市政府於二〇〇六年七月十八日，公告經國先生故居七海寓所為市定古蹟，並於二〇〇八年十月擴大古蹟指定範圍，規劃設置七海文化園區，本會決定以七海寓所古蹟以及蔣經國總統圖書館為核心，結合周邊設施環境，打造文化園區。故居可呈現經國先生伉儷生活之樸實無華與親和風範；圖書館則提供檔案、文獻、文物與資料之蒐集、保存、展示及研究等社教與學術功能。文化園區面積約四公頃，土地為台北市政府所有，多數交由海軍司令部使用。本會計劃與市府協商簽約合作，由市府無償提供建築基地，本會負責籌資設計、興建與營運。根據《促進民間參與公共建設法》之BOT模式，興建完成後本會取得五十年地上權，期滿後建築物歸屬市政府，屆時雙方仍可協商延長委託營運期限。

市政府因過去尚無BOT的先例，所以先要在內部訂立BOT的法規，於二〇一二年六月底公告，徵求民間機構提出經國七海文化園區BOT申請案。市府表示本會因有政府資金，不能完全符合規定，建議尋找一個純民間資金成立的基金會合作投標，本會當即覓妥宏達電子公司董事長王雪紅女士所創辦的「基督教信望愛基金會」為合作夥伴，共同投標。當時準備興建遊客中心、國際交流會館及蔣經國總統圖書館。前二棟有收入，由信望愛基金會負責興建；圖書館部分範圍甚大，由本會負擔；至於七海寓所由於是市定古蹟，內、外部均須維持原觀不得更動，本會所負責的是房舍，原建於半世紀多以前，經年累月已甚脆弱，遇有大型颱風地震難免發生重大意外，因此須將房屋結構加強，並使其堅固持久。

投標結果市府宣布信望愛基金會與本會得標。然而園區基地原為軍事用地，現在要用做文化園區必須變更地目，要經都市計畫審議委員會通過，這個手續花了約二年，所以市府到二〇一四年四月十一日才和我們簽約。同年八月二十八日上午，正式破土動工。圖書館的設計，是由經國先生的長孫女友梅女士介紹同住在倫敦的符傳禎建築師承擔。符先生出生於台灣，之後赴英國深造，並在倫敦開設「建築文化事務所」（Office for Architectural Culture），曾為義大利媒體選為國際十八位知名建築家之一。他以往的作品都在歐美，這是第一次在亞洲設計，整個建築採低量體、符合生態低碳節能的設計，以符合鑽石級綠建築為目標，與園區自然環境相調和，並襯托七海寓所莊嚴樸實之風貌。

萬事俱備只欠東風——建築費用。本會要負擔的是十億元台幣。當時構想成立一個籌建委員會，邀請海內外企業界領袖參加，由毛高文董事長、王雪紅、連戰和我擔任共同召集人，但是這個會始終沒有成立。我去個別地找友人認捐了二億多，此外毛高文董事長大致也募了二億左右，朱雲漢執行長募了約一億。到我接任董事長時，共捐了六億還差四億元。這期間還有一個插曲。長榮集團故總裁張榮發先生一向對我很愛護，我在外交部工作時遇到巴拿馬有問題時，總是去找他幫忙，每次他都順利地解決。我退休後他還每隔三、五個月邀我去辦公室，和他及國策研究院田弘茂共進素食午餐，其間不斷提出有關國際外交或兩岸關係的問題。二〇一二年十月一日上午，他又約了田和我去他的辦公室，我曾向他報告基金會想興建蔣經國總統圖書館事，他聽了表示非常贊成，他表示會先拿五百萬元做種子，之後完工時尚缺多少，他將獨力負擔，我聽了十分感動，弘茂兄也很高興。不料他老人家於二〇一六年一月遽歸道山，之後家中對遺產處理也有不同意見。弘茂兄也建議不要再提此事。

直到二〇二一年圖書館即將竣工，我發現建築、內部設計和裝潢費用還有四億元的缺額，對我來說壓力實在很大。稍早宏達電因發生營運問題，決定不建國際交流會館，遊客中心的建造也緩了下來，我在萬般無奈的情形下，想起二十多年前我曾為他證婚的一位企業家（他不願出名），嘗試和他連絡，但都無法接通，不得已只能請內子和他母親連絡，第二天他就和我用視訊談話，問我需要多少，我說二億台幣，他很爽快地答應，在詢問我們匯款方式後，說明不願具名，第二天就收到他匯來的款項；另外為新建築的室內設計，我於二〇二〇年十月二十八日款宴一位建築界的企業家，一餐飯下來，他答應他的公司會為我們做室內設計以及裝潢，這兩項費用要二億元以上，他也要求我們不要說是他捐獻的。所以到二〇二一年二月，我們園區建造的經費都有著落了，我有如釋重負之感。原訂那年五月三十一日開幕，六月一日開放園區供民眾遊覽，但是教育部鑑於疫情嚴重，建議延後開幕、開放，市府亦有相同看法。所以基金會的辦公室於七月十八日搬往新址，我則於卸任國泰慈善基金會職務後，自八月二十日起赴新址上班。

七海園區暨蔣經國總統圖書館於二〇二二年一月二十二日開幕，當天蔡英文總統親臨參加，另外有馬英九前總統、吳敦義前副總統、柯文哲市長、郝龍斌前市長及經國先生長孫蔣友松及本會董事、學者、捐款者、社會賢達、參與園區及圖書館興建人士和媒體負責人等二百餘人參加。開幕典禮先播放影片「一個總統圖書館的誕生」，再由我講話，說明此一園區及圖書館的興建以及七海寓所的開放，是為了保存古蹟、學術研究和文化交流，也兼顧休憩與深度觀光的需求。我也特別感謝捐款、協助解決困難以及參與興建的女士先生，他們是本會的貴人，我們會永遠感謝。

蔡英文總統接著演講，她指出：「希望透過蔣經國總統圖書館所提供的資料，讓台灣社會更深入地瞭解，也能更公正地評價，這將有助於化解台灣社會的分歧。」「歷史能鑑往知來，有錯誤的地方，我們要引以為戒，有值得學習之處，我們也要做為借鏡，而透過這些不同面向的歷史事件，正可以讓國人更深入地認識或評價蔣經國前總統的歷史定位。」「今天，兩岸關係的時空環境，雖然已有很大的轉變，但面對當前北京對台灣一波又一波的軍事及政治施壓，蔣經國前總統堅定『保台』的立場，毫無疑問也是當前台灣人民最大的共識，更是我們共同的課題。」稍後蔡總統偕前述貴賓和我，共同為經國七海園區暨蔣經國總統圖書館進行揭牌儀式。

蔡總統離去後，繼續由馬前總統、柯市長、郝前市長、本會董事哈佛大學中國基金會主席柯偉林（William Kirby）、胡佛研究所圖書檔案館館長瓦金（Eric Wakin）和蔣友松先生六位講話。其中兩位外國貴賓是透過視訊進行。十時五十分典禮結束，所有與會貴賓分三組，由志工人員導覽，分別前往七海寓所、兩大陳列廳和圖書館參觀，然後在圖書館大廳用便當。自次日（一月二十三日）起民眾可透過網路預約進入參觀，因為疫情關係，每日限四百位入園。

在本章結束前，還有開園前後的兩個故事可以敘述。

第一個是二〇二一年七、八月間圖書館已建好，我們收到了國際儒學聯合會

（International Confucian Association）空運贈送予本會的精印文瀾閣《四庫全書》一千餘冊，我們特別在圖書館一樓闢了一間特藏室，專門陳列這套中華文化的寶典。《四庫全書》是清光緒朝歷經多年，蒐集了四千年來重要的經、史、子、集四類書籍，共三萬五千九百九十冊，各以正楷抄寫七份，分裝六千一百九十一匣，於一七八七年完成後分存在北京故宮文淵閣、圓明園、熱河行宮、鎮江、揚州、無錫和杭州西湖旁的文瀾閣。在江南四處所庋藏的《四庫全書》，不幸在太平天國之亂時均被毀或失散，而圓明園和熱河行宮的二套也為八國聯軍所毀。僅存的（北京）故宮文淵閣副本自抗日軍興，由政府裝箱與其他故宮寶物運往內地，大陸淪陷前又轉到台灣，由故宮博物院珍藏。

上世紀八〇年代中，秦孝儀院長將全書影印贈送若干國內外重要圖書館，另建電子資料庫便利學者查閱。至於杭州文瀾閣副本雖遭兵變佚失，所幸有杭州丁丙和丁申兩位兄弟，往各處收購或補抄共計二萬三千冊，重建文瀾閣後委由浙江大學保管，之後又不斷增補。抗戰時浙大將此部《四庫全書》運往貴陽，至一九四六年再回杭州，並重建文瀾閣。

本會為感謝國際儒學聯合會餽贈中華文化寶典，特於同年九月二十二日晚間（因是日為中秋節的次日）八時，以視訊方式舉行文瀾寶典啟用儀式。國際儒學聯合會在文瀾閣戶外，配合月光及西湖景色、本會在圖書館特藏室，本會許倬雲董事則在他匹茲堡家中。特藏室的門楣上懸掛國立師範大學何懷碩教授的法書「文瀾寶典」，杭州方面則有白謙慎教授的墨寶「文瀾重光」。台北方面邀請了黃勤心老師表演古琴，杭州方面表演「詩經」琴歌。最後劉延東會長和我共同為「文瀾寶典」特藏室揭幕，三地參加嘉賓視頻合影。

第二個是園區開幕後不斷有來賓蒞園參觀。二〇二二年四月二十七日上午有台北市迎新會（WTIC）會員及眷屬前來參觀，她們希望我能簡單對她們講話，先用中文、再用英文。我先介紹經國先生的貢獻，再敘述整個園區的興建，最後談到園區落成後的維護、管理、保全經費大增，現正積極募款中。不料次日有位女士來電表示極為感動，願為園區盡一份力量。五月二日下午她就由助理提了二百萬元新台幣的現金，要我們照收。我們開立收據，她說請用二張一百萬元的收據，捐款人都寫無名氏。會中處理的同仁均深為感動。我也分別致函表示由衷的謝意，人間真是處處有溫情。

第四章
出國演講或參與論壇

我退休以後，國外學校社團邀請我前往演講以及各種論壇邀我參加會議相當不少，有些我因時間無法配合或認為不宜接受的，都婉拒了，其他我都會事先準備好講稿或談話大綱，再去參加。其中二〇〇九～二〇一八年十年間，我以團長或最高顧問名義參加亞洲博鰲論壇。因為內容較多。我將在第五章敘述。本章則依年敘述。

一、二〇〇五年

我退休後很快接到母校耶魯大學、華府布魯金斯學會（Brookings Institution）邀請函，要我前往演講。同時我過去曾多次參加的羅馬俱樂部（Club of Rome），也訂於十月一日在維吉尼亞州諾福克市（Norfolk, Virginia）的老道明大學（Old Dominion University）舉行年會。因為今年是美國分會成立三十週年，該校校長隆迪女士（Roseann Runte）又是俱樂部的理事，所以辦得十分周全。俱樂部於去年為增加新會員，在各國都成立智庫 Think Tank 30（tt30），其成員均被邀參加年會。我和玲玲於九月二十九日晚搭機赴東京，次日晨乘全日空班機直飛華府，玲玲被李大維代表夫人接往官舍暫住，我則直接乘車去諾福克，不料 I-64 高速公路多處因修理封閉了來往各兩綫車道，交通壅塞不堪，以前只要兩小時半的路程走了五小時，無法參加大會的歡迎晚宴。

十月一日上午前往老道明大學參加會員大會，會長約旦哈山親王（HRH Prince

Hassan bin Talal）委託印度籍副會長科斯拉（Ashok Khosla）代為主持。中午便餐兩位副會長科斯拉和柯博爾（Eberhard von Koerber）陪我，我代表國泰慈善基金會表示，若俱樂部今後三年願來台北舉行年會，本會可補助費用，兩位都極興奮，但說明明年可能在奈及利亞或西班牙、後年可能在巴西，將由理事會討論。

下午一時繼續舉行會員大會，由各分會報告。此時哈山親王來了，坐在我的旁邊，他說以阿糾紛雖稍和緩，以色列同意自加薩走廊撤軍，但是道路仍有軍隊駐守，因此約旦民眾均不敢入住。他問我退休後的生活，我說一切都好，但是似乎比前幾年（在監察院）更為忙碌。我問他和侄子阿布都拉國王（King Abdullah II）的關係，他說稍有改善，行動略可自由，但是雙方仍未交談。三時半他對大會演講，未備講稿，談中東問題，長達一小時，會員大會結束。晚間隆迪校長在其官舍款宴，其住宅占地極廣，距大西洋僅數公尺，極為豪華。席間俱樂部榮譽會長西班牙籍的迪亞士（Ricardo Diez-Hochleitner）向我表示，希望我能促成大陸方面人士參加俱樂部，我說不知要找誰，我下月中將赴北京，他說大陸前駐西班牙大使原熹溫和有禮，似為適當人選。

十月二日繼續參加年會，因為開放有意願者參加，人數不少。年會的主題是「青年：為更好的未來的挑戰與承諾——跨世代的對話」，有四個分組，包括未來三十年的永續發展、工作的未來——在一個全球化的世界如何創造就業、教育：如何應對全球挑戰、超越容忍邁向文化認知。分組會議於二日下午分兩階段進行，先是一、二組，再是三、四組。

我在第一階段參加第一分組，是由二位副會長主持，他們指定我就「在全球化的世界，未來教育要如何發展」發言。我指出近二十年的全球化有利有弊，利是貿易自由化、經營多國化；弊是整個世界和個別國家富者愈富，貧者愈貧，導致價值觀變化，一切以利益為出發點。大學生選讀科系不以個人興趣為導向，而以能獲高薪、就業為選擇重點。我國傳統教育包括德、智、體、群四育，而以德育為先，也就是在兒童時代就要教育他如何做一個對社會有貢獻的人，在品德方面給他打好基礎，所以小學教育最為重要，應該特別受到重視。與會同仁均表示贊同。

三十年前美國分會成立，麻省理工學院教授梅鐸斯（Dennis L. Meadows）同時發表了一本書叫《成長的極限》（*Limits of Growth*），大意是人類過分重視經濟發展，大量開發天然資源，過度利用土地，時時考慮生活的改善，以致大自然受到損害，各種災害紛紛發生，呼籲人類要愛護環境。他的論點現在已逐一實現，而且大家也都認同（除了少數政治人物）。在這次大會的兩階段間，特別由他提出名為「成長的極限——卅年後」的半小時報告。他在報告中指出，人類仍是以貪婪式的經濟發展，使環境持續惡化。他認為許多經濟學家三十年來不斷地批評他，認為他和撰寫《人口論》的馬爾薩斯（Thomas Robert Malthus）一樣，只是在譁眾取寵，但是三十年前的地球仍能輕鬆負擔全球人口和經濟，今天卻非如此。

第二階段，我參加第四分組。當晚同樣位於諾福克市的北大西洋公約組織盟軍轉型司令部（Supreme Allied Commander Transformation，簡稱SACT）由英國籍代理總司令史坦霍浦海軍上將（Admiral Sir Mark Stanhope）出面款宴參加年會的會員。這個司令部並不是作戰機構，它主要的任務是「戰略設計」，因為在本世紀初，戰爭已不是用傳統的方式而是以電子戰為主，因此戰略設計包括許多不同的學科，甚至心理學、人類學都扮演很重要的角色，所以這個司令部看不到飛機、坦克、大砲，只是許多電腦在不停地運作。對我來說這是一個全新的學習。

三日上午我返回華府，在李代表官舍接了玲玲去宇宙俱樂部（Cosmos Club）入住，此地位於華府中心，是學者經常聚集的地點。我在一九八三年成為會員，在華府任職時也常在那裡招待學人或專家餐敘，討論問題。俱樂部有三、四十間臥室可供外地會員居住，這是我首次住在那裡。因為一九八八年我離開華府以後，俱樂部曾於九〇年代初大事整修，所以住房和餐飲都改善了很多。當晚美國企業研究院（American Enterprise Institute）院長狄默斯（Christopher DeMuth）在該所設宴款待。前美國駐華大使李潔明（James Lilley）伉儷也在座，他對我說新任在台協會處長楊甦棣（Stephen Young）是一個良好選擇，萊斯（Condoleezza Rice）國務卿很器重他。

十月四日上午，我去喬治・華盛頓大學圖書館七樓的國家安全檔案庫

（National Security Archive）參觀，由布萊恩（Malcolm Byrne）副主任接待。他說這是根據美國國會一九六七年通過的資訊自由法（Freedom of Information Act），向各政府機關要求提供極機密文件的影印本，該館將文件數位化可供學者使用。他也提供了一份一九六六年十二月八日，前美國國務卿魯斯克（Dean Rusk）會見蔣中正總統的談話紀錄，是由大使館恆安石（Arthur W. Hummel Jr.）撰寫，共七頁，翻譯者是我[1]。

當晚由李大維代表伉儷在雙橡園（Twin Oaks）晚宴，到的賓客極多，有女大法官奧康納（Sandra D. O'Connor）伉儷、前國務院研究處長及參事宋納斐（Helmut Sonnenfeldt）伉儷、眾議員藍格（Charles Rangel）、吉爾曼（Benjamin A. Gilman）、前參議員史東（Richard Stone）夫婦、前國務次卿德文斯基（Ed Derwinski）夫婦、參議員海契（Orrin Hatch）夫婦、名作家鄭念女士，約一百二

1 該次談話要點請見《錢復回憶錄．卷二》第一一一～一一七頁。

十人。在座的名報人─曾任新聞週刊駐歐特派員、華府時報社長和合眾國際通訊社總裁的狄保格瑞夫（Arnaud de Borchgrave）說他一生曾訪問過無數的國家領袖，能讓他佩服的只有兩人，其中一人就是Fredrick Chien。我感到十分榮寵，也認為是不虞之譽。

十月五日中午在布魯金斯學會進行演說，聽眾限於該機構邀請的人，包括國安會、國防部、華府各智庫的代表，另外有白樂崎（Nat Bellocchi）、丁大衛、費浩偉（Harvey Feldman）、民進黨駐美代表彭光理（Michael Fonte）、羅大為（David Laux）、李潔明、容安瀾（Alan Romberg）等約六十人，我以「中（華民國）美關係的演進」（The Evolution of U.S.-China Relations）為題做四十五分鐘的演講，其中要點都在《錢復回憶錄》卷一、二、三內提過，茲不贅述。我的結論是：回顧一九六七～一九九六年這三十年的雙邊關係，其中有多次起伏，我們應該記住的是：如果雙方能互信，則兩國間能維持良好關係。每一個政府一定以本國國家利益為最重要的，但是同時也應該考量對方的利益和價值。在我三十年的外交生涯中，我始終以上述信念為行動準則。聽眾反應良好，繼續提問我答覆約半小時才結束。主持餐會的布魯金斯學會東北亞政策研究中心主任卜睿哲（Richard Bush）對我說，該中心辦理午餐演講會從無如此盛況，而參加者均很滿意地離開。

當天下午，李大維代表伉儷在君悅大飯店（Grand Hyatt Hotel）辦理國慶酒會，我和玲玲前往參加，遇到不少老友，要求照相者絡繹不絕。我也見到杜爾（Robert Dole）和邦德（Kit Bond）參議員夫婦，談話頗久，到八時才散。十月六日冷若水兄伉儷款宴，到場的有華府本國媒體代表，男女各一桌，大家的興趣都在國內政情。七日上午，玲玲飛往夏威夷參加她的外甥女婚禮。中午傅建中兄在國家新聞大樓（National Press Building）四樓的「第四階餐廳」（Fourth Estate）款宴。當晚我在宇宙俱樂部餐廳宴請本國友人。

十月九日中午搭火車赴紐哈芬市（New Haven），這次回母校是應東亞研究中心主任霍爾女士（Mimi Hall Yiengpruksawan）之邀，該中心是我畢業以後才設立的。我請中心安排去見我僅存的一位教授威斯斐爾德（H. Bradford Westerfield），當時我上他的美國外交政策一課，是他剛到耶魯任教。另外我有二位同班同學，現在均在母校政治系任教，一位是講座教授兼聯合國研究中心主任羅塞特（Bruce Russett），一位是非洲問題專家福茲（William Foltz）教授，此外也想會晤多年來協助我國經濟發展、和我熟稔的芮尼斯（Gustav Ranis）教授。中心都細心為我安排。只可惜我的老師威斯斐爾德教授因為健康原因，無法會客。回想一九五八年我上他的課時候，年輕英俊、講課深受學生歡迎（他在大學本部開的課，選修的都有四、五百人，在研究所班上只有十餘人），事隔四十七年，當時他大約近八十歲，竟因健康原因無法接見老學生，深感人生無常。

十日是雙十國慶，我早上先去政治系拜訪羅塞特教授，談起當年同學已有多人去世，健在的也有多人無法連絡，我說上週在華府，李代表請客，老同學佛萊（C. Alton Frye）夫婦都來了，但是發福得幾乎認不出來。我們也談他主持的聯合國研究中心，常為各國外交部訓練官員、準備派往聯合國工作。稍後我去總圖書館，由亞洲部主任韓蒙德（Ellen Hammond）和華裔的蔡素娥女士接待，她們帶我去看編目部的圖書卡片，很多中、日、韓文書卡片上的漢字，都是我工讀時所寫，也查我名下的書籍，居然都有。我到了書庫五〇一號小閱覽室（cubicle），現在由一位新來的教授使用，最後去看中文書籍的書庫，發現有無數的武俠小說，我笑著對她們說，當年如有這些書，我是否能在三年完成學位是個大問題。

中午老同學福茲教授在研究院旁邊的莫里餐廳（Mory's）款宴。這是母校附近最有名的餐館和酒吧，我告訴他當年從未進來過，感謝他給我開了眼界。我們除談老同學外，我也將九〇年代前半我去了不少法語非洲國家的經過，向他敘述我們和這些國家的合作以及個人的觀感，他十分訝異我對他專長的西非地區有如此的瞭解。他告訴我因為罹患帕金森氏症，已經很久沒去那裡，言下非常哀傷。飯後我步行到耶魯書店（The Yale Bookstore）去買書，到櫃檯結帳，店員問：「你是錢先生嗎？」我反問：「你認識我？」他拿了一份當天的《耶魯日報》（*Yale Daily News*），上面有大幅我的照片，新聞內容是明天的演講。他問我什麼時候在耶魯讀書，我說是一九五八到一九六一年，他說自己當時還未出生，他的父親那時也還是青少年。我付了書款，請他將書寄到台北的辦公室。但是事過數月始終沒有收到書，託人去打聽說沒有紀錄。所謂不經一事不長一智，之後我在美國或大陸買書，或做隨身行李帶回，或請國泰的代表幫我寄回，就沒再發生類似的事。

晚間有耶魯退休教授白彬菊（Beatrice S. Bartlett）帶了三位研究生，和我同進晚餐。白教授曾在中研院近史所研究清代及民初檔案，為時甚久，現在仍在研究所開兩門課，學生提了不少問題，我逐一答覆。十一日上午，先去東亞研究中心拜訪主任霍爾女士，她是研究藝術史的，我提到四十多年前有一位華裔的藝術史副教授，之後去俄亥俄大學（Ohio University）任教授的郅玉汝，她說那是老前輩，她沒有機會上他的課，但是常聽到同事提到他。中午有耶魯台灣同學會和耶魯台灣美國協會的華裔同學約五、六十人和我共進午餐，然後討論。我很奇怪為什麼都是台灣來的學生要有兩個同學會？東亞研究中心執行長牛曼（Abbey Newman）女士告訴我，這些同學除了意識型態不同，有二個組織就可以多一些職位。餐敘後的討論大致順利，也談到一些敏感的政治問題，我皆以現已退休為平民，而服務公職最後的八年半任國大議長和監察院長，都是要超出黨派不介入政治的，所以已養成不談政治的習慣。

結束後我去拜訪芮尼斯教授，邀請他來台北演講，他說明年夏天是費景漢院士逝世十週年，他考慮來台北，談話後他陪我走過馬路，到對面魯斯館（Henry R. Luce Hall）的大廳進行演講，題目是「三十年來美國與中華民國關係的回顧一九六七—一九九六」，內容與在布魯金斯學會講的相同，就不再敘述。聽眾很多，之後有七十分鐘的問答，提問的以大陸學生為主，他們對我都有謬譽。主要的問題是希望我能致力於兩岸的和解，我說兩岸問題之發生和大家不深入探討中國歷史有關。由周朝至清朝都有「以小事大」的觀念。現在大陸為大，理應寬厚對待小的台灣，然而卻處處打壓，使台灣同胞不滿因而產生台獨的意念；而在台灣方面應事大以敬，卻不時做抓破大陸臉皮的事，所以發展到今日的對峙，雙方均有責任，要和解需從歷史去看：無私、容忍、耐心是改進雙方關係唯一的方法。

晚間東亞研究中心款宴有二十餘人，其中包括名歷史學者史景遷（Jonathan

Spence），他們夫婦三週後要去台北，我約他們屆時餐敘。十二日全天大雨，校方原安排我在耶魯的高爾夫球場打球，並請人類學系凱利（William Kelly）接待，但是我們抵達後發現球場已關閉。在大雨中，他們借了一輛小車讓凱利教授駕駛在車道上（因球場草地太滑），我一看這個球場高低起伏不平，而且有許多處看不到前方，是一個極難的球場。十三日再赴東亞研究中心向二位負責女士辭行，此時有一個叫陶錫（Steve Tosack）的研究生被介紹來和我談教育改革，我向他詳細說明，他恍然大悟說：「我懂了，就是放鬆管制（deregulation），美國很多放鬆管制的做法最後都是失敗。」

下午我去車站，因昨日大風雨軌道上有倒下的大樹要搬開，所以誤點頗久，到紐約後由夏立言處長陪同參觀新購的辦公大樓，非常美觀實用。半夜由紐華克搭機返回台北。

本年另一次離開台北是十一月份赴北京參加「北京論壇」，這是我於一九四九年二月離開上海後，歷經五十六年多初次返回大陸，內心極為激動。北京論壇是二〇〇四年初次辦理，今年是第二屆，論壇由韓國ＳＫ集團的國際高等教育財團（The Korea Foundation for Advanced Studies, KFAS）資助，北京大學主辦，目的是致力於亞太地區人文社會科學的研究，促進亞太地區的學術發展和社會進步，此次論壇主題是「文明的和諧與共同繁榮——全球化視野中亞洲的機遇與發展」，有六個分論壇，分別是「全球化進程中的亞洲與美國」、「公共衛生與和諧社會的建立」、「全球化時代的東西方哲學對話」、「全球化條件下東亞製造業的發展」、「歷史變化：實際的、被表現的和想像的」以及「大眾文化在亞洲：全球化、區域化和本土化」。本屆論壇邀請全球三百名著名學者參加。當年五月十一日北京大學副校長郝平特別代表許智宏校長來邀請我去參加論壇。我表示很樂意重返北京，但是由於離開公職不久，純以個人身分參加，不要有任何報導，他說毫無問題，稍後接獲許校長正式的邀請函，並問我有什麼可代為安排的。我答覆說客隨主便，但是盼能見到錢其琛前外長、羅馬俱樂部託我去見的原壽大使以及名理論家鄭必堅教授。我想見鄭的原因是他於不久前提出「中國和平崛起」（Peaceful Rising of China），極受國際輿論界的矚目，而我認為「崛起」一詞，似乎是受到外部打壓很勉強地掙扎起來，很容易被視為起來後會對他國形成威脅，我想建議他將「崛起」改為「建設」或「提升生活水平」。

之後論壇祕書處傳來行程，是十一月十七日上午錢其琛會晤、十八日晚原燾大使宴、十九日晚鄭必堅教授宴。可是到了北京才知道鄭教授因病住院，緣慳一面。十一月十五日上午我們先飛香港，停留一小時轉機飛北京。起飛後我就很注意地向窗外看，可惜雲層太厚什麼也看不到。過了長江，雲層散了，然而由於初冬北方都燒煤炭取暖，排放的二氧化碳形成嚴重的霧霾，所以雖然天氣好也看不到地面，直到接近北京才看到地面，看到高速公路，大量的車輛，和桃園機場附近相似，到了北京上空看到遍地高樓，和當年（一九四七年我由上海飛往北京）的面貌全然不同。

傍晚時刻抵達，來接的有國台辦和北京大學指定全程陪我的同仁，因為當晚為論壇歡迎晚宴，北大的潘慶德副主任說許校長將我排為首席，而國台辦的張處長說陳雲林主任在釣魚台專為我們夫婦設宴，相持不下。我說許校長宴會在北京飯店，我們去釣魚台路過，我們可下車向校長致歉，再轉往陳主任宴會。陳主任在釣魚台國賓館七號樓專門宴我們一行，陪客都是國台辦的主管。我們二人先闢室談話半小時，我先說明已離公職，此行純以私人身分，所談也代表個人意見。他先要我談談目前台灣對兩岸關係的看法。我說目前狀況相當不好，主要的原因在於民眾的態度。一九八八年我從美國回到台灣，當時支持獨立者僅百分之三，現在已達百分之三十～三十五之間，這個大改變不是民進黨所造成的，而是貴方所造成。台灣同胞對外界的欺壓有很強烈的反感，也就是說「吃軟不吃硬」。近年大陸在外交上不斷挖牆腳，所得的都是蕞爾小國，並無意義；但是每次斷交一個國家，台灣的電視新聞台便以每小時的頭條新聞報出，民眾無形中就認為貴方有意打壓我們，遂生出強烈反感，有民調時就支持台獨。而我們政府方面這七、八年也是在不斷刺激貴方，如「兩國論」、「一邊一國」，教育方面則積極「去中國化」，使貴方愈要採取制裁的做法，這樣就形成了一個惡性循環。要制止這種情形，貴方宜做出對台灣同胞有利的事，使他們由獨立轉中立，由中立轉同意統一，要知道台灣的政黨，對民意最敏感，民意一轉，政策也會變更。個人淺見貴方三年後將舉辦奧林匹克運動會，如能選擇一、二項台灣成績優異的項目到台灣舉行，一定會使台灣同胞增加對貴方的好感。陳表示受益良多。晚宴時又對職業訓練、環境保護討論頗多。

十六日上午九時半到人民大會堂參加開幕式，我坐在第一排老布希夫人（Barbara Bush）和論壇主辦方韓國ＳＫ集團總裁崔泰源夫人中間。布希夫人十分熱誠，對我說自從我們離開華府後，他們家中週日的午餐就不如以前總是全員到齊，那是因為早年我們在華府時知道他們全家都喜歡中國食物，所以玲玲到了週六就請廚師陳正湧準備炒飯、炒麵、鍋貼、叉燒等食物，由獲得特勤許可的園丁蔡啟村駕車到副總統官邸（Naval Observatory），備他們週日中午由教會回家可以享用。布希夫人那年已八十歲看起來有些老態，但是很健談，對於幾位公子都很滿意。

開幕式講話的有大會主席韓啟德，他是人大副委員長暨前任北大醫學院院長，休息時特別走過來告訴我後天晚上，他們伉儷要招待晚宴，因為他以二哥錢煦為師，北大許智宏校長、老布希總統、聯合國副祕書長李德（Joseph V. Reed）和崔泰源也會到場。中間稍有休息，接著是大會主旨報告。最主要的是哈佛大學杜維明教授和義大利都靈大學（University of Turin）瓦迭謨（G. Vattimo）教授的東西方哲學對話。下午論壇由六個分論壇平行進行，我被指定參加第一分論壇，而該論壇又分二組，同時異室進行，這樣各組人數在二、三十人左右，討論的題目相同，參加者可以充分交換意見。整個下午發言主要集中於大陸及美國對亞太地區的觀點以及大陸對全球治理的願望、能力和價值。

當晚在人民大會堂由許校長主持歡迎晚宴，我坐在美籍聯合國副祕書長李德旁邊，他曾任美國的大禮官（Chief of Protocol），先後代表美國在聯合國擔任主管多項事務的副祕書長，長達二十多年，對國際事務十分嫻熟，口才也很好。他一坐下來就對我說，我很知道你，我們都是一九六一年自耶魯畢業，你是博士我是本科生。我問他除了擔任大禮官外，是否曾在國務院擔任其他工作，他說曾擔任駐摩洛哥大使（一九八一～一九八五），我說當時摩國駐美大使和我頗有交往，他說他也知道。最使我吃驚的是，他說我一九九三年五月和一九九四年一月兩次在紐約蓋里祕書長官邸和他密談[2]他都知道，因為他和蓋里的關係十分密切，無話不談。

十七日上午我是第二分組的主持人，討論主要圍繞「東協加三」（ASEAN+3，三是指大陸、日本、韓國）與美國的關係，結束後我即趕往釣魚台國賓館十二號樓與錢其琛會晤，他此時已近七十八歲，健康狀況不佳，但是仍在樓門口等候我們，坐定後我先表示依宗譜排他是武肅王三十三世，我是三十六世，他應該是我曾祖父輩，他說他們這支是嘉定錢家，和我們杭州正宗錢家不同。我即以宗長稱呼他，他問我是否唸過上海大同大學附屬中學，我回答：「由初一開始讀了一年半，當時你是校園名人在高三參加地下黨活動，不時發動罷課，我們上課時每次看到你和另一位壯大的學長，左臂綁了彩色布條，進了教室就說小朋友不要上課，可以回家了，那是很受我們歡迎的時刻。」他說：「你下週去上海，要去大同看看，我已請沈校長將你的資料找出，影印給你。」我對此表示感謝。

接著談兩岸關係，我說中國人處世有三個字非常重要，就是「和為貴」，應用在兩岸關係上最為恰當。他表示完全同意。我也提起當年在外交部工作時，請東吳大學章孝慈校長、程家瑞院長等多位國際法教授，到大陸高等院校講授文革、四人幫時期國際法的新發展，如海洋法、太空法、智慧財產權法、國際投資法規等，深受貴方讚賞，當時聽說是外交部要研究如何參與（不是參加）國際組織問題，你曾對他們說可在第二次辜汪會談時提出，我們十分欣慰，我自己為辜老做了三小時的簡報，他也做了詳細的筆記，可惜李登輝在二次會談前幾個月堅持要去康乃爾大學，以致會談被取消，十分可惜。我對他說，雖然他已退離，但是多年外事和對台經驗仍為當局所重視，因此願坦述當前兩岸之癥結，一是李登輝接任之初，獲悉一九八七年鄧小平曾派許鳴真來台北會晤蔣經國先生，提出兩岸以「中國」國號統

2 請參閱《錢復回憶錄 卷三》第三九六～四〇一頁。

一，國旗國歌另訂，台灣人可前往大陸任公職，大陸不派官員來台，首任國家主席為蔣先生，次屆為鄧先生等，當時經國先生健康已極衰弱，所以表示無法為台灣人民做此決定。李對此建議極感興趣，幾次派員赴香港與楊斯德和賈亦斌會談，均不得要領。第九次是江辦主任曾慶紅，他說從未聽過有這樣的建議，被問到如依此一建議李是否可擔任首屆國家主席，曾不假思考立即回答不可能，在被問到要如何安置李，曾告知其他黨派負責人均擔任人大或政協副委員長或副主席。李聽了報告大怒，認為被羞辱，所以一改以前促進統一為走向台獨。

我認為，目前大陸宜致力於爭取台灣的人心，設法使他們有認同感，不要打壓，因為打壓實在是在幫助台獨。錢先生聽了說他很感動，知道我是肺腑之言，希望我能多將這些話講給大陸高層聽。我說今日在台灣人心沒有轉變前，任何人都不敢公開說這些話，因為一定會被指為「台奸」。他說對我的話會認真考慮，時間已近中午，我便告辭，他仍親自送到門口。我看他步履維艱，很擔心他的健康。然而他帶痛延年，仍活了十二年。只可惜這是我唯一一次和他面談，之後去北京，他都因醫囑不能見客。當晚韓啟德伉儷以杭州菜款宴我。他原是北大醫學院院長，和我二哥是好友，因為他擔任九三學社主席，所以就是人大副委員長，是中央領導人之一，他夫人袁明教授是柏克萊加州大學施樂伯教授（Robert Scalapino）的得意門生，施師母去世前她就專程赴美陪伴師母走完人生道路，接著又替老師安排妥當每日生活，才返回北京。我和她說像你這樣的學生在過去是有，但是現在社會很難再有了。

十八日早上，北大派人來接我去校園。論壇的閉幕式，由各分論壇提出結論報告。中午在北大餐敘。就在論壇進行的這些天，北大郝平副校長調任為北京外國語大學校長，所以安排我這天下午參觀這所大學，並對學生演講。「北外大」又稱為「外交官的搖籃」，培養了三百五十位駐外大使以及國家領導人的各種外語傳譯。以往這所學校只訓練外國語文人才，現在增加了外事、經濟、法律和管理等課程。我以「我學英語的經驗」為題講了一小時，希望同學們學英語時要直接用英語思考，切勿先轉成中文。同學們又提出不少問題到四時半才結束。

晚間去北京飯店隔壁的貴賓樓應原熹大使伉儷宴，主要是轉達羅馬俱樂部榮譽會長迪亞士君託我邀請原大使參加俱樂部。他很客氣說自己是學西班牙文的，英文表達能力不夠。我說據瞭解明、後兩年年會是在西班牙和巴西舉行，他又心動了。我將迪亞士的連絡資料給他，請他直接連繫。

十九日上午又回到北京大學，在校史館參觀一小時，之後去原燕京大學校長司徒雷登的住宅，和父親一九三六年教的學生孫亦楷教授會面，他已七十八歲也退休了，另外還有一九四六年教的葉蘊華教授，她仍在化學系任教。因為當日北京論壇還有大學校長會議，所以許校長委託常務副校長吳志攀照料。我和二位教授談往事，他都仔細地記錄。中午吳副校長款宴。下午我由旅館出門右轉是南河沿，過了馬路向北走，有歐美同學會仍是當年面貌，再過去三十公尺左轉就是南灣子，我們一九四七、四八年在北京就住在南池子南灣子十三號，靠南河沿北邊的房子很大，有三進，我們住在最裡面一進。現在房子已不見了，地上建了四層樓的辦公室，大門外還有警衛，門牌是南灣子一號，真是滄海桑田。晚上是李慶平兄安排總政治部連絡部梁部長，在皇城食府晚宴，此君甚為豪邁，據說與郝柏村先生很熟。我知道梁部長的單位是搞統戰的，所以講話十分小心，餐會很快結束。

二十日的星期日，早上先有新華社記者程瑛代表《瞭望東方週刊》做一小時訪問。十時半郝平校長代表「中央」，帶了錄音錄影人員來做訪談，據說要向上報告。先談此行觀感，我說看到今天的北京和五十七年前大不相同，這三十年進步神速可說是大為改善，這是鄧小平先生改革開放的重大成果。另外一點值得稱道的是，這三十年有六億以上人口脫貧。中國過去一千年由於天災、戰爭，民眾貧窮問題十分嚴重，從無一年例外，現在大陸仍有一億左右人口生活在貧窮線下，我希望領導們能痛下決心，全民脫貧一定可以成功[3]。個人淺見應將目前貧窮人口生活狀況拍成影片，由國家主席邀請全國最富有的兩三千人到人民大會堂看這部影片，看完後問大家感想如何？大家一定十分不忍，此時國家主席可對他們說，各位如樂捐

3 大陸於二〇二一年十二月已達全民脫貧，因當時疫情嚴重未大作宣傳。

五十億元，我將提名你為政協副主席，如捐二十億元我將贈送匾額「義行可嘉」，如捐十億元可獲國家勳章，五億元可提名為人大常委。這些榮譽都是富人們可望而不可即，國家頒這些榮譽也是惠而不費，而且這些捐款成立專戶用於濟貧，並且告知受領人這是富人們的善行，有助於和諧社會的實現。我說任何領導人能做到全國脫貧，必將青史留名，永受頌讚。他們聽了非常興奮，都說聞未所聞。

接下來他們也提了許多問題，我均一一作答。中午郝平校長在東安門大街一家四川館子請我和玲玲午餐，據說早年周恩來和鄧小平常去光顧，牆上掛滿了他們進餐的照片和題字。晚間我在北京飯店中華禮儀廳，款待接待我們的人員以及國泰集團在北京的同仁。二十一日是在北京最後一天，早上得到通知國務委員唐家璇將約晤，匆匆趕往中南海北門唐的辦公室。他一見面即說剛陪胡錦濤主席訪問北歐二週，又接待小布希總統來訪，早上才送走他所以還能趕上你去上海前見面，我們談話是以布希來訪開始，再談兩岸關係，他也問我有何建議，我提到大陸近年來在經濟建設方面突飛猛進，但是國際上仍以文革、四人幫和天安門事件時代的情況看待大陸，主要原因是大陸在國際宣傳上做的不夠，很多說法都以「政治正確」為主，不能迎合一般外國人的心理，我建議應對駐外外交及新聞人員多做訓練，使他們的思想做法能與時俱進。他甚以為然，也提到和日本的關係表面上不錯實際上並不友好。我說日本的政情你很熟悉，多年來除少數例外由社會黨主政，絕大多數時間是自民黨執政，而該黨的內部派系眾多，必須廣泛接觸，要多下功夫，而大陸駐日人員因意識型態的原因多與日共及社會黨來往，今後似宜做適當的調整，這和我剛才所提的對外宣傳是很相似的。談話約八十分鐘，臨行時他又說你退休後去國泰工作，我們都知道這是一個正派的好企業，請代向蔡宏圖先生致意。結束後即赴機場。

二十一日傍晚抵上海，次日上午先去人民公園參觀上海城市規劃館，觀看三百六十度多媒體的上海歷史沿革及未來展望，顯示將特別注重浦東北部的開發。十時去新閘路的五四中學，也就是我以前就讀的大同大學附中，由沈嶸校長接待，參觀同學上課的情形，該校現在已改為四年制——由小學六年級到初中三年級，學生約七百人；然後到校史館參觀，原來此校為民國元年由胡敦復、明復、剛復三兄弟創辦，我在華府工作時，胡旭光副代表就是第二代，但是並未繼續處理校務。沈校長拿了一本紀念冊給我，亦有我的相片，以及同學錄，實在非常珍貴。之後轉往我於一九四五～四七年居住的峨嵋月路二號，已經找不到原來住的房子。之後去福煦路（現名延安中路）模範村四十三號，是我於一九三七～四五年住的地方，房子仍在周圍環境一如往昔，但是當年覺得很大的房子現在感覺小了很多，而且樓梯似乎很窄。

晚間表弟鄧淦在螃蟹專賣店請客，也接了我的乾姐姐李明珠女士前來，我們將近六十年未見，當年她的父母（李岡醫師、周丹鳳女士）是對我最好的長輩。乾媽是原清華大學校長、國民政府衛生部長周詒春的女兒，從小看到母親責罰我，心中不忍，就接我去他們家住，而且李家極富有，我們家經濟甚窘，她為自己的兒子買衣物總記得多買一份給我。乾姐自幼美麗大方，喜好音樂，精於鋼琴及女高音，因與同學秦君相戀，堅持結婚，乾媽不滿曾抱著我在樓梯痛哭，母親不斷勸解，均無效。現在見到乾姐，心情極為激動，我在台北早年已知乾爹乾媽去世。乾姐告訴我，上海被中共接收後不久，有一位高幹眼疾需動手術，久聞李岡醫師大名，指定要他開刀，但是李是耳鼻喉科的專家，眼疾開刀是另一種手術，他毫無把握，一再懇辭，並推薦眼科高手，對方堅持要他，他一時想不開就跳樓自殺。乾爹去世後她們一家生活陷入困境，原來的大房子被高幹占用，要他們住在門房，乾姐的舅舅在香港知道此事，在滬郊龍華區買了二個小單位供他們居住。乾媽則於一九七二年初因腦幹疾病去世，她和秦先生有一個兒子，秦先生因渾身病痛多年臥床，所以不能前來。我聽了十分心酸。

二十三日早上我們去蘇州先參觀拙政園，下午我去木瀆的嚴家花園，這是家淦先生的祖父所購置，雖然較拙政園小，但是很精緻。後進入門就有家淦先生的照片展，第一張是他就任總統當日的記者會，我坐在他旁邊，陪同的人都說真是巧合，我也特別去看家淦先生的書房，環境優雅，坐擁書城，的確是一個修身養性、專心讀書的好地方。當晚上海市委副書記兼政法書記羅世謙款宴，談市政建設頗久。二十四日我上午去浦東參觀國泰人壽上海公司，是與東方航空合營的，在此與國泰世華銀行代表處及國泰產險代表處的同仁交談，晚上由上海台商協會在哈同花園後門的台南担仔麵款宴。台商們在上海經營順利，只是擔心國內的若干政界人士不時發表使陸方不滿言論，使他們的業務蒙受不利。二十五日飛往香港轉機回台北，結束了我遷居台灣後首次大陸之旅。

二、二〇〇六年

本年曾赴新加坡參加富比士全球總裁會議，已詳本卷第一章。

三、二〇〇七年

二〇〇五年底我收到耶魯大學東亞研究中心主任霍爾女士來函，對我兩個月前的演講備極稱讚，並說該中心已定於二〇〇七年四月下旬在耶魯舉辦「台灣國際研討會」，要我在開幕時做一小時的主題演講。分組討論有六組：政治與經濟、社會、歷史與記憶、文化及相對文化、文學與藝術和知識的動力。該函並由該校中文系教授孫康宜共同簽署。信中指出美國以往對台灣欠缺注意，此將為多年來，首次以台灣為主題的研討會，會議定名為「Taiwan And Its Contexts」（台灣及其相關課題）。我於十二月十九日回函表示同意，但說明個人對政治、經濟、社會事務稍有涉獵，但對文化方面知識有限，恐無法包括在演講中。他們回函表示不需增加文化的內容。之後他們又告知，除該中心外，還有新竹清華大學外語系和哈佛大學東亞語文系為共同主辦單位。我於二〇〇七年二月十日函告駐美代表李大維兄，說明耶魯演講結束後將赴華府逗留數日拜訪舊友。大維兄立即函復表示歡迎，並請提供他們伉儷款宴時陪客名單，但是不久大維兄奉調加拿大，於四月上旬赴任，新任代表為吳釗燮兄，吳代表於四月二日下午來看我，要我講述在美工作的要點，我向他詳細說明特別說明美處共有二百多人，部派僅十分之一，因此與其他部、會、局所派人員通力合作，效果可比僅依賴部派人員為大。他說李代表已告訴他，我月底將赴華府，並已安排款宴，他將一切照辦。我說你剛到任百事叢集，切勿為我的小事費神，他說你去華府也可幫我介紹些重要的朋友。

我和玲玲於四月二十五日飛往舊金山，搭深夜的班機赴紐約，次日清晨抵達，耶魯大學安排一輛休旅車送我們去紐哈芬，於上午十時十分到旅館。收拾好行李上樓用餐。遇到新加坡原駐聯合國大使，現任李光耀公共政策研究所所長馬凱碩，他是耶魯校長諮詢委員會成員，正來參加年度會議，之後丁大衛也來了，他是蔣經國國際學術交流基金會顧問，負責華府辦事處，也是來參加研討會並將於閉幕致詞。

飯後回到房間休息，因為昨晚在機上未能安睡。次日是會議開幕日，我早起到頂樓餐廳早餐，遇到丁大衛、朱雲漢、朱敬一和王德威，但是我們早餐結束發現三部電梯同時出問題，只能走了十一層的樓梯，返回房間拿了講稿再下八層樓梯到大廳，由孫康宜教授的先生張欽次博士駕車送我到會場。九時正孫康宜教授宣布開會，介紹我，我就以「過去二十年台灣政經發展」為題，進行四十分鐘演講。我提到一九八三年赴美就任代表後，每遇國會議員、政府官員、媒體或學者，大家都會向我提出戒嚴的問題。我總是解釋，我們的同胞是有發表意見的自由，他們也可以自由地赴世界各地旅行，最重要的是，一般政治學者談戒嚴都有四個要件：㈠憲法被廢止；㈡國會被解散；㈢民政府被軍政府替代，㈣人民的權利完全被剝奪。這四種情形在我國均不存在。他們就會說既然沒有做這些事，為什麼你們還說在戒嚴？所以一九八六年三月我奉命返國，兩次晉見蔣經國總統，一再請求解除戒嚴，但卻未獲他認同。

然而，同年十月七日蔣總統接受《華盛頓郵報》發行人葛蘭姆（Katharine Graham）訪問時，正式表示當立法院通過《國家安全法》後，我們就要取消戒嚴。隨後政府又釋放若干「政治犯」，並命國民黨中央與新成立的民進黨對話。稍後展開一連串的政治改革和兩岸關係的改進；經濟方面，二十年前台灣逐漸富有，每年成長都是雙位數，而貿易大量出超，外匯存底劇增，形成超額儲蓄，因而大量資金轉向股票市場和房地產操作，導致泡沫化經濟。此外，由於政治民主化，勞工運動和環保抗爭不斷發生，因此我們採取了自由化、國際化、制度化的政策，放棄過去的保護做法，讓市場機能決定企業的走向，我們也開始了國營事業民營化，繼續一九七〇年代開始的基礎建設，興建第二條南北高速公路、高速鐵路和北宜快速道路。這二十年我們經濟成長不如過去的快速，但也維持百分之七或八；外交方面，我最早提出「大陸政策的位階高於外交政策」，也就是說我們在一九九一年二月制定《國家統一綱領》，成為大陸政策的最重要部分。

我在結論中指出，過去二十年我國政治民主化和民眾享受的自由，是國內歷史上鮮見的。經濟發展方面，過去是「四小龍」之首，現在稍稍落後，但是只要政府有決心，一定可以迎頭趕上。我講完後有教授、同學紛紛提問，我逐一答覆，結束後我又應國內記者之邀，在另室和他們做問答。廿八日是週六，前年曾會面的人類系凱利教授來接我去耶魯高球場，因為昨晚大雨，球場只開放九洞，而且只能步行，用手拉車上放球桿。另外二位是耶魯棒球隊的前教練，現已退休，和一位耶魯附屬醫院的內科醫生，三位都是高手，而且對場地十分熟悉，我則錯誤百出，也丟了許多球。下午四時去會場，先由鄭愁予教授朗誦新詩，稍後閉幕式由丁大衛先生演講。散會後我們與會人員前往紐哈芬北部郊區漢姆登（Hamden）的中國餐館川蜀園晚餐，共有四桌，大家交談甚為愉快。孫康宜教授告訴我，東亞研究中心的霍爾主任過去十分左傾，一年半前聽了我的演講，態度大變，這次研討會完全是她一手促成。廿九日中午我們乘火車赴華府，吳代表、高副代表碩泰夫婦均前來接我，我們轉往華府北部柴維切斯高球俱樂部（Chevy Chase Country Club）內的布萊德雷別館（Bradley House）入住，因為我是該俱樂部二十多年的會員，櫃檯上的服務人員仍記得我們。

三十日晚國親兩黨駐美代表袁健生伉儷，約在一七八九餐廳（1789 Restaurant & Bar）晚宴，並有甫卸任愛達荷州參議員席姆斯（Steve Symms）夫婦和包道格作陪，大家談起當年往事十分愉快。

五月一日赴藍斯當休閒區（Lansdowne Resort）的高球場球敘，打完後在球場餐廳午餐，住在該區的前伊利諾州眾議員克瑞恩（Phil Crane）也過來看我，他原是美式足球的王牌選手，體格健壯，將近二十年不見，肥胖了許多，告訴我左肺有肺氣腫，稍稍行動就會喘氣，他太太則全身癱瘓，一切行動生活大小事都要有專人照料，所幸他們經濟狀況尚好，都可以負擔。晚間傅建中兄和冷若水兄夫婦四位作東，在國家記者俱樂部頂樓宴請我們，並約了華府中文媒體同仁以及陳香梅女士參加，飯後分別由與宴人員起立講話，對我謬讚很多，玲玲和我都極感動。

五月二日上午，加拿大駐美大使、前加國國貿部長威爾遜（Michael Wilson）在加國大使館以早餐款待吳代表和我。此君對我國極好，十多年前中加通航，互設辦事處都是他一手促成。他問我退休後的生活，我將國泰基金會所做公益活動說明，另外也問了兩岸關係，當時因阿扁的「一邊一國」和「公投入聯合國」十分緊張，我說明現在台北當局的做法是「剃刀邊緣」[4]（Brinkmanship），而北京方面因積極經濟發展，如動武則會傷害經濟，所以訂了《反分裂國家法》，說明如我們不在法律上做台獨（de jure independence）、不引外力介入兩岸關係、內部無重大動亂，大陸不會動武，但是兩岸關係現在極為緊張，對台灣不利。當晚吳代表在雙橡園款宴，來賓包括前駐聯合國代表波頓（John Bolton）、丁大衛、浦威廉（William Brown）、白樂崎、李潔明、班立德（Mark Pratt）、卜睿哲、美國企業研究院院長狄默斯、傳統基金會（Heritage Foundation）主席佛納（Ed Feulner）、鄭念女士以及僑界多人。

三日下午，我約高碩泰副代表來我住處球場打球，因為我離開台北前，外交部黃志芳部長囑我告知高，部方擬調他擔任駐泰國代表。我利用二人打球的機會告訴他，並且將多年來我和泰國接觸的經驗告訴他，也建議他找沈克勤代表所著《使泰二十年》一書參考。不料稍後發生變化，扁嫂交代駐泰代表由駐所羅門大使烏元彥接任，而高則轉任駐匈牙利代表。五月四日乘全日空班機返回台北。我這次去美東原是為去耶魯演講，到華府純粹是到了東岸想看些老朋友，沒有任何任務。

七月間收到傳統基金會資深研究員費浩偉大使來函，請我於十月三日在該會研

4 編註：又稱邊緣政策。

討一九八二年美與大陸簽訂《八一七公報》時，雷根總統向蔣經國總統提出的「六項保證」（Six Assurances）。參與此事者李潔明大使健康甚差，剩下存活者只有我一人，希望我務必撥冗參加，提供第一手資料。在此情形下，我不得不接受邀請。我仔細閱讀當時的文件和我的日記，也就二〇〇七年的狀況找到許多研究報告，詳讀後撰寫講稿。

十月一日由東京直飛華府，因為下午四時左右有不少由中南美洲前來的班機同時抵達，美國國土安全部檢查極嚴，隊伍非常長，我排隊約一小時，在辦理通關檢查的廖先生看到我就出來給我提辦，我出關後看到吳釗燮代表和同仁在迎接，他們都等了二小時，使我十分不安。次日上午冷若水兄和傅建中兄來旅館聊天頗久，晚間吳代表在雙橡園款宴。三日到傳統基金會大禮堂，到約百人，媒體不少。先由費浩偉大使致開幕詞，介紹我講話，我以「雷根總統對台六項保證：歷史背景和當前的涵義」為題，講了二十五分鐘。我說六項保證和其當前的涵義，已有許多學者專家討論過，如卜睿哲、卜大衛（Davin Brown）、費浩偉、傅建中、甘雪麗

《錢復回憶錄．卷四》勘誤表（2023.09.21）

頁數	原文	勘誤
310	本頁倒數第二行：……他因為此前在政府服務公職頗久，難免得罪人，金為了使他能順利通過，不辭辛勞，每日夜晚及週末遍訪可能投反對票的同仁……	經查，中央社於二〇一〇年十月十六日報導，當初為馬英九總統政大聘任案奔走者，非金溥聰先生。
322	本頁正數第四行：……當晚十一時三十分以後各報總編輯，廣播電視台的新聞部主任都先後接到金溥聰的電話，告知總統當選人已決定提名劉兆玄為行政院院長。	經查，當時各媒體應是接到政府新聞通稿，並非金溥聰先生打電話給各報總編輯。

（Shirley Kan）、孟捷慕（James Mann）、容安瀾等。如果我們仔細研讀這些專文，作者們都同意保證中有關軍售部分，美國政府都認真執行，《台灣關係法》部分也是一樣。關於不仲介也不施壓力使台灣與大陸談判，若干著者認為美國沒有違反，但也有作者認為有退休美國高官正試圖在兩岸間建立「二軌」，以進行對話，然而由於兩岸本身的政治現實，此種努力最近幾年已告停止。

在六項保證中，最受到討論的是李潔明處長於一九八二年七月十四日下午五時晉見蔣經國總統，傳達雷根總統「非文件」（non-paper）的第五項保證「美國不能支持中華人民共和國對台灣之主權主張」。但是同年八月十八日，國務院亞太事務助卿何志立（John Holdridge）在眾院外委會為《八一七公報》作證時，將第五項說是「我們長期以來有關台灣主權之立場並無改變」。容安瀾在其《懸崖勒馬》（*Rein in at the Brink of the Precipice*）一書中，對第五項的描述為「美國並無改變其有關台灣主權之立場」，我們外交部在八月十八日發表對《八一七公報》之聲明中列述六項保證中第五項，也是如此寫的。

個人認為，外交部聲明內有關保證的若干文字與李潔明處長所傳遞的「非文件」不盡相同，是因為雷根總統在「非文件」中希望我方能對六項保證予以保密，蔣經國總統曾表示，現在「在世界各地的記者甚眾，在北平之外籍記者亦多，渠等時常洩露消息，但我們一定努力做到保密」。由於七月十四日之後，有關中共與美就對我軍售問題報導不斷，蔣總統決定在我們聲明稿中應將保證予以透露，但不必照「非文件」之原文。有關第五項保證的三種不同版本文字，在二〇〇五年卜睿哲所著《台灣的未來》（*Untying the Knot: Making Peace in the Taiwan Strait*）中有詳細的討論。最近前國務院亞太事務副助卿薛瑞福（Randy Schriver）於二〇〇七年九月十日在台北《自由時報》撰文認為，當年的六項保證已不符當前的環境，他提出美國政府應有新的六項保證。

接著由戰略及國際研究中心（Center for Strategic and International Studies）副總裁坎貝爾（Kurt Campbell）講話，他主要是批評美國的亞洲政策完全不符需要，而行政、立法部門各行其是。第三位是眾議院幕僚白嘉玲（Carolyn Bartholomew）

女士，她主要談國會對六項保證的正面反應。最後是卜睿哲，他說六項保證固然重要，更重要的是雙方的互信，他說我在華府任職時，互信最佳，之後逐漸消失。散會前有幾位提問，都對台北目前政府的做法認為不當。會議結束我次日就返回台北。

四、二〇〇八年

這一年是羅馬俱樂部成立的四十週年，其創辦人貝齊（Aurelio Peccei）百齡冥誕，該會特別在羅馬舉行年會以及紀念貝齊的大會。我在一月就接獲新任祕書長李司（Martin Lees）的通知，但是因為俱樂部內部問題——原任會長哈山親王在二〇〇七年年會正式辭職，但是無法產生新會長，由兩位副會長成為共同會長（co-presidents），加上會址原在德國又遷往瑞士，所以正式邀請函到四月十六日才發出，開會時間是六月十四、十五日開年會，十六、十七日則為慶賀四十週年及紀念貝齊的大會。

我和玲玲於六月十二日晚啟程直飛羅馬，次日抵達，機場有禮賓官接至貴賓室，駐教廷杜筑生大使、駐義大利鄭欣代表均在室內歡迎，旋赴年會會場之杜克旅館（Duke Hotel）入住。晚間在杜大使官舍與館內同仁餐敘，杜府主廚為塞內加爾人（Senegal），當時被杜夫人邱大環女士訓練燒得一手好菜，十分不簡單。

十三日上午杜大使陪同赴聖保羅大教堂（St. Paul Basilica）參觀，這教堂位於梵蒂岡城外，是羅馬四大教堂之一，原是耶穌門徒保羅埋葬之地，三世紀時開始興建，經過多次改建，現在是一座十分莊嚴巍峨的聖堂。我也拜見了教堂總監蒙地席蒙洛（Andrea Cardinal Cordero Lanza di Montezemolo）樞機主教，他長我五歲已八十高齡，三年前任總監，兩年前晉升樞機，他說二週後教宗要來所以到處都在修理、油漆、粉刷。此時正好布希總統訪問羅馬，處處交通管制，所幸館車有外交牌照，可通行無阻。中午在大使館宴二位老友——前駐美大使賴希（Cardinal Pio Laghi）樞機和前任教廷總管傅萊（Cardinal John Foley）樞機。兩位和我已有數年未見，都顯老態，賴希樞機次年一月去世，他大我十二歲，傅萊和我同年，因體重太重多病，三年後也去世。午宴結束後鄭欣代表來接往代表處，他原任駐查德大使，我曾去查國慶賀新任總統就職，看到他工作很努力，他要我對同仁講話，我先談羅馬俱樂部與拯救地球免受汙染災害等，再談目前從事的公益活動，同仁也提了不少問題，我逐一答覆。晚間是義台友協在外交俱樂部款宴，由會長席爾瓦參議員（Senator Gustavo Silva）和祕書長楚克利（Camile Zuccalli）主持，陪客有前外交部祕書長現任外貿協會長伐坦尼大使（Amb. Umberto Vattani）和外交部亞太總司長伊奴賽大使（Amb. Massimo Iannucci）伉儷，大家歡談兩國的交往是合作、互利的。楚克利祕書長並拿了幾張我在一九八〇、一九八一年訪問義大利的相片，盛情可感。十四、十五日兩天是羅馬俱樂部的年會，主題是世界發展的新途徑（A New Path for World Development），仍是和過去一樣，發言盈庭，但各說各話，也不針對主題，我聽了兩天覺得毫無收穫，所以決心以後不再參加年會。

原先我和玲玲計劃十六日起赴羅馬北部，我們未去過的佛羅倫斯

（Florence）、波隆那（Bologna）和比薩（Pisa）參訪，不巧的是這些日子佛羅倫斯舉辦大型服裝展覽，所有旅館都已客滿，所以決定去阿希西（Assisi）進行一日遊。十六日晚有前駐台北代表艾奇利（Maria Accili）晚宴，同席有外貿協會會長，友台協會副會長馬蘭參議員（Senator Lucio Malan）。艾奇利女士現為上海萬國博覽會義國館長，不久調為駐德大使。

十七日晚原駐台北首任代表、現於羅馬大學任教的皮尼大使（Amb. Mario Filippo Pini）邀宴，現場有羅馬俱樂部榮譽會長馬沙尼（Eleonora Masini）教授、前駐歐盟大使等。十八日赴阿希西，車行二小時，此城是天主教最大的修會方濟各會（Franciscans）創辦人聖方濟各（Saint Francis）的出生地，在途中使館同仁通知我說馬總統有電話找我，請速回電，所以在到達方濟各大教堂（Franciscan Basilica）時先在車上回電，原來他要確定監委人選，要我提供意見。

大教堂有位華裔的邱神父陪我們參觀，之後見修道院寇理（Vincente Colli）院長，同往餐廳午餐，修道院中有幾位來自大陸西安市的修女，見到我們非常親熱，紛紛要求攝影。返回羅馬後，晚間我在射箭俱樂部（Circo Antico Tiro a Volo）款宴館處同仁感謝大家多日的辛勞，十九日離羅馬，二十日晨回台北。

捷克前總統哈維爾（Vaclav Havel）於一九九七年在日本廣島以「千禧年的關切與希望」為題，主持過一次國際會議，之後獲笹川陽平負責的日本基金會（Nippon Foundation）資助，逐年在捷克首都布拉格舉辦「公元兩千論壇」（Forum 2000），我國自一九九八年開始，每年均派政、學界知名人士一位出席，往例均由外交部陳報建議出席名單，由總統選定一人參加。

二〇〇八年馬總統就任不久就指派我出席，並由外交部一位同仁陪往，是剛由捷克代表處任滿返國，擔任外領人員訓練所副所長李光章兄，他對捷克很熟悉，對我幫助很多。這一屆「公元兩千論壇」討論的主題，是廿一世紀之開放與基本教義。由於哈維爾前總統本人是一位作家、劇作家、演員，在共產黨執政時公開反對當局，就任總統後第一件事將便是將監獄中的囚犯予以釋放，因此他主持的論壇多邀請各國反對黨領袖或異議分子參加。我在一九九四年曾訪問捷克晉見哈維爾和外長餐敘[5]，對該國印象甚佳，因此很樂意接受此一使命，玲玲因婦聯會同時有活動未能同行。光章兄和我於十月十一日午夜飛往法蘭克福，次日轉機往布拉格，劉志攻代表來接，他甫由駐外蒙古代表調來，我和他談外蒙的情形，他在外蒙任期雖然不長，但非常瞭解。他說外蒙自從施行民主政治以來，政府貪腐情形嚴重，政客亂開支票，人民雖有不少生活改善，但是仍有三分之一人口生活在貧窮線下。

我將行李、禮物整理好，沐浴後著裝前往「布拉格十字路」（Prague Crossroads）文化中心參加論壇歡迎餐會，我遇到了老友沙烏地拉伯突奇親王（Prince Turki al Faisal bin Abdulaziz）、前紐西蘭副總理外長暨大英國協祕書長麥金儂（Don McKinnon）、前紐西蘭外長總理穆爾（Mike Moore）。會後由論壇主辦人哈維爾及笹川陽平致詞歡迎，再由捷克兒童合唱團演唱後散會。

返回旅館後看會方所發資料，突然發現在第四場全會討論「多元文化與民主政治：容易和不容易的關係」我是與談人之一，而該場討論在明日下午舉行，我離開台北之前外交部和駐處都沒有告訴我，而論壇早先發的資料中也沒有列我的名字。我立即將鬧鐘開到五時，隨即入睡。

十二日早起，花了二個小時寫了三頁發言稿，我計算每人發言可有九分鐘，但絕大多數發言者都超時，我準備用六分鐘演講，可以騰三分鐘供他人超時。果然上午開幕式數人演講，個個超時，下午四時十五分第四場全會主講人是法國著名的新哲學家葛羅克斯曼（André Glucksmann），他是一個極端反馬克斯主義者，對蘇聯及俄羅斯都十分譴責，對大陸他認為一九五〇以後的三十五年，是將過去連根拔起的時代，這之後是現代化的時代，最後終將走上民主。

我發言表示將僅就亞洲部分講述。亞洲有兩個單一民族的國家，不發生多元文化的問題，就是日本與韓國。他們發展民主進行順利。中國大陸土地寬廣人口眾多，共有五十六個不同民族，其中西南方的西藏和西方的新疆因種族宗教不同，所

5 請參閱《錢復回憶錄 卷三》第二九二～二九三頁。

以不時發生涉及民主政治的問題，但其他地方並未因多元文化形成政治問題，主要原因是人們對中央領導人物的尊重，剛才主講人葛羅克斯曼也曾提到，認為中國大陸現代化後必將步上民主道路。

印度是亞洲另一大國，也有多元文化，但是民主政治仍順利地進行；在東南亞方面，泰國、馬來西亞、印尼也是多元文化的大國，民主政治已漸有基礎，雖然三不五時會有軍人政變，但不涉及多元文化；至於澳洲、紐西蘭有原住民和新移民不同文化，由於新移民對原住民尊重，政治民主已根深蒂固；新加坡是一個特別的例子，多元民族和平相處，政治上是民主，但是從未發生政黨輪替。星國李光耀資政曾對德國媒體表示，他不認為新加坡是一個如英國的民主國家，由於星國文化多元，只能以「賢者政治」（meritocracy）治理。我的結論是，無法找到一個多元文化有助於民主政治的公式，每個國家都和其他國家不同。

我簡短發言後，與會人員甚為滿意，掌聲不斷。十四日上午十時《民眾日報》（Lidové Noviny）副總編輯扎瓦迪爾（Petr Zavadil）來旅館訪談一小時，之後在該報十月二十五日版刊出專文，提要是：「台灣外交導師錢復先生接受訪問表示，台灣必須考慮中國的顏面，勿輕啟挑釁，否則對岸將動干戈。」

報導中稱呼我為極受敬重的台灣外交家，並寫道台灣實際上係一主權獨立，自由民主的國家，獨立於中國之外，但中國宣稱台灣為中國一部分，台灣反對黨致力推動台灣正式獨立，致其執政八年期間阻斷與北京的接觸，而中國甚至通過一項法案，允許使用武力奪取台灣。新任馬總統採取新的做法，他揚棄前政府之政策，宣布將與中國展開統一對話。

當天中午我款宴捷克國會友台小組主席班達（Marek Benda）、外委會副主席達布（Tomáš Dub）、前駐華代表諾伏汀（J. Novoting）等友人，結束後趕往布拉格古堡（Prague Castle）晉見哈維爾前總統。他說起已故夫人前於九〇年代初訪華，承蒙我們細心接待，他始終未忘，也提到十四年前和我談話，我稱讚「公元兩千論壇」辦理得好，他很開心要我明年再來。

當天四時去拜會塞吉那（Jan Švejnar）教授，他在年初參加總統選舉，敗給連任的克勞斯（Václav Klaus）。他在美國康乃爾大學獲得經濟學博士，他的老師有劉大中、費景漢，一聽說我和兩位都熟，並且是我在經建會任職時的諮詢委員，他很高興和我大談當時剛發生的國際金融海嘯，彼此見解相似。晚間我在香港酒店宴請代表處同仁，感謝他們數日的協助，十五日凌晨起床乘七時二十分班機赴法蘭克福，轉華航班機返回台北。

我於十月十六日回台北，不到十天驛馬星又動，這次是去韓國首爾。因為政大國際關係中心和韓國「首爾國際事務論壇」（Seoul Forum for International Affairs, SFIA）每年輪流，在首爾和台北舉辦「首爾—台北論壇」和「台北—首爾論壇」。第一屆在首爾（當時叫漢城），第二屆台北，以此類推，本年是第十七屆在首爾舉行，九月初國際關係中心鄭端耀主任來函，邀我任我方代表團團長，十月二十三日率團赴首爾，議題是「合作與發展的機遇」。以此為題，是因我國、韓國和美國在二〇〇八年都有新任總統，我因已有三十六年未去韓國，而代表團長的任務又只是在開幕和各次宴會簡單致詞，不需準備學術性的報告稿，所以就同意了。

不料到九月二十二日又接鄭主任來函，說韓方請我在開幕式中做主題演講，並指定講題是「改變中的東北亞和台北—首爾關係」。這段時間我一方面參與第四屆監察委員遴選，一方面要準備去布拉格參加「公元二千年論壇」，已很忙碌，然而又在二十四日收到首爾國際事務論壇主席暨前總理李洪九的來函，熱情歡迎我去韓國，並請我做主題演講，我只能利用週末來寫講稿。李先生長我一歲，在耶魯讀書時晚我二年，所以一直以學長稱呼我。

另外，我在耶魯大學的博士論文由美國出版社出版以後，該社倒閉，友人們要我請該社將書籍版權歸還我。此時我請台北敦煌書局為我重印五百本，我可以做為訪韓時的禮物。行前我於十七日中午，在世貿頂樓國際聯誼社宴請同行赴韓的團員，有國關中心鄭端耀主任、邵玉銘教授、前駐新加坡代表胡為真、國安會諮詢委員楊永明、經建會綜合計劃處長曾雪如、李明教授、國關中心研究員嚴震生及蔡增家。

時月二十二日，我們乘華航早班飛機赴仁川機場。首爾國際事務論壇執行長金達中教授迎接至首爾千禧希爾頓飯店下榻，下午六時李洪九主席來訪，談到當年在耶魯種種趣事，和我同年的金相俊君仍在西江大學任教，他一向支持金大中，但是金並未用他。稍後去地下一層參加歡迎款宴，洪九兄和我先後講話。

返回房間後，玲玲也到了。她因上午有活動，搭下午班機，五時才到仁川。

二十三日上午，和青瓦台首席安保祕書官金泰孝共進午餐。他才四十一歲，是芝加哥大學的博士。我問他美國歐巴馬總統主張在亞洲也組一個北大西洋公約組織（NATO），他的看法如何。他說絕無可能。他很重視中國大陸，對我說今日下午他將陪李明博總統赴北京，參加亞歐會議（Asia-Europe Meeting, ASEM）。我告訴他，自五個月前馬英九任總統後，兩岸關係已逐漸改善。希望韓國亦能改善與我們的關係。

十時開始，是論壇開幕式，由金達中執行長主持。在我的講話中，簡單說明中日韓三國在過去一年都換了國家領導人，但是新領導人上任後不久，支持率就下降，主要的原因是這一年世界經濟由於美國衍生性金融商品的不良影響，造成全球金融海嘯，各國股市大跌、失業率高，通貨膨脹這種情形自然使一般民眾不滿。政府只能提振與經濟方案，但是其效果在短期內不易實現。過去半世紀，多數國家在大量舉債的同時，積極發展經濟，惡劣環境更使全球雪上加霜。

談到中韓關係，斷交十年來，由於韓方當年全盤接受大陸的一中政策，使我們無法真正進行有意義的對話。我們甚盼參與世界衛生大會，美國和歐盟均公開支持，而二〇〇三和二〇〇七年兩次大會，就我國參與事項投票，韓國都投反對票，我們只能在比較次要的問題上，獲得一些成就。如二〇〇三年互免簽證協定，使雙方觀光客大增，貿易和文教交流也有具體成果。最後我建議，在今後的論壇議題中，增加金融合作和環境保護議題。

接著討論「馬英九政府的外交政策」。韓方由外交安保學院金興圭教授報告。

中午由大韓航空李鍾熙款宴。下午第二次會談，主題是「李明博政府的外交政策」，由前外長尹永寬和李明教授主講；第三次會談主題是「美國新政府上台對東亞地區的意涵」，由外交安保學院美國研究所長崔剛和嚴震生教授主講。晚間由斗山會社款宴。

二十四日和前總理韓悳洙[6]共進午餐，談財經問題頗久。上午第四次會議，主題是及「東亞經濟合作」。由首爾大學國際關係研究院院長朴泰浩及曾雪如處長主講。中午由駐韓陳永綽代表午宴全體與會人士。有一位金謹玄君對我說，盧泰愚當年快速與我斷交，乃受其祕書室長金家熙的播弄。

下午陳代表陪我去江南參觀首爾大學的奎章閣圖書館，由金永植院長接待，參觀典藏文物的目錄。可惜找不到和我所寫《高麗之開放》一書相關的資料。晚間韓國前駐華大使韓哲洙夫婦在南山的首爾俱樂部（Seoul Club）款宴；二十六日，李洪九主席約去水源市泰光俱樂部（Taekwang Country Club）打球，同行的還有前駐美大使玄鴻柱和金達中執行長。

金說今年我帶團前來，令他們很有面子，使他們在募款和邀人參加方面，都很順利。盼望後年仍能前來。晚間李洪九伉儷以韓國傳統宮宴款待，餐廳位於青瓦台附近，陳設高貴雅致，菜餚也好，他一定破費不少；二十七日，我們由方仲強副代表陪同，乘高鐵到大邱市，駐釜山辦事處處長羅添宏來接，坐車到慶州。

慶州是三國時代的古都，有許多古蹟。我們先前往佛國寺，這裡是聯合國教科文組織認定的世界文化遺產。羅處長雖然到任時間不太久，但對轄區情形非常瞭解，他自己有部落格專門介紹韓國風光，很受歡迎。午餐後赴大陵苑，其內有天馬塚，乃是當年新羅王朝王室所葬之處。接著我們趕到東大邱車站，返回首爾。

晚間朴東宣君在江南的皇家宮殿旅館三樓包了一個大廳，邀請了八十多位客人，還有職業藝人表演。客人中也有日本的韓人，紛紛要求照相。返回旅館已午

6　二〇二二年五月，尹錫悅總統再次任命他為總理。

夜；二十八日上午去代表處訪問，對同仁講話頗久，稍後轉往代表官舍小坐。房子頗寬敞，只是老舊。地熱壞了，館費也無法支應修理費。十一時赴仁川機場，返回台北。

五、二〇〇九年

二〇〇八年秋季，沈錡大使的公子沈平由舊金山來訪，告訴我明年初北加州亞洲協會（Asia Society Northern California Center）要舉行一個東北亞地區的研討會，該協會總幹事皮克林（Bruce Pickering）託他來問我是否同意擔任主講人。他說有柏克萊加州大學退休教授施樂伯和前國務院主管政治事務次卿阿馬考斯（Michael Armacost）與會，這二位都是我多年好友。尤其施教授長我十多歲，當時已九十高齡，所以我立刻答應，之後日期訂在二〇〇九年一月二十日。研討會舉行前三天是週末，加上馬丁路德紀念日共有三天假期，我也很久沒有和大哥一家與二哥夫婦見面，所以和他們連絡，約好可於三天假期在舊金山歡聚。

玲玲和我於十七日飛抵舊金山，下榻伯林格姆的君悅飯店（Hyatt Regency Burlingame），當晚我們在旅館的餐廳（Scalini）宴請兩位哥哥嫂嫂，美明姪女和劉吉人、婉孫姪女和周凱英、周立揚和他的未婚妻，正好十二人；十八日到大哥在聖馬太（San Mateo）的家中，晚上他在附近的醉香居（Joy Luck Place）宴請原班人馬；十九日中午，我們約了舊金山的舊友和辦事處同仁餐敘，晚上沈錡夫人宴其中有一位客人彭啟平先生，是我一九五五年青訪團出國時，他任駐舊金山領事，初次遇到以後，他在駐美大使館任一等祕書時，也曾見到。退休前他是駐溫哥華總領事，現在已逾九十高齡，身體健康，思路明晰一如當年。

二十日很忙，一早去胡佛研究院的檔案館看蔣公日記。我先和馬若孟（Ramon H. Myers）館長約晤，閱覽室人很多，他特別給我一個單間。我向他要了一九四七年二、三月和一九四八年十二月這三個月的日記，因時間不多，我注意的是二二八事件和他為什麼下野。

關於前者，蔣公日記中很嚴厲地責備陳儀處置不當，對派遣的部隊長指示，其任務是要恢復社會秩序，不得有擾民之行為；對於後者，他對華中剿總總司令白崇禧通電各將軍，要求蔣公下野，極為痛心。另外，當時立法院長孫科出任行政院院長，行政院中央提名陝西籍的李培基接任，但是立院投票結果李落選，CC系的童冠賢當選。蔣公對二陳把持黨務也極為不快，決心下野。

中午，研究院副院長蘇沙（Richard Sousa）代表出差的院長李爾頓（John Reardon）款宴。下午收拾行李，請處內同仁先往辦理一應手續，五時半前往舊金山世界事務中心（World Affairs Council of San Francisco）參加研討會，由前摩根史坦利銀行亞洲總裁伍德武茲（Jack Wadsworth）主持。先由施樂伯教授就東北亞情勢進行一般說明，我接著講話，內容與三個月前在「首爾—台北論壇」相似。特別強調兩岸關係在馬總統接任後，七個月已有很大改變。兩岸可直航，台商在大陸可合法投資。阿馬考斯講話以日本為主，之後有四十分鐘的問答，到七時半結束。會場掛有中美國旗，許多賓客要求合影。之後亞洲協會款宴，席間沈錡夫人說她搭乘電梯下樓，一對美國夫婦對我不斷稱讚，並問她我的背景如何。用餐時，伍德武茲總裁不斷問歐巴馬就職後，外交政策將如何。餐後我就去機場飛回台北。

二〇〇九年五月，南加州玉山科技協會會長致函，邀我於五月十六日在洛杉磯召開第十七屆年會，做主題演講。玉山科技協會是劉兆玄兄創辦，在台灣和美國都有分會，結合當地華裔專業人員為學術研究及聯誼。這是我首次被邀，而該會會員中我的朋友也不少，所以我想起不久前二哥告訴我，他不斷由聖地牙哥回台灣開會講學，從無時差困擾的祕訣，就是在洛杉磯坐晚班飛機回台北，一路上安睡，清早到台北。稍事整理便開會或演講，結束後於當地坐晚班飛機回洛杉磯，就可以避免時差。因此我決定學他的做法，訂五月十五日十八時四十分長榮班機飛洛杉磯，下午五時二十五分抵達。十六日中午演講，下午五時十分班機返台北，次日晚間十時抵達。

十五日下午到洛市，當晚協會在旅館款宴。參加有全球玉山協會總會長吳國曾博士、南加州曾慶龍會長、潘振球先生之公子潘敏行、前駐教廷謝壽康大使之公子謝正剛、「熊貓快餐」（Panda Express）創辦人程正昌等。

次日上午，協會舉辦論壇研討會，中午在餐廳午餐，並由我演講。那天開放非會員參加，午餐會出席的有吳祖禹大使夫人、陳毓駒大使夫婦、黃新壁大使、王允昌大使和二哥同學王岩醫師。我的講題是「北京、台北、華盛頓的關係變化與展望」，我談到最近一年多，三方面的關係都有改善，但是去年的金融海嘯對於三方面都有不良影響。北京的對外貿易走疲，政府需要加強內需以維持成長，防止失業率增加；在台北方面，「東協加三」明年將簽訂貿易協定，台北被排除在外，而兩岸關係的經濟合作架構協定，又受到反對黨大力阻撓；華府方面，面對金融海嘯和振興經濟也是大問題。

當我逐一歷數三方面所面對的困難時，講台上的大幅布幕在我背後掉了下來。我說大概我講了太多不吉利的話，使它不高興。接下來讓我講些正面的事件，聽眾鼓掌甚久。我接著說，台北經過十二年的努力，終於在今年五月十八日可以觀察員的身分，參加世界衛生組織大會，這也是我們改善與北京關係的真正成果。我們民眾對國際空間極為重視，民意調查顯示，九成以上贊成參與世衛大會。另外，二週前美國國安會亞太主任貝德（Jeffrey Bader）公開表示，中國是國際社會中的重要成員，他對於兩岸的海基會和海協會不久前在南京簽署的多項協議，表示歡迎。我們祈禱北京、台北、華府的關係，在未來能與日俱進。講完後，三百多位聽眾起立鼓掌，並認為是十七屆以來最佳之主題演講。該會又以「傑出終生成就服務獎」頒給我，接著我去機場搭機返國，果然沒有時差影響。

六、二〇一〇年

二〇〇八年十月我在捷克布拉格「公元二千論壇」與沙烏地阿拉伯老友突奇親王見面，當時就邀他訪華，回國後並正式去函邀請，他於二〇〇九年六月七日晚來台北，次日晚我在台北著名的馥園餐廳款宴。在他十一日離華前一晚，我在家中請他，只有楊勝宗代表夫婦作陪。玲玲看他來時穿了雪白的沙國服裝，擔心家中的餐巾無法覆蓋胸部，但上桌後他由袋中取出大幅的餐巾，用兩個夾子夾住，所以完全無虞食物的沾汙。那天是家中女傭主炊家常菜，他吃得津津有味，但是他最喜歡的卻是澎湖的辣椒花生，吃了二盒。

當晚，他一再對玲玲說一定要請她去沙國，到他在沙漠中的家。果然他返國不久，就在六月二十九日告知楊勝宗代表，要請我們夫婦明年一月訪沙，並盼我能在他主持的費瑟國王伊斯蘭研究中心（King Faisal Center for Research and ISlamic Studies）演講，稍後當正式備函。沙方提供我們夫婦和李宗義主任的機票以及在沙所有費用。此事安排時的駐沙代表是楊勝宗兄，但我們啟程前二個月楊代表退休，由趙錫麟代表接任，他們夫婦都是虔誠的穆斯林。趙兄早年獲選為「經生」，赴沙烏地攻讀阿拉伯文，並深入研究《可蘭經》，他也曾擔任台北清真寺的教長。

我們於一月十九日上午由台北飛香港，改搭國泰班機直飛利雅德，於晚九時半抵達，突奇親王率其部屬與趙代表及處內同仁迎接並陪往旅館。二十日上午第一個節目，是去老王科技城（King Abdulaziz City for Science and Technology, KACST）參觀，因總裁出差，由阿布都拉副總裁（Dr. Abdullah bin Ahmed al-Rashed）接待。科技城是一九七七年創立，直屬總理（也就是國王），負責決定國家科技發展的政策，各部門主管逐一簡報，這個科技城有二千五百位工作人員，但擁有科技博、碩士學位者不到三百五十人，所以主要仰賴國外科技專家來支援。因為時間關係，我只參觀了一個環保研究中心，發現所做的研究是育種的培養。結束後我就去費瑟國王伊斯蘭研究中心拜會突奇親王，這次談話一百分鐘，雙方均暢所欲言。我說自上次訪沙已三十一年，此次目睹沙國建設已有長足進步，惟沙國人口中，外來人口所占比例甚高，此類居民大多貧窮，貧富差距大，社會不易安定，因此如何使貧窮人口脫貧應為當務之急。沙國政府財政充裕，似宜使全民均能受九～十二年之義務教育，特別是技職教育，可使青年人易於就業，此外全民健保亦極重要，使貧病者無須支付高昂之醫療費用。

在我與沙國之間，一九九〇年斷交，沙政府二〇〇〇年有內部命令，對雙方交往做極嚴格之限制，較其他重要無邦交國家如美、法、英、日、德、加均更嚴酷。事實上，兩國自一九七一年突奇親王的父親——費瑟國王來訪後，雙方關係極為密切，而目前內部命令嚴格限制兩國部會級以上官員互訪，似無必要。我甫訪問老王科技城，深感該城建立已三十三年，所做研究尚無對國家發展有重大貢獻者，故建議科技城總裁可來台訪問，參觀我工業技術研究院、中央研究院等重要科技研究機構。此外我與無邦交國家多已簽訂經貿、科技合作、避免雙重課稅、商品檢驗等協定，盼沙國亦能比照辦理，則可擴大雙方在各領域的合作。突奇親王表示，有關我所提到縮短貧富差距的各項建議，說明我對沙國具有深厚友誼，沙政府確實努力改善民眾福祉，也積極推動科技發展、人文及社會科學之研究，以免未來石油枯竭時，可以發生替代作用。他對台灣民主政治之成果表示欽羡，已成為開發中國家的典範。他說上次訪華聽到馬總統談到改善兩岸關係，實為明智之舉。

稍後我到會議廳進行專題演講，題目是「台海兩岸關係近來發展」，受邀聽講者為學術、外交、經貿方面的菁英。我的演講分四部分：「歷史的回顧」、「最近的發展」、「雙方面對的難題」、「未來展望」。在展望未來部分我提到兩個可能，一是最壞的情況：大陸對台灣若干政治人物不斷主張獨立無法忍受，決定以嚴酷方式對待台灣，限制我們的國際空間，使台灣民眾憤怒決心切割與大陸的關係，使兩岸陷入緊張情勢；另一是最好的情況：大陸瞭解台灣民眾的心態，使台灣有更多的國際空間，台灣民眾表示感激，雙方在多方面合作，關係逐漸改善。當然兩者之間還有其他的可能，我引用了可蘭經第四十九章第十節的經文：「有信仰的人就是兄弟，因此你們兄弟應該遵守對阿拉的責任，或者你們可以得到恩惠。」

講完後不少聽眾就兩岸統一未來前景、兩岸經貿及一國兩制等問題發問。演講到二時半結束，我們在中心進便餐，之後突奇親王陪我到費瑟國王紀念館（King Faisal Memorial Hall）參觀。二十一日上午，我們到沙國國家博物館參觀，之後再赴利雅德總督府對面的莫斯馬克古堡（Masmak Fort），再去迪利雅古城（Diriyah），可惜正在整修，要一年半以後才開放。二十二日週五是主麻日，突奇親王約我們夫婦到他距利雅德八十公里處的希利亞（Shoushalia）農莊，占地八五〇〇平方公里，養牛、羊，種紫花苜蓿樹和棗樹。我們談美國現況頗久，他說他在二〇〇五年任駐美大使，但是任職僅一年半就辭職，原因是他的前任班達親王（Prince Bandar bin Sultan）十分富有，館內開銷極大，他無法負擔，請外交部增撥經費，部長是他哥哥沙伍德親王（Prince Saud bin Faisal）也不便同意，而阿布都拉國王（King Abdullah bin Abdulaziz）寵信班達，有關沙美之間的問題常派班達去華府，等於把他架空。我聽他這麼說，知道他一肚子苦水，所以我就說當年我去華府，班達是沙駐美大使，深知他奢華的情形，那時他常邀我去使館餐敘，態度極親切，每次一定會問大陸的情形，特別是軍方的人事，我也盡量告知，哪曉得他就如此使國王相信他對大陸瞭解，讓他去北京談判東風飛彈的採購，北京的條件是必須和我們斷交，他也照單全收，而買飛彈的回扣是非常驚人，都落入他和他父親——當時的王儲兼國防航空部長蘇丹親王（Prince Sultan bin Abdulaziz）的口袋。這個人在我們看來就是一個「小人」。他聽了微笑說：「我和班達不同，先父教導我要對貴國做一個忠實的友人。」

午餐結束後，他又駕休旅車載我們去隔壁他哥哥——也叫班達親王（Prince Bandar al Faisal）——的農莊。說是隔壁，但車行也要十多分鐘，這是一個野生動物園，飼養的有鹿、羚羊、阿拉伯馬，還有一公、一母兩頭獅子。我們常說雄獅是萬獸之王，但是此刻看到的母獅雄偉，活動力強，反而公獅躺在地上一動也不動。參觀後我們再回突奇親王的農莊告別，登車返旅館。

晚間趙錫麟代表伉儷在官舍款宴，此一官舍與館舍均在外交特區內，兩者仍有相當距離，均為中沙有邦交時所建，斷交後繼續使用。參加者有突奇親王、老王科技城總裁麥慕德（Dr. Mohammed al-Suwaiyel）、國家諮議會外委會副主席阿布都拉（Dr. Abdullah al-Askar）等人。

二十三日上午拜會一九九〇年中沙將斷交時，法赫德國王（King Fahd bin Abdulaziz Al Saud）派來的工電部長扎米爾（Abdullah al Zamil）特使，他的家族有很大的工業集團。我們回憶二十年前見面的情形，也談到他的企業可以來我國投資，我石化業也可和他合作在沙國建立石化產業。接著拜會沙國新月會（Red

Crescent）會長阿布都拉國王長子費瑟親王（Prince Faisal bin Abdullah bin Saud）。我向他轉達我國紅十字會會長陳長文對他的問候，並說兩會均以人道救助為宗旨，盼能加強交流連繫，陳會長有意邀他訪華。他說新月會最近對葉門民眾逃往沙國南部，做了許多救助的工作。我也簡單就國泰慈善基金會對外配的協助，以及全體四萬多員工參加「一日志工」，對弱勢民眾做的各種協助，進行簡單報告。親王對我們能發動同仁做志工，而同仁一次訪問後不斷對受訪家庭探訪協助，表示欽佩，我說歡迎新月會派員到本會實地觀摩。告辭前我對親王表示自己已由公職退休五年，因此不擬請見國王，請親王代向令尊致敬。

接下來我又去農業部巴谷那（Dr. Fahad A. S. Balghunaim）部長辦公室拜會，我駐沙農技團林震東團長亦在座。我提到農業是國家經濟發展的基礎，並介紹我國土地改革經驗，以及近年來青年農民從事高收入的農業經營案例。部長表示因水資源短缺，現在沙國已不鼓勵需大量用水的農業耕作。我藉由台灣公益團體在大陸新疆沙漠種植羅布麻的情形，說明具有經濟價值的植物在沙漠地帶亦可種植，其葉可製茶，具有保健功能，我特別為部長準備二盒，請他飲用。這一輪拜訪到三時結束，也沒有吃午餐，晚間到宜蘭好友「阿拉伯王子」林昭文兄公子林育慶主持的「鑽石餐廳」晚餐，非常輕鬆。

二十四日上午赴代表處辦公室，參觀後應邀對同仁講話，並對同仁提問予以說明。二十五日上午，我由突奇親王陪同拜會利雅德總督薩爾曼親王（Prince Salman bin Abdulaziz al Saud），當時他是沙國第四重要人物——依序為阿布都拉國王、王儲蘇爾坦親王、副王儲納依夫親王和薩爾曼親王，但是二〇一〇年之後五年，中間二位都先後去世，薩爾曼親王變成王儲，阿布都拉國王二〇一五年一月二十三日逝世，他立即接任國王。他的總督府外觀只是一座泥土建築物，但內部陳設富麗堂皇，候見他的人很多，有英國布萊爾前首相（Tony Blair）和海灣理事會（Gulf Cooperation Council, GCC）國家代表。他要言不繁，客人幾句話就告辭，我坐下來就說二十一年前來沙國，和這次看到的完全不同，尤其殿下在利雅德闢建使館區，比台北市的使館區要寬廣實用得多。他聽了開心地說，就是父子多年不見，也會發現彼此的改變，希望你常來。沙國地大人少，天然資源豐富，不限於石油，沙國對國際油價主張穩定。我介紹趙代表是穆斯林，曾在沙國深造，請殿下不時召見以加強雙方關係。此外我還拜會了沙國商工總會祕書長法赫德（Fahad al Sultan），他是「台沙經濟合作會議」的靈魂人物，也是阿布都拉國王的親家，他的女兒嫁給國王長子新月會會長費瑟親王。

我也拜會了參加「博鰲論壇」沙方的團長——朱拜爾楊波皇家委員會（Royal Commission for Jubail & Yanbu, RCJY）主席兼沙烏地基本工業公司董事長紹德親王（Prince Saud bin Abdullah bin Thunayan al Saud）。當晚七時我在林昭文兄另一餐廳「幻景」款宴突奇親王以及費瑟國王伊斯蘭研究中心重要人員，僑界及代表處之主要人員，大家歡聚談笑風生至九時許結束。當日午夜我們就搭機返國。

本年七月八日晚我獲通知，赴馬總統辦公室餐敘。至則見到蕭副總統、吳院長、胡祕書長為真，簡單吃便當後，馬總統即說二月二十五日和李光耀資政通電話，李說我們已和大陸簽署《海峽兩岸經濟合作架構協議》（ECFA），星方亦可與我商談自由貿易協定，他決定請我做總統特使赴星與高層做初步洽商。我說脫離公職已五年多，離開外交部也十四年，所有政府資訊完全斷絕，如兩岸的經貿協定基層談判，具體內容均一無所知，實無法應命。總統說是星方希望有一位受雙方尊重的民間人士先去洽商，之後再進行正式談判。至於具體問題，將於下週一由胡祕書長和外、經兩部首長備妥書面資料，向我做詳細說明。馬總統亦提到雙方使用名稱可用星日協定和星紐協定，不宜用自由貿易協定，協定內容我方盼為貨品貿易、服務貿易及貿易體制，盼能瞭解星方希望包括哪些。此次談判是在世界貿易組織架構下，所以我方名稱為「台澎金馬關稅領域」，談判完成生效後要向世界貿易組織報備。至於降低關稅的時程，星韓協定是十年，我方盼能比照。具體談判盼在星舉行，我方代表團長為駐星史亞平代表，配合經濟部經貿談判代表辦公室同仁。

那天連用餐包括馬總統的指示，共一百分鐘。我在週末就先上網搜尋查閱星國與他國所簽協定，大都是四、五百頁的文件，內容我都不太瞭解。七月十二日下午，再赴總統府參加府內固定每週一下午的國際事務會談，除正、副總統、吳院長、胡祕書長外，還有外交部楊進添部長、經濟部施顏祥部長、陸委會賴幸媛主委、國安局蔡得勝局長及經濟部經貿談判代表鄧振中及駐星史亞平代表。此次會議除國安會、外交部、經濟部提出具體簡報外，蔡得勝局長表示大陸方面擔心使用自由貿易協定或其他涉及主權問題，史代表表示特使前往盼低調，除星方安排國家領導人及主管官員外，勿與其他星國友人會晤。我表示當單人帶球具前往，如遇有人問則說是打球度假，請外交部派同仁擔任記錄，勿與我同機，早一天去。之後數週均無動靜，八月三日楊進添部長來看我，告稱星方對我前往極為重視，因八月十五日為星國慶，為安排順利，盼於國慶後十日啟程，又說雙方原定今日發表簡短聲明，表示雙方有意進行諮商，被中共知道後向星方詢問，星方表示並非於三日發表，現在決定在八月五日發表簡短聲明。

八月十九日下午胡為真祕書長、楊進添部長、施顏祥部長、鄧振中代表來我辦公室，進行行前簡報並提供談話資料。我於八月二十四日中午搭新航班機赴星，無人送機，抵星時也僅史亞平代表接機即赴飯店，他們指定一名專屬管家（butler）日夜照料，是我從未享有的禮遇，我帶了一本厚書，準備除正式節目以外時間，均在室內讀書，未排宴會的時段，均在飯店餐廳一人看書用餐。二十五日清晨，前往聖淘沙球場應吳作棟資政邀請球敘，同組尚有一位人力部長顏金勇，我想此君大概不知我的使命，所以一場球完全談過去兩人交往的趣事，以及彼此兒孫輩的近況，打完球吳資政在球場以豐盛午餐款待，並有印好的菜單，封面是「In Honor of H.E. Fredrick Chien」，真是極為禮遇。

下午在房間看書，晚間與稍早抵星的亞太司長李世明和張均宇專門委員在日式料理便餐。二十六日赴總理府拜會李顯龍總理，談話一小時，他完全用華語，我先說明過去十年因政黨輪替兩岸關係惡化，使我無法參與任何區域性的經濟整合，馬總統就職後改善兩岸關係，企圖急起直追，星國過去李資政、吳資政和李總理對我素極友好，因此我盼在世貿組織架構下先與星國洽談經濟合作協議，並將我方構想逐一報告，此一協議未來將比照世界貿易組織協議送請立法院審議，因使用「台澎金馬關稅領域」名稱，不涉及主權問題，不致與中國大陸發生對抗，亦不會使星方受窘。李總理表示對我的敘述表示同意，可以按部就班推動。先做可行性研究，再進入正式談判。我亦就近兩年來兩岸關係良性發展情形提出報告，並請李總理能擇時低調訪台，李總理表示星首長低調訪台並無問題，惟渠本人及兩位資政則仍有實質上的困難。

談話結束後我即赴黃根成副總理的午宴，其中有一位星國副議長姚智，我估計應是局外人，所以未談此行主要任務，主要強調兩岸關係在馬總統執政後已大為改善。黃副總理十分關切台灣的南北政治氣氛差異。午餐後我去拜會貿工部政務部長李奕賢，雙方對如何進行均有大致共識，希望儘早開始，李氏並表示希望此一協定為金質標準（gold standard），我亦談到交通部擬改組桃園國際機場為企業公司，星國樟宜機場有此方面的經驗，因此我盼星國能依樟宜機場之前例與我合作。李部長表示將立即通知星交通部林部長。

五時十五分我又回到總理府做本次訪問最後一項活動：拜見李光耀資政。我見到他健康狀況較四年前又差了很多，他開口便說大陸國台辦王毅主任二週前來見他，談到星國與我商談經貿協議時明確提出數點要求：㈠台星協議之進度及內容不得超過ＥＣＦＡ；㈡星方應透過外交途徑，將談判進度隨時告知大陸，台方應透過國台辦途徑告知。李問我大陸方面是否曾如此對我表示，我說因自己脫離公職多年，並不瞭解，但是我提出海基會與海協會在第五次江（丙坤）陳（雲林）會後，王毅曾公開發言，就我與其他國家簽訂自貿協定，將採「合情合理對待，務實妥善處理」，李資政說要使大陸改變心態有其困難，台星可依大陸所提兩點開始洽談，參照ＥＣＦＡ的內容，也許更少一點。我提出馬總統擬邀資政訪華，他說很喜歡台灣，但是日前王毅告稱對他訪台要慎重考慮，因恐為其他歐美退休領袖開例，今年春天前香港特首董建華亦請他切勿訪華，因此他、吳作棟資政和李總理均不便訪華，否則可能引發嚴重問題，大陸雖不會懲罰星國，但可能採取經濟報復。我說董本人今年五月即曾來台訪問。談話共約四十分鐘。

返回旅館後我的心情激動，久久不能安定，因為過去二十多年我曾單獨和李談話不下二、三十次，他給我的印象是一個真誠公平的政治家，在兩岸關係上向來公平對待，現在可能是年齡漸老，對大陸的壓力都是逆來順受，和我認識的李光耀先生是兩個不同的人。當晚也久久不能入睡，次日清晨仍乘新航班機回台北。張均宇君在飛機上已將我送給胡祕書長、楊部長的箋函和四份談話紀錄整理好給我，略做修改後於廿七日由兩位首長簽報馬總統。

九月三日晚間，馬總統約了蕭、吳、胡、楊、施五位和我同進晚餐，我將訪問情形簡單報告，說明所有星方首長均表示善意，唯有李資政受對岸影響稍有不同意見，但是星方原想簽一個「金質協定」，一定會要求我們多方讓利，現在星方對大陸承諾不超過ECFA，那就無法提出讓利。大家發言頗多，多認為宜儘早進行可行性研究。這是我最後一次介入與新加坡的談判事務。三年多以後的二〇一三年十一月七日，中星雙方由駐星代表謝發達和駐台北代表于文豪簽訂了星台經濟促進協定（ASTEP），次日上午我參加了在台北賓館舉行的慶祝酒會。

二〇一〇年九月二十七日，大陸國家開發銀行所屬的兩岸金融研究院負責人王洛林先生致函《工商時報》王嶠奇社長，說明由於ＥＣＦＡ已於六月簽訂，如何推動兩岸金融合作，國開行及兩岸金融研究中心擬於十二月八、九日在北京舉辦「兩岸金融高峰論壇」，台灣方面擬請《工商時報》籌組代表團參加。十月二十二日《工商時報》來函請我擔任代表團團長，也提供有關論壇討論的內容，並代我擬了開幕式的講話稿，因為他們瞭解我對金融問題的知識有限。

行前我和《工商時報》王社長聯名在世貿聯誼社宴請同行人員，到了五十八位，有不少是初次見面，此次論壇除開幕式和主題演講有三項議題：㈠大未來：後ＥＣＦＡ兩岸經濟共榮；㈡大機遇：國際貨幣體系變革中的兩岸發展機遇；㈢大商機：後ＥＣＦＡ兩岸金融契機。第二天分組閉門會議，分銀行組、證券組和保險組，下午依三組分別拜訪銀監會、證監會和保監會，最後集體參觀國開行。全團共一〇八位，於十二月七日分乘長榮、華航班機前往北京，下榻釣魚台大飯店，當晚國開行董事長陳元晚宴，他是中共元老、財經負責人陳雲的長公子，曾任人民銀行副行長，十七年前受命籌設國開行，成績斐然，尤以呆帳極少，不到一個百分點。陳為人相當謙和，談話內容極為充實，言簡意賅，我們一餐飯談了不少，彼此均有惺惺相惜之感。

八日高峰會開始，陸方原定由副總理王岐山來致詞，臨時換了國台辦常務副主任鄭立中，層級降了很多。我的講話以兩岸金融監理合作瞭解備忘錄（MOU）於上年十一月簽署，現已生效，本年六月又簽了ECFA給兩岸金融業發展帶來新契機，因為兩岸金融業發展先後不同，過去的體制也有差異，今後雙方合作可以截長補短，共創大中華金融體，對華商發展全球事業，可提供更大的資金和相關協助。接著陳元董事長致詞，之後有專題演講。

這次會議所談都是純金融業務，我是門外漢，只能洗耳恭聽。但是九日則完全不同，國台辦王毅主任於十一時三十分在釣魚台國賓館和我及十位重要團員會晤，先是公開談話，媒體都有報導，媒體走後，王和我們談話，對於最近陸委會為二十週年舉辦研討會賴幸媛主委的講話表示不滿，她說七個核心價值中，以台灣民眾多數的意見決定台灣的未來，和民進黨的立場幾乎如出一轍，賴並特別表示這是馬先生的主張。王說如此放話對兩岸關係發展是不利的。剛才（指記者尚在場時）幾位台灣重要金融業首長都表示希望加快金融交流，大陸方面多讓利，但是台灣方面如此放話，使他十分為難。我說昨日來北京飛機上看了不少報紙，只有《聯合報》刊登這則新聞，並在另一版做了評論的文章，其他各報都未刊登，所以應該不是廣受各方注意的新聞。我也指出目前台灣的新聞界不再中立客觀報導，多有政治立場地選擇新聞處理。我很瞭解王主任在推動兩岸合作交流的努力，當然也知道這種言論意見會帶給王主任極大的困擾。因此我面對在場本國的同仁說，大家要領悟王主任受到「前後夾攻、水深火熱」的感受。接著大家就走進餐廳午宴。用餐時王毅在主座，我在他右側，他繼續剛才的題目說：賴的講話在大陸引起極大的反應，有不少文章做嚴厲的批評，當然也對大陸當局對台灣的做法有所指責。王接著說，以他的看法明年台灣將會有新一波的統獨論爭，希望馬先生能堅定立場，不可對民進黨退讓，一定要對自己有信心。以他的看法，民進黨現在正在做策略的調整，意圖爭取中間選民，國民黨不能像賴幸媛那樣向民進黨靠攏，否則將失去自己的基本支持者。王毅又說他堅決主張兩岸應持續合作，請轉告馬先生：大陸方面對兩岸間的政治議題，並沒有迫切感，未來除了落實ＥＣＦＡ是很重要的事，更要多做文化和教育交流。我說自己是普通的平民，對政策問題不能表示意見，只能將所告各界，詳細記錄，回台北後向有關方面反映。

餐會結束後，其他賓客離開，王和鄭立中又對我說此次五都選舉，台辦出盡全力發動台胞返鄉投票，安排包機，代購機票，送票到家並面催，才有十萬台商返台投票，但是值得注意的是，不少人真的不想回去投票，都說看你們（指台辦）的面子這次回去，下次不要再勉強我了。同日下午三時四十分，大陸政協賈慶林主席在人民大會堂約見我們三十三位同仁，他的公開和閉門講話大致是依照國台辦所備的稿子，在閉門談話結束前他提到此次五都選舉國民黨雖勝但是選票少了，值得注意。我答覆說台灣同胞重視感覺，對兩岸的看法是多年來情緒累積的結果，雖然最近關係稍有改善，但是長久的怨懟不是一下可以變更，特別是大陸多年在國際上的打壓圍堵，無法立即消除，加上民進黨和媒體的推波助瀾，所以大陸方面必須有耐心，切勿操之過急，賈表示同意應以耐心處理問題，他並補充也要加上信心。高峰論壇於九日傍晚結束，我們在十日上午就返回台北，我將與王、賈談話要點做成紀錄，於十三日中午面交胡為真祕書長。

七、二〇一一年

台北國際關係研究所（之後改為政治大學國際關係研究中心）自一九七一年起每年舉辦中美「中國大陸問題研討會」，邀請美國知名中國問題學者來台舉行會議，之後若干美國大學亦願主辦。二〇一一年適逢此項會議第四十屆，同時亦為中華民國建國一百年，華府的美利堅大學（American University）亞洲研究中心主任趙全勝教授建議在該校舉行，主題為「當代中國大陸政治現代化」，時間定於十二月八日及九日半天，有四場研討會，題目包括「中國大陸政治現代化的意義與本質」、「中共菁英政治和治理」、「政治參與和國家與社會」等，均以英語進行。另外還有一場圓桌論壇，題目是「中華民國的發展」，以國語進行。

十月下旬「台北—首爾論壇」在遠企舉行，國關中心代主任丁樹範教授表示希望我能帶領我方代表團出席此次會議，會前並準備有兩天時間訪問華府智庫，我因過去在華府工作時也曾兩度應邀參加「中國大陸問題研討會」，都是在不同大學舉辦，我除發表演講外，還可和與會中美學人交換意見，獲益頗多，所以即表同意。稍後外交部亦配合赴華府時間為我安排與若干重要議員會面。

我和玲玲於十二月五日飛往華府，同日下午抵達，袁健生代表在機場迎接。次日上午我赴參院拜會撥款委員會副召集人柯克倫（Thad Cochran,R-MS），他是密西西比州選出，我在華府時就和他常有交往，我提到六年前卡翠娜颶風（Hurricane Katrina）襲擊美國東南部，密州受災甚烈，所幸他當時為撥款委員會主席，立即通過重建復甦法案使當地民眾受益良多。他說你退休後如何？我說主要是做公益工作，協助弱勢民眾改善生活，他和我回憶了許多參院共同友人如塞蒙德（Strom

Thurmond R-S.C.）、松永正行（Spark Matsunaga D-Hi）等，對他們的謝世不勝悲痛。

下午二時我和全團同仁往傳統基金會拜會，由佛納會長接待，前勞工部長趙小蘭女士在該會任傑出研究員亦陪同。我先說明此行目的在參加第四十屆「中國大陸問題研討會」，並逐一介紹六位學者，趙小蘭先就明年我總統選舉情勢提問，我說民調指出三組候選人不斷起伏，台灣已是高度尊重民意輿情之民主社會，馬總統二〇〇八年就任後在「九二共識」基礎上與對岸改善關係，三年來雙方已簽訂十六項協議，包括ECFA，最近民調雖顯示馬的支持率下降，但上週末總統大選電視辯論後已開始轉變。政治大學政治系郭承天教授說依政大選研中心民調，馬將以五個百分點領先。稍後全團拜會美國企業研究院，由狄默斯前院長及現任布洛克斯（Arthur Brooks）院長接待。我先提到與該院長期合作互利的關係，布洛克斯說上月二十二日，該院結合華府智庫舉辦共和黨總統候選人外交政策及國家安全電視辯論，此為初次使智庫展現其形塑政策之功能。六日晚袁健生代表伉儷在雙橡園款宴，邀請許多過去我們在華府的友人，大家聚晤均感親切，餐會中主人和我先後講話，隨後不少美國友人及我國媒體人士都紛紛發言追憶往日的趣事。七日上午我去代表處拜會袁代表，他說因過去在陳水扁第二任任期內曾任「國、親駐美代表」，所以過去三年和美方的交往十分順利，一方面他的人際關係早已建立，更重要的是馬總統的政策，美方認為是一個合作者，不像過去是破壞者。

中午我在五月花旅館（The Mayflower Hotel）餐廳宴請丁大衛、勞克思、包道格和施藍旗（Barbara Schrage），他們都是多年在「美國在台協會」工作和我們配合良好。下午二時全團往布魯金斯學會，由東北亞研究中心主任卜睿哲接待，該院副院長、曾兩度擔任美國駐以色列大使的殷代克（Martin Indyk）為本團進行美國外交政策簡報，內容極為充實，稍後雙方討論為時頗久。晚間美利堅大學國際研究學院為本團舉行歡迎晚宴。

八日上午先舉行開幕式，我簡單致詞，合影後開始第一場討論，午餐後，我去參議院拜會「台灣連線」（Congressional Taiwan Caucus）共同主席殷浩甫（James

Inhofe R-OK），我在華府工作的最後一年他當選眾議員，曾來過雙橡園餐敘。他一見面就說他在二十五年前曾讀過顧貝克（Anthony Kubek）所寫的《使中國現代化》（*Moderning China*），由於此書使他對兩岸關係開始注意，因此參加「台灣連線」。我說四十年前擔任新聞局長時，顧君曾多次訪華，每次都和他長談。我也對殷氏表示個人對奧克拉荷馬州甚有感情，因為早年在耶魯讀研究院時認識了一位奧州的大學部同學博倫（David Boren），他曾任奧州州長及聯邦參議員，一九七八年底中美斷交，國會討論《台灣關係法》草案，有一天他由華府打長途電話問我：「雙橡園是否對貴國甚為重要？」我說對我國民眾而言具有甚高的感情價值，他就全力在關係法中列入確保我國的產權。此事國人均甚感激。殷氏說當年他和博倫同時當選州議員，兩人感情甚篤。當晚代表處李澄然副代表款宴所有與會人員。九日上午仍參加研討會，中午結束，我們下午就搭機返回台北。

八、二〇一二年

約旦的哈山親王是我多年好友，他曾六度訪華，都是我接待。一九七九年四月我曾應邀訪問約旦[7]，一九九五年四月初隨李登輝總統訪問約旦，哈山親王以攝政王身分代表國王接待[8]。二〇一二年五月底我接到哈山親王來函，說鑑於目前亞西北非地區難民人口眾多，缺乏水和能源，這些問題都是彼此有關，但各國處理時往往分開去做，所以他自二〇〇九年起，每年在安曼舉辦「西亞北非論壇」（West Asia and North Africa Forum，簡稱WANA Forum），今年五月將舉行第四屆年會。他個人過去與我國交往密切，尤其對蔣經國總統、李國鼎資政為國家建設所投入的心血心儀不已，很想請我為與會者介紹我國經濟建設和發展的情形，以供大家參考。此次論壇主題是「認同」（Identity），我將是論壇第一位主題演講者。我正在研究如何答覆，又接到外交部轉來親王四月十二日的來函，說明上年阿拉伯地區普遍發生社交媒體引發的群眾抗爭活動，一般稱為「阿拉伯之春」，此次論壇即將討論此一問題。我仔細閱讀認為第二封信是通函，第一封是對我的特別邀請，所以我立即函復參加，外交部並派亞西司專門委員鄧盛平陪同前往。我亦擇定以「台灣發展經濟對亞西北非地區民眾的相關性」為題撰寫十分鐘的講詞。因為論壇背後的金主是日本基金會會長笹川陽平，他的父親笹川良一創辦此會，在各落後地區資助民眾脫貧，我在一九九二年去日本訪問時曾和他會晤[9]，所以講稿中先對哈山親王表示謝意，也對笹川父子樂善好施表示敬意。我也對過去三屆論壇為改進此一地區民眾之生活所做的努力表示讚許，接著我談台灣與WANA地區雖然距離遙遠，但是仍有很多相同之處，正如《古蘭經》第四十九章十節所說：「凡願將智慧傳授的人，和被傳能接受獲得很大利益。不過除了瞭解的人，其他的人都不記得了。」我將台灣六十多年經濟發展經驗濃縮，我也提到二年前兩岸簽訂了ECFA後，雙方

---

7 請參閱《錢復回憶錄 卷一》第四六二～四七二頁。
8 請參閱《錢復回憶錄 卷三》第一七二～一七三頁。
9 請參閱《錢復回憶錄 卷二》第一九四～一九五頁。

關係大有改善。

寫好講稿，我和鄧盛平於五月二十八日晚由曼谷轉機，次日凌晨抵安曼，即到旅館，稍事整理即下樓赴會場，開幕式把我安排在笹川陽平旁，另一邊是約旦貿工部長。開幕式後就是正式大會，哈山親王主持，我是第一位主題演講者，第一次會結束後，許多與會者來致賀，並要求講稿。當晚論壇歡迎晚宴，我被安排坐在薩瓦絲王妃（Princess Sarvath al-Hassan）旁邊，她和我細述三位公主和一位王子的近況，她很希望明年能和哈山親王來台北訪問，我表示歡迎。她說小王子是一九七九年我訪問約旦那年生的，現在已三十三歲，在軍中工作，已婚，他們的親家在六〇年代曾任駐華武官，現已去世，親家母仍健在，會說中文，希望能和我見面，我說明天傍晚可去拜訪。她對晚宴安排很不滿，尤其很多參加者都是便裝，我說這是因為晚宴只是列在節目表上，未註明服裝，談話甚久到十一時半才結束。

五月三十日整天參加論壇，六時往訪哈山親王的親家母布夏拉夫人（Mrs. Bushra Batayneh），她先生原任約旦駐華武官多年，她用中文歡迎我，家中陳設完全中國化，她有二子二女，全都回家來陪我。次子告訴我他和蔣孝剛是同學，老太太搬出許多相冊都是當年在台北拍的，蔣公、經國先生、許多上將都有合影，她滔滔不絕地講當年在台北的種種回憶，完全不像一位八十高齡的老人，談了一小時我起立告辭，她要我一定再回安曼來看她。卅一日上午先去拜會八十九高齡的前政府祕書長朱瑪（Saddeldin Juma），當年權傾一時，他交辦的事各部會都是以最快速度處理，他嘆息現在打電話到政府機關，知道他名字的人不多，他對我遠道來訪十分感激，說還是你們中國人念舊，我說當年他對邦交種種的協助，我不能忘懷，所以參加會議後立即來拜見敘舊。稍後即將訪華的前外長安素爾（Abdullah Ensour）和能礦委員會主席卡莫（Jamal Issa Gammoh）來旅館看我，我稍做國情簡報，特別著重兩岸關係，說明雙方已簽了十六個協議，過去的敵意正逐漸解凍，但是約國外交部對這些變更完全不予理會，仍堅持二十多年前所訂的嚴格規定，請二位訪華後，理察實情，向國王和外交部詳細說明不宜繼續抱殘守缺。當天中午，於前外交部長卡錫姆（Marwan al Qasim）寓所午宴，他約了朱瑪、早年駐華大使比爾比西

（Motassom al-Bilbeissi）和哈山親王早年的幕僚長漢尼（Hani Khalifeh）。卡錫姆的美國裔夫人仍自行主炊並上菜。四位約旦的政壇老人，平日大概很少聚會，他們對我也不見外，大談十四多年前胡笙國王（Hussein bin Talal）廢哈山親王的王儲，改派自己的長子阿布杜拉（Prince Abdullah al Hussein bin Talal）為王儲的往事。

那是一九九一年一月，胡笙原在美國治療淋巴腺癌，聽到安曼皇宮的報告說薩瓦絲王妃已將宮內地毯窗簾更換，大怒，立即飛返安曼公開宣布易儲，之後再回美國，三週後去世。這個故事傳聞很久，但是也有人認為薩瓦絲王妃與王后努爾（Queen Noor）不和，努爾希望哈山登基後立其子漢沙（Prince Hamzah bin Hussein）為王儲，而薩瓦絲希望她的兒子拉希德（Prince Rashid bin Hassan）為王儲。另有人說哈山認為胡笙國王治國過於專制，他希望逐漸化解有不同立場的人和團體。當胡笙去美國治病時，他攝政更動了一些重要將領。無論如何，哈山做了三十四年王儲，到即將正式主政前三週被更換，真是為山九仞，功虧一簣，也是閩南語所說的「呷緊弄破碗」。

這餐飯吃了二個多小時，傍晚時我去拜會前總理、宮廷大臣勞齊（Ahmad Lozi），他在一九九五年李總統訪問約旦時，曾以參議院議長身分款宴，我請他能向當局進言，派外交官員駐台北並改善對我政府及駐約代表處的關係。晚間我在君悅飯店款宴駐約旦同仁，於午夜後搭機返國。這項論壇之後數年我都應邀參加，凡參加者除有特殊值得敘述者均從略。

大陸於改革開放後，對於西方國家一些著名優良的機構都設法仿效，好像下一章所談的博鰲論壇就是仿效瑞士的世界經濟論壇（World Economic Forum, WEF）。稍晚一些時候，大陸對於設在荷蘭海牙和平宮內的海牙國際法學院，也認為是一個訓練國際法專家的良好機構。正好台北東吳大學法學院前院長程家瑞兄是一位熱心公益的學者，他經常旅行於亞、歐、美各國著名大學的國際法學院（或系），和名教授們交談。他也常到大陸各個名校的國際法學院系做義務演講，因此他有極好的法學界人際關係。本世紀初，他受委託成立一個國際法高等研究院，經過周詳的研究，他決定和廈門大學合作，於二〇〇五年七月在海牙和平宮舉行「廈門國際法高等研究院」（Xiamen Academy of International Law）首屆董事會成立會議暨第一次董事會會議。第一次董事會共有十八位董事參加，公推當時仍為第一位華人國際法院院長（任期二〇〇三～二〇〇六年）史久鏞法官為董事長，程家瑞先生為祕書長，並定於二〇〇六年七月初辦理第一屆暑期班，招收各國青年國際法學者和外交官員，每期三週。這個做法和海牙國際法研究院完全相同，只是海牙除暑期班外另有寒假班。自從廈門國際法高等研究院開辦暑期班後，家瑞兄多次邀我前往講課。我自惴自離開學校後就很少接觸國際法，而暑期班的教席多由國際法院、國際刑事法院、國際海洋法法院法官及著名大學國際法教授擔任，自己感到無法和他們相比，因此一再婉謝。

到二〇一一年初家瑞兄又舊事重提，並表示不需去授課，只要在開學典禮上做一小時的演講即可，我不便再推辭，而且給了我一年半的時間準備，所以勉為接受，但是這一年半的時間是很難度過，除了正常工作、出國以外，只要有空就想要如何寫好這篇演講。首先是講什麼題目，經過一段時間，因為我在國內幾個不同的場合，都講了全球化，當時確是顯學，有人贊成，有人反對。全球化所以使人反對，是因為推動的結果，固然有不少人獲利很多，但是更多的人卻是蒙受其害，全球化使不同國家的人往來更頻繁，然而因為不同的國家有不同的法律，缺乏一致性，因此全球化引發了全球治理的問題，聯合國和它的專門機構就扮演了一定的角色，有的很有效，有的大有困難，因此我決定選用「全球治理與國際法」為我的講題，分四部分：㈠全球化的趨勢；㈡全球治理的需要；㈢全球化所引起的跨國界問題；㈣與這些問題有關的國際法發展。

我開始進行大量的閱讀並做筆記，到二〇一二年三月寫完，我在日記中寫了過去半年為寫這篇演講，回憶錄第三冊停筆了六個月。寫完以後我又將初稿送請幾位國內的國際法權威學者請求斧正，再做修訂，到六月中旬定稿。

七月一日中午，玲玲和我乘機飛往廈門，下榻千禧海景大酒店。當晚廈門市委鍾興國副書記代表廈門國際法高等研究院款宴，見到幾位剛到的暑期班講座。二日上午赴廈門大學科藝學院參加開幕典禮，見到史久鏞院長，他是兩年前自國際法院退休。十時半是主題演講，由程家瑞兄介紹我，我在演講中說明在全球化引起的許多跨國界的問題中，氣候變化、疾病傳染、恐怖事件和貿易相關事件最為重要。氣候變化雖然在一九七二年聯合國大會通過在肯亞首都奈洛比（Nairobi）設立聯合國環境署（U.N. Environment Programme），一九九二年在巴西里約熱內盧舉行聯合國地球高峰會，通過了聯合國氣候變遷綱要公約（UN Framework Convention on Climate Change），要求各締約國降低二氧化碳排放量，但是沒有具體規定，不遵守者亦無罰則，所以二十年來並未發生實際效果。雖然之後有《京都議定書》，但是排放大國並不遵守；關於傳染疾病問題，聯合國於一九四六年成立世界衛生組織（WHO），該組織於一九六九年通過《國際衛生條例》（International Health Regulations），此準則具有法律拘束力，此準則之後經多次修訂，依二〇〇五年準則版本，各會員國在其境內倘發生特種疾病，應通告其他會員國，並在其出入境港口、航站維持充分的公共衛生能量，恪遵在國際貿易及旅遊方面做好防疫措施，因此使衛生與貿易結合。二〇〇五年修訂的《國際衛生條例》，於二〇〇九年經多數會員國批准生效。

關於恐怖事件的處理，聯合國於一九六三～二〇一〇年間，一共通過了十四項針對恐怖事件的公約或議定書，對許多種恐怖事件都有規範，但是二〇〇一年蓋達組織（Al Qaeda）對紐約及美東其他城市發動九一一恐怖攻擊，以及十年以後美國在巴基斯坦處死蓋達領袖賓拉登（Osama bin Laden）二事，在國際法學界引起很多紛爭。美國政府認為，九一一事件使蓋達組織對美國進入戰爭狀態，因此在對付恐怖分子可適用戰爭法。另外一方面認為對恐怖分子的戰爭，一如對毒品的戰爭（war on drugs），恐怖分子應比照販毒者享有國內或國際刑法的保障。最後是貿易及相關問題國際法的發展，「烏拉圭回合的談判」（The Uruguay Round of Negotiations, 1986-1994）成立了世界貿易組織，也對貨品及服務業貿易訂立了許多協定，最重要的是「解決糾紛的規律和程序的共識」（Understanding on Rules and Procedures Governing the Settlement of Disputes,DSU）。這個機制在各政府間的國際組織中是少見的，它有兩個階層，第一階層是「糾紛解決單位」（Dispute Settlement Body），這是一個常設機構處理一國對他國的貿易糾紛，其裁決是最終的，除非世界貿易組織各會員國一致反對，但是如果糾紛的一方對裁決不滿，仍可向世貿上訴單位（WTO Appellate Body）上訴，上訴單位考量的是糾紛解決單位裁決的法律觀點有無不當，對於實質部分不能置喙。我在結論部分說明有效的全球治理需要有一整套完整而且可執行的國際法典，我誠摯希望當天在場的年輕學員能獻身於此一工作。我講完後大家熱烈鼓掌，紛紛要求拍照。

中午廈門大學朱崇實校長款宴，史久鏞董事長對我勉勵有加，自稱聽了我的演講獲益良多，我也把過去一年半的內心煎熬向他陳述，並且說自己感到有如在孔夫子門前賣三字經，要請前輩多予指正。

二〇〇九年開始，台灣電機電子工業聯合會（電電公會）與南京市當局每年在南京紫金山舉行兩岸企業家峰會，到二〇一二年由於兩岸ECFA的簽訂，大陸方面認為應將此一峰會位階提高，所以當年第四屆峰會的籌備就在北京，由國台辦主導，以促進兩岸企業交流合作、共同振興兩岸經濟、共同培育品牌、共同開發國際市場為宗旨。為達到此一目的，大陸方面由中國國際經濟交流中心理事長曾培炎先生，籌組大陸方面的企業家峰會，台灣方面由兩岸共同市場基金會名譽理事長蕭萬長先生負責籌組台灣方面的企業家峰會，並將在本屆峰會討論並通過「海峽兩岸企業家紫金山峰會共同倡議」。

此次峰會定於二〇一二年九月十八、十九日兩天在南京舉行，我方代表團原應由蕭先生領導，但是他卸任副總統不到四個月，基於國安顧慮不能前往大陸，所以要我代表他去，我瞭解此行最大任務是和對岸討論並確定「倡議」的全文，為慎重起見，我特別請國安會祕書長胡為真兄給我具體指示，為真兄很認真地提出不少修正的意見。我於九月十七日傍晚飛往南京，季建業市長和鄭澤光副市長（由外交部北美大洋洲司長調任）均在場歡迎，並欲款宴，我以時間過晚婉謝。十八日上午是高爾夫球敘，全程陪同我的國台辦安明栓處長對我說晚間賈慶林主席宴，要我講話，希望能有我的稿子，我說在台北時無人告知，也未準備，午餐後我回飯店寫好再給你，匆匆寫完交給安處長，他立即影印數份，分呈各相關首長，我的感覺是這是唱一台戲，一切都要按戲碼進行，四時許到大廳外與賈攝影，我看參加者由台灣來的不多，大多是各地的台商，有趣的是事前告訴我，賈只是來照相，不講話，但是照完相，他卻講話，談的都是中華民族情，我想這大概是本次峰會的基調。

晚間賈慶林主席款宴，結束後我和王毅立即對「共同倡議」進行洽商。陸方起草的「倡議」稿分八段，第一段是攜手振興中華民族經濟、第二段是共同應對國際經濟環境的挑戰、第三段是深化兩岸產業合作、第四段是強化科技創新和人才合作、第五段是積極推動兩岸雙向投資、第六段是加強金融等現代服務業合作、第七段是優化兩岸企業合作的政策環境、第八段是建立紫金山峰會長效機制。我們國安會對若干用詞認為政治性過強，建議修改，我逐一提出，王毅主任也一一照改，然後他將我方企業界對本次會介入很深的焦佑倫兄叫到一邊，焦回來後告訴我，如果我方能接受對方所提的「民族經濟」、「民族品牌」等詞，則陸方可給台商以國民待遇，我向王主任求證是否如此，他說是如此，我乃請洪讀執行長電話蕭先生報告並請示，蕭先生堅持不能用政治性強的名詞，並說如對方堅持，可不宣讀「共同倡議」。

十九日上午參加峰會開幕式，我代表蕭先生講話，結束時王毅主任告訴我對萬長兄的立場「勉予同意」，我即請詹火生董事長立即報告萬長兄，下午赴南京市國際博覽中心參加「二〇一二全球經貿論壇會暨台灣名品交易會」開幕式，晚間參加了「共同倡議」的宣讀，火生兄一氣呵成獲得全場熱烈掌聲。二十日晨我赴淮安市出席第七屆台商論壇，之後轉往上海返台。

九、二〇一三年

二〇〇八年我曾與國關中心同仁赴首爾參加十七屆「首爾—台北論壇」會議，二〇一〇年國關中心又要我去，我也答應了，但是啟程前兩週我得了蜂窩性組織炎，醫生不許我去，我就洽請程建人兄代勞。二〇一二年底原應舉行第二十一屆，因韓國總統選舉延到二〇一三年一月二十三日舉行，國關中心代主任丁樹範於十二月二十七日來函請我擔任團長，我在一月十六日行前宴請同行者，發現韓方與會者陣容堅強，我方的人選相形見絀，然而韓方過去二十年主辦論壇的金達中總裁，去年退休，換了一位經濟學教授鄭求銓任總裁，他自知無法處理論壇事務，所以洽請由咸在鳳博士主持的峨山政策研究院（Asan Institute for Policy Studies）共同主辦，但仍是問題多多。先是開幕式原是由現任外務長官講話，可是在一月八日通知我們說，要改由我和李洪九會長主講，各講十分鐘，我必須趕緊準備，而且以往在首爾舉行論壇，第二天的早餐是由青瓦台的安保祕書（等於我們國安會祕書長）簡報韓國的外交和安全，並可答覆問題，這次沒有了，當然新舊總統交替，重要官員的時間難以掌握是可以理解的，只是整個接待工作和過去相比差得太多，例如本團抵達、離境一切事務均由代表處辦理，首爾論壇無人接送。

我們二十三日中午抵達仁川，梁英斌代表接了我們去一家民俗村人蔘雞餐館午餐，結束後到旅館。下午四時我去韓國執政黨「新國家黨」（即總統當選人朴槿惠女士的黨）的智庫「汝矣島研究所」拜會所長金光琳議員，我向他介紹最近數年兩岸關係的發展，提到一九九二年中韓斷交，韓外務部所擬與台灣交流合作之基本指針，對雙方高層互動多所限制，反觀美國於一九九三年已將斷交時若干限制均予放寬，切盼韓方對此不合時宜之指針予以檢討。金氏表示韓國官僚體系僵硬，不易變更，還是由國會著手較有可能。我問朴槿惠女士就任總統後，對北韓政策如何？金說以建立互信為主，亦不排除與金正恩會面。金亦表示，該所同仁中已有五位進入朴女士之政權交接委員會，該所甚盼能與國民黨智庫國家政策研究基金會多多交流合作。

當晚首爾論壇會長李洪九設宴款待。二十四日上午開幕式由我和李洪九會長分別講話，我先對韓國經濟成長、貿易的增加，以及與多國或區域性國際組織簽訂自由貿易協定予以讚揚，並說台灣的媒體常質問政府：「為什麼韓國能，我們不能」。但是我也不能一味向主人獻媚，事實上韓國也面臨不少挑戰，最嚴重的就是北韓，此外還有財閥（chaebols）的問題，韓國十大財閥的盈餘是國民所得的八成，所以貧富差距的巨大，是韓國另一挑戰；還有另外一項挑戰是民族性，韓國有全球最高的自殺率，每十萬人有三十三．五人自殺，快速的經濟發展導致急遽的社會變遷，傳統的文化無法適應。本屆論壇的主題是「亞洲和平與繁榮的新架構」，一九九四年東協設立了亞洲區域論壇，涵蓋了二十七個國家，有意比照歐洲共同體的發展模式進行，但是目前亞洲和平面對二個問題，就是東海和南海若干小島的爭執，相關國家需設法消除紛爭，以免釀成大禍；在繁榮方面，亞洲國家相對的較其他地區幸運，經濟持續成長，人民生活逐漸改善。

接下來是第一個議題：「東亞國家的新政府和領袖」，雙方各有一位講者，可惜我方講者的英文，大家都無法聽懂。中午午餐由韓國前外長韓昇洲主講，他就安理會對北韓試射飛彈，通過制裁，中共投贊成票，發揮頗多。下午第一次會討論區域安全的架構，第二次會是區域經濟的架構。晚餐由峨山政策研究院咸在鳳院長做主人，原定由我方楊永明副祕書長主講，但臨時無法出席由趙建民教授代打。二十五日上午會議討論韓國與台灣貿易與工業的發展，到十一時半由咸在鳳做論壇總結，之後再由我講話，我說天下無不散的筵席，再好的會議也要結束，感謝韓方主辦及贊助單位，希望明年在台北相見。中午梁英斌代表款宴與會人士。下午二時半我去國會拜會李秉錫副議長，所談內容與前天和金光琳議員談話類似，李副議長則一再強調蔣公早年支持韓國獨立建國，韓戰後百廢待舉，蔣公提供發展中心企業的經驗，並給予韓國學生獎學金來台就學，他自己就是一九八一年獲獎學金在台大政治研究所就讀，談話結束，李送我上車。次日中午搭機返回台北。

三月二十五日收到約旦哈山親王來函，邀請我參加六月九日~十一日在安曼舉行的第五屆西亞北非論壇，此次主題是「流離失所的人」（The uprooted）。並請我就主題發表演說，我隨即復函同意，不久外交部也來函希望我能參加，並派亞西司專門委員鄧盛平陪同前往，另外外交部亦洽請慈濟基金會派員分享過去救災救難經驗。我自己也蒐集我國救助流離失所的經驗並撰寫講稿。

六月八日晚飛往曼谷轉機安曼，九日凌晨抵達，到旅館稍事整理即動身赴皇家科學院（Royal Scientific Society），拜會接任主席職務的哈山親王二女兒蘇瑪雅公主（Princess Sumaya bint El Hassan），不巧因為她因過敏症住院，無法接見，由蘇瑪雅科技大學校長伊薩（Dr. Issa Batarseh）及皇家科學院副院長奈比爾（Dr. Nabeel Ibrahim al Fayoumi）代為接見，伊薩校長並代公主再三致歉。過去我曾拜訪皇家科學院，現在增加了科技大學和哈山企業園區（El Hassan Business Park），三位一體構成哈山科學城（El Hassan City）都由蘇瑪雅公主負責。兩位接待者和園區負責人拉巴地（Dr. Wissam Rabadi）分別簡報，我表示科學院主要是研究，大學主要在教學培養人才，園區則是運用研究成果募資生產銷售，三者要密切合作，我也提到二〇一〇年訪問沙烏地阿拉伯曾參觀老王科技大學（King Abdullah Science and Technology University），他們聘了不少優秀的外籍教授，蘇瑪雅科技大學似可和該校策略聯盟，由外地聘來的名教授可到兩校授課，指導研究生。

隨後前往參觀皇家研究院及蘇瑪雅科技大學多個研究室，中午我約處內同仁便餐，下午接受阿文大報《憲政報》（al Duster）執行編輯瑪哈（Maha al Sharif）女士來做專訪，先問馬總統就職五年來兩岸關係，我說明兩岸已開始三通——通郵、通航、通商，各項交流密切，雙方經由海基會及海協會已簽訂了十八項協議，包括ECFA。她問既然如此，我們為何要向美國採購軍品，我說軍事設備和武器日新月異，我們購買武器不是為打仗，是使民眾和外資瞭解我們有自衛能力，一如沒有人想死，但是仍會去買壽險。

晚間我在新建的館、官舍和同仁聚會並餐敘。次日上午張雲屏代表陪我參加論壇開幕式，大會安排我坐在約旦前總理巴德倫（Adnan Badran）和伊拉克移民部長杜思奇（Dinder Najiman Doski）之間，我見到哈山親王先向他道賀，因為昨天聯合國祕書長潘基文聘他為「聯合國水及衛生顧問委員會」主席，開幕式結束後我即前往慈濟慈善基金會的展示攤位（為論壇唯一設攤位者），由當地志工艾利達女士（Lily Jacob Romain Arida）講解，並有阿文慈濟救濟活動資料（也有英文）提供參觀者，據說在論壇期間前往參觀者眾多，引起廣大迴響。中午在會場午餐，此次論壇大陸有前駐約旦大使暨現任人民外交學會副會長陳永龍先生參加，他由現任劉增光代辦陪同，前來向我致意，語多友善，似乎他們對我很瞭解。

下午會議我也參加，並利用時間為下月赴新加坡演講構思。晚間哈山親王伉儷晚宴，我坐在兩位之間，我講話前哈山親王介紹我說是逾四十年的好友，而每逢有問題找我總有解答。我首先代表參加論壇同仁感謝哈山親王伉儷盛宴款待，繼稱我國對於處理流離失所民眾的經驗不多，僅舉一九七〇年代後期接待中南半島「船民」以及一九九九年九二一大地震受災戶的處理做簡要說明，並指出政府必須對救助和重建提出具體政策指導，其次此為一需要大量經費的工作，民間團體及國際支援亦甚重要，流離失所者有很多要求，最好能協助他們組織，有專人負責發言並能不斷與政府對話，緊急救助固然重要，但是由長期看，教育和職業訓練對他們的未來更為重要。最後自然災害層出不窮，很大部分是由氣候變遷所導致，因此環境保護必須更加重視。我講完不少聽眾紛紛要求提供講稿，我請大會代為影印分發，當天午夜我就飛返台北。

李光耀先生於二〇〇七年與時任大陸總理的溫家寶共同在新加坡為李氏倡導成立的「通商中國」揭牌，這是星國盼望有一個華文華語的平台，造就一批雙語雙文化的中流砥柱，由星國華商總會理事長蔡天寶先生任董事長，並於二〇一〇年起，每年舉辦「慧眼中國環球論壇」。二〇一三年四月二十九日，蔡董事長來函邀請我在本年論壇開幕時擔任演講貴賓，論壇主題是「換屆新動向轉型挑戰」，會期是七月八～九日。我於五月初復函表示同意，並表示擬以兩岸貿易為題，不知是否合適？直到七月三日，會方才通知我說開幕式主題是「與個位數成長共處」，所以我將原已寫好的講稿放棄，另寫一篇針對由雙位數變為個位數成長的意義以及可能面對的困難。

我和玲玲於七月六日傍晚飛抵新加坡，蔡天寶董事長伉儷親臨歡迎，並送我們去旅館。七日早上蔡董事長在聖淘沙球場邀我打球，並有謝發達代表和連榮華議員作陪，中午在球場義大利餐廳款宴，還加邀了星外部國會祕書陳振泉和「通商中國」總裁劉燕玲作陪，陳振泉君表示星對與我國關係向甚重視，對大陸經濟過速發展，擔心有揠苗助長之慮。晚間是歡迎晚宴，賓客為出席論壇的講員共五十人，主講人為交通部長呂德耀，我被排在他旁邊，另一邊是財政部政務部長楊莉明（Josephine Teo），這位女士對台灣甚感興趣，一餐飯下來問了許多問題。八日上午開幕式，我們講員要早一刻鐘去貴賓室集合，但也有不少非講員來，大陸駐星段潔龍大使也向我自我介紹，我也和他略事寒暄，接著大家都去大廳，約有五百多位參加者。我們第一場由司馬傑君（Claude Samdja）主持，他對我說二十年前曾陪世界經濟論壇負責人史瓦普（Klaus Schwab）在台北和我見面，想邀我參加論壇，可惜我公忙不克參加。

我首先發言說大陸在過去三十年持續雙位數發展，全球罕見，最近因為國際金融風暴，各國成長均下降，所以變為個位數，實在不是壞事，而且過去快速成長主要依賴大量出口廉價產品，但是換來的是不斷增長的外匯存底，這就是以國家生產力變成超額儲蓄在房市股市作祟，整體來說不是好事，所以一週前習近平主席要求各省市負責人不能在經濟建設時僅考慮ＧＤＰ，李克強總理說得更明白，他要地方首長善用資金以改進人民的生活。大陸自二〇一一年開始實施第十二個五年計畫，著眼於體制改革，擴大內需，但是目前大陸仍面對三個課題：貧富差距、東西差距和城鄉差距，另外就是環境問題，二氧化碳大量排放必須遏止。我的十分鐘講話獲得會眾的認同，所以討論時不少人提問，我也逐一回答。開幕式結束後，我應謝發達伉儷午宴，同席有前星駐台北代表許國豐夫婦，許已退休，他專研蜘蛛，不久前曾去墾丁參加蜘蛛學術會議。下午我仍回到會場參加研討會，晚間論壇舉行盛大晚宴，並邀副總理尚達曼（Tharman Shanmugaratnam）與星國巡迴大使陳慶珠對談，尚氏極為客氣，特別到我座位旁致意，並稱三年前我來星國談雙邊經濟推展協議他都全程瞭解。九日晨前副總理黃根成夫婦約我們早餐，並請前星駐台北代表柯新治夫婦作陪。我們中午乘機離星返國。

二〇一二年九月兩岸企業家紫金山峰會第三屆會議通過了「海峽兩岸企業家紫金山峰會共同倡議」後，兩岸就分別成立了各自企業家峰會的組織，北京方面由曾培炎先生任理事長，魏建國為祕書長，台北方面由蕭萬長先生任理事長，陳瑞隆為祕書長；雙方也分別成立了七個工作推動小組，包括宏觀經濟交流、能源石化裝備產業、金融產業、信息與家電產業、成長型中小企業、文化創意產業和生物科技和健康照護產業，每個推動小組都由雙方各推派一位召集人，一位副召集人，雙方的推動小組成員不定期交換意見研究合作方案，至於峰會則易名為「兩岸企業家峰會」，大陸方面的指導機構也由南京市政府，提升為江蘇省政府和國台辦，而國台辦的介入較過去為多。改變後的首次峰會於二〇一三年十一月四~五日，在南京紫金山莊舉行。這次台灣方面出席人員較過去增加很多，所以台北的峰會於十一月三日下午三時包了一架長榮的專機載了多數與會人員，其他仍有搭乘固定航班。蕭理事長率大隊人馬乘包機於下午四時半抵南京，由南京市委書記楊衛澤和江蘇省台辦主任王榮平接機。晚間曾培炎理事長設宴款待本團少數同仁，進行很快，七時四十分就結束了。

四日上午其他同仁都去參訪，曾理事長和盛華仁副理事長約了蕭理事長、江副理事長和我在紫雲軒敘談。曾很明白地說陸方領導亟盼本次會議能有具體結果，大陸企業已明白瞭解與台灣方面合作會有良好商機，但是仍擔心政治方面的障礙，蕭回答馬政府在位不會有問題，我提到真正的「牛肉」是在七個工作推動小組手中，希望他們能有具體成果，我也建議此次台灣媒體有二百人來採訪，兩位理事長在閉幕後對他們說明此次會議的意義以及具體的成果，對雙方的利益，大家都表同意。

中午江蘇省委書記羅志軍款宴，下午是政協主席俞正聲會見及合影，國台辦為此三十分鐘的活動準備了十一頁長的方案，和去年賈慶林會見時完全不同。接著是開幕式結束後江蘇省李學勇省長晚宴，人多大家相互敬酒，亂成一團。晚間前銀監會主席劉明康來和我談天，他退休後在香港中文大學任客座教授。五日上午是主論壇，聽了十八位的講話，中午午餐會由我和大陸發改委副主任杜鷹演講，我的講題是「當前台灣面臨之經濟課題與財經政策」。前一部分是課題，包括優化產業結構、促進產業轉型、調整貿易出口結構擴大輸出能量、積極培育符合產業需求的人才三項，後一部分是談我們推動「自由經濟示範區」，使台灣早日成為自由經濟島，示範區已在今年八月設立七處自由貿易港區和一個農業生技園區，除對外籍專業人士來台工作鬆綁，亦對外人投資（包括陸資）進一步開放。此外，示範區將透過各種不同的法規鬆綁制度創新，使產業多元化以及更創新的經營模式，示範區亦將以分級管理的方式進行金融制度鬆綁。兩岸自二〇〇八年六月起恢復制度化協商管道至今，雙方已簽署十九項協議，直航班機每週六七〇班次，每年往返兩岸旅客八百萬人次，去年兩岸商品貿易總額超過一六〇〇億美元，是六十年來兩岸最穩定與和平的狀態，期待今後透過峰會，能深化雙方經貿合作與交流，創造互利共榮的新局面。

下午是閉幕式，七個工作推動小組都將具體成果予以發表，結束後又是相互敬酒的晚宴。六日我返回台北，同機者有我方峰會特聘專家——政大國發所長童振源教授，他是民進黨員，對於最近兩岸簽訂的服務業貿易協定在立法院遭遇困難，他認為馬政府事先未向立法院妥為溝通，使王金平院長和國民黨籍的委員都有意見，民進黨乘勢運作，使反對服貿協定成為與論主流，但是民進黨對協定的攻擊也有脫離事實的，然而政府官員發言沒有抓住重點，媒體都不刊登。這段談話給我很深的印象。

張福運先生是早年民國一位著名人物，一九一四年他由哈佛大學本科畢業，進入哈佛法學院，是我國首位就讀該院的學生，三年後畢業獲法學士學位，也是我國第一人。返國後他在北京大學任教，一九二七年進入政府擔任財政部關務署署長，以三年的時間和各國談判，收復全部關稅自主權，並且完成我國海關國有化。他的女公子張之香女士和她的夫婿勃洛克（Stuart Bloch）於一九八八年設立了「張福運基金會」，每年選派一位中國學生到哈佛法學院就讀。一九九八年起又在北京大學設立「張福運講座」。張之香女士在雷根總統任內擔任援外總署助理署長，正是我在華府服務的那段時間，之後老布希總統派她擔任駐尼泊爾大使，我們兩家時有往來，因為勃洛克先生是名律師、地產商，也是高爾夫球的高手，我們常在週末切磋球技，惠我良多。

本年六月間收到張女士來函說，本年為張福運基金會二十五週年、講座設立十五週年，所以擬請我擔任十一月下旬在北大舉辦的張福運講座，我立即復函表示，能有機會對這位在我國外交史上有重大貢獻的人士表示敬意是無上榮幸，稍後收到北大法學院張守文院長七月二十四日的邀請函，我立即答覆擬以「廢除不平等條約與國際法」為題，發表演說並答問。之後張女士告訴我清華大學知道了，也請我給該校美國研究中心的研究生一個機會，舉行圓桌論壇，我也答應了。

我與玲玲於十一月十九日飛往北京，但是到了朝陽威斯汀旅館，櫃檯查了半天沒有訂房，之後在電腦上查原來是張女士託北京美國大使館代訂，他們訂的是十月十九~二十一日，所幸旅館並未客滿，給我們找到另外一間小房間，由於此一小事使我明瞭美國外交人員工作態度。二十日早上與張女士在旅館早餐，她一再對房間的事道歉，我請她無須介意，這種事託人不如自己做。八時半前往清華大學中美關係研究中心，由孫哲主任接待，該中心理事主席多維網負責人于品海亦在場，除研究生外，也有國台辦交流局長的黃文濤、軍方的朱成虎將軍（朱德的外孫）和前社科院台研所所長許世銓等。我先將兩岸關係做一簡述，隨後提問，先是許世銓前所長表示兩岸關係安全為要，也要靠中、美、台三方面領導人的智慧，而軍售是一個大問題；朱成虎談到美中經濟關係，雙方缺乏互信，容易誤判；黃文濤說台灣二〇一六年有大選，如情勢逆轉，馬能做什麼？孫哲說對美國切不可低估，它能廣用各方人才，最近又發展頁岩油、頁岩氣，經濟實力可觀。此時消息傳來，美駐北京大使駱家輝宣布辭職，大家紛紛表示此事是性醜聞。

之後到校門外晏明園餐廳午餐。下午去北大法學院，由張之香介紹我，我因在座者都是中國人，如用英文講有些不倫不類，所以即席將英文稿用中文講，先由歷史角度說明不平等條約的由來，對我國不利的影響，領事裁判權、租界、關稅由外人主管無法自主、片面的最惠國待遇等。自十九世紀末有識之士就提出廢除不平等條約，最早實現的就是張福運先生負責談判的關稅自主，之後二次大戰起對軸心國的不平等條約自然失效，而同盟國也紛紛與我國簽訂平等新約。在國際法上條約是神聖的、不能廢除的，如想廢除必須引用情勢變遷原則（Rebus Sic Stantibus），我們在一九一九年巴黎和會就是依據此一原則，但是完全無效，最後是二次大戰造成的政治現實幫助我們完成這項艱巨任務。最後我稱讚張福運先生完成關稅自主，也是偉大的貢獻，但是他的自傳中只用了九行文字敘述，可見他的謙沖精神。然而他的貢獻應為中國人永遠紀念。之後陸續有人提問，我分兩次作答。晚間張福運基金會邀宴並有歷屆得主作陪。次日我返回台北。

十、二〇一四年

上海《文匯報》是一家很大的報紙，它的附屬事業有文匯微電台、文匯俱樂部、文匯講堂等，其中文匯講堂自二〇〇五年十一月開始，每月一次的高端公益講座，二〇一四年初該講座透過上海錢氏宗親、錢漢東先生邀我在四月擔任主講人，我因四月在博鰲論壇和河南文促會的豫台文經論壇，時間較緊，建議六月，之後收到講座負責人李念女士正式函邀六月中旬去上海，我也決定以「本世紀全球的困境：中華傳統文化的借鏡」為題，文匯講座當局邀請了上海社科院台研所所長俞新天女士做為與談人。

我於六月十五日中午飛往上海，抵達後即赴威海衛路文匯報二樓報告廳，由報社黨組書記陳振平、總編輯黃強接待。三時正會場已全滿，連走廊都坐了人，先放映有關我的紀錄片，隨後我講話，以上世紀末許多專家學者都預言二十一世紀將是一個全球化、區域化、資訊化的新世紀，大家會享受民主政治、自由經濟，全球縮小為地球村，但是事與願違，本世紀以來天災人禍層出不窮，二〇〇一年「九一一事件」、二〇〇三年美攻打伊拉克、二〇〇四年印尼地震海嘯、二〇〇八年四川汶川大地震、二〇〇九年路易斯安那州卡翠娜颶風、二〇一〇年海地大地震、二〇一一年日本福島大地震、同年北非茉莉花革命，再加上二〇〇八～二〇〇九年美國金融海嘯、二〇一〇年歐債危機嚴重損傷全球經濟和貿易，造成這些災難的原因，我以為是亂、貪、恨三個字。全球許多國家內戰、政變、動亂、罷工、抗爭不斷，都是亂；金融海嘯、歐債危機肇因於貪。而天災是氣候變遷引起，氣候變遷是工業化後工廠車輛排放二氧化碳破壞大氣層，但很多大排放的國家不願減碳也是導因於貪；至於九一一等恐怖事件不斷發生，肇因是恨。中華傳統文化主要是儒家思想，孔子是萬世師表，聖之時者，他主張以人為本，利己利人，順天應人。在《大學》一書中他提出「格物、致知、誠意、正心、修身、齊家、治國、平天下」八個條目，要我們由獨善其身開始，推廣到兼善天下。

如何以中華傳統文化化解當前世界的困境，我的淺見是對付「亂」、「貪」、「恨」要以「定」、「儉」、「愛」來化解。我講完以後俞新天會長指出，現在美國文化主導一切，但美國文化有四大問題：一、自由過度；二、「美國例外」；三、民主模式強加於人；四、生活方式不值仿效。整個演講答問共二小時半，隨後回到下榻的瑞金賓館，稍事整理，就到四號樓應上海市宣傳部、文匯報社、報業公會宴。十六日上午先到長城大廈頂樓錢漢東先生考古文化研究所為他揭牌，隨後到大樓外錢王訓示牌獻花行禮，接著去龍華寺，方丈照誠大師在門外迎接並開山門讓我們進入，先參拜四大殿再到方丈樓二樓看藏經，在方丈大廳進素餐。

晚間應市常委統戰部長沙海林在虹橋賓館款宴，他原是外交官曾任駐美公使，因而談了很多過去在華府的往事，之後我每次去上海都承他款宴。十七日上午赴上海東亞研究所，由章念馳所長接待，他的健康不好，血壓持續高，而且膽囊內有腫瘤，最近切除，所以很久未來台灣，隨後和該所同仁座談，他們對太陽花運動極感興趣，對我政府的處理方式表示不解。中午和上海台商會負責人餐敘隨後搭機返台北。

十一、二〇一五年

湖北省委李鴻忠書記對文化甚為重視，尤其長江流域是中華民族發源地之一，唐、宋時期長江流域已取代中原成為中華經濟文化中心，因此他於二〇一五年一月六日邀請湖北、湖南、江西、安徽四省文化人士，通過論述地域文化特性，探討不同地域文化如何相互借鑑，推動長江中游地區的文化發展，在武漢舉行「第一屆長江文化論壇」，我受邀擔任湖南部分的評述。

我在一月五日深夜飛抵武漢，六日晨先在國際會議中心與李鴻忠書記、文促會許嘉璐名譽主席、中華慈善總會萬紹芬榮譽會長等會晤，八時半開幕典禮，之後依序由湖南、江西、安徽、湖北順序發言。湖南省是由湖南師範大學特聘教授鄭大華先生講「近代以來的湖湘文化與湖南人」，他說湖南人有五個精神特質：一、學以致用的經世精神；二、「敢為天下先」的開創精神；三、以天下為己任的擔當精神；四、「扎硬寨」「打死戰」的奮鬥精神；和五、「先天下之憂而憂，後天下之樂而樂」的奉獻精神。我在評述時說，我未去過湖南，但是五十年前因擔任蔣中正先生的英文祕書，前後十年，發現他的文字祕書始終是湖南人，先後有蕭贊育、蕭自誠、曹聖芬、楚崧秋、唐振楚、秦孝儀和周應龍幾位先生，楚先生是目前唯一健在者。我曾問他為何都是湖南人？他說「湖南出才子」。蔣先生也要我讀《曾文正公全集》，並說他是立德、立功、立言三不朽之人，也說「無湘不成軍」，所以我很早就知道湖南出人才而且文武兼備。

說到文正公也應該稍談湖南的嶽麓書院，這是宋朝開寶九年（公元九七六年）

潭州太守朱洞所創立，為我國四大書院之一，朱熹曾講學於此。清代除文正公外左宗棠、陶澍、魏源、郭嵩燾都曾就學於此。鄭教授講詞中曾提到郭是受王船山的影響，談海外政藝時，能發人之所未見，冒不韙而勿惜。的確郭是我國第一位派駐國外的使節，光緒二年（一八七六年），他以總理各國事務衙門侍郎奉派出使英國，當時已五十八歲，他認為清廷不諳國際情勢，所以毅然赴任，每天勤寫日記，將所見所聞詳細記載，之後成《使西紀程》一書，可惜館內副使劉錫鴻對他處處掣肘，且奏告清廷說郭有失體統，所以到任一年半請辭獲准，返籍後又不容於鄉梓，所以憂鬱成疾，不久去世。所幸後任薛福成查明劉錫鴻所控均非事實，才使郭恢復名譽，所以鄭教授所說湖南有敢為天下先的開創精神，郭嵩燾就是一個最好的例證。

論壇到中午結束，下午我和北京文促會常務副主席王石商談本年兩岸人文對話的舉辦預定在長沙，傍晚開始是文促會主辦的二〇一四年中華文化人物頒獎典禮，過去都是十位得獎人，今年有十二位，包括台大中國文學系榮譽教授葉嘉瑩女士，但是我被分配為澳門交響樂團指揮邵恩頒獎。七日上午去武漢的書店買書，下午返回台北。

二〇一四年十一月初，香港浸信大學政治暨國際研究系教授丁偉透過台大副校長包宗和兄，邀我於一五年初到該校的「世界名人講座計畫」向該校師生做二次演講。這個計畫是香港利希慎基金會（Lee Hysan Foundation）捐助，他是計畫的主任。我經仔細考慮決定二月第一週赴該校做兩次演講，第一次的題目是「兩岸關係——問題與遠景」，第二次是「全球化：贊成和反對」。他立即同意安排在二月三日下午和五日下午各二小時。

我和玲玲於三日上午赴香港，住馬哥孛羅旅館，午餐後就去浸信大學逸夫樓的圓形講堂，陳新滋校長和丁偉教授在場迎接。該校建築新穎，只是圓形講堂有部分參加者無法看到講者的正面，要看四周的螢幕。我的第一篇演講，講堂四周都坐滿了人，還有在走廊上。我以英文講，因為被告知聽眾中，外籍人士很多，不懂中文。我先將兩岸關係的過去，做一個簡單的回顧，第二部分談二〇〇八～二

○一三年間兩岸關係持續進展，海基會和海協會的負責人不斷會商，討論經濟貿易合作事務，三通實現後貿易、投資、人員交流快速增加，台灣對外貿易大陸占了百分之四十，台灣享有七百七十億順差（二○一三年），同年對外貿易順差為三百五十億美元，也就是說沒有大陸的順差，台灣將有四百二十億美元的逆差，每一個台灣人要分擔一百八十美元。兩岸在這幾年簽訂了二十一項有關貿易、投資保證、金融合作、智慧財產權保護與合作的協定。其中以經濟架構協定最為重要。中共在國際空間上也稍做讓步，我們以觀察員身分參加世界衛生大會和國際民航組織（ICAO）雙年會。雙方也同意「外交休兵」。二○一三年十一月甘比亞和我國斷交，中共並未與甘國建交。可是二○一四年兩岸關係又出現了偏離正軌，主要是多數的青年，在兩岸交往上並未受惠，相反的台灣經濟並未明顯地改善，一般待遇偏低而找工作相當困難，貧富差距擴大、房價高漲，都使年輕人不滿。二○一三年六月簽訂了服務業貿易協定，要送立法院審議，台大經濟系的鄭兆玲教授，在報上刊登一篇文章，指此協定就是屠城的木馬，協定通過後計程車司機、美髮業者都將大量失業。這篇文章實在是沒有深入閱讀服貿協定，但是政府當局沒人能出面根據協定的規定駁斥此文，因此這篇文章就成為反服貿協定者的聖經，也變成輿論的主流，在立法院審議時，執政黨想要匆匆通過，引起青年學生不滿，發起了太陽花運動，占領了立法院議場二十多天，這些學生離開時手持「反中」、「台灣獨立」的木牌，整個運動變成政治鬥爭，媒體推波助瀾，之後這些學生領袖都成了政治人物，當年底九合一選舉國民黨在地方上大敗，總選票是民進黨百分之四十七，國民黨百分之四十，預見一年二個月後的大選，民進黨將重掌政權。

我在結論時說未來兩岸關係，最壞的可能是政治人物和媒體見到「反中」有票房，就會使兩岸關係惡化並高唱台灣獨立，對岸將用更強硬的方式處理兩岸關係，尤其是壓縮我們的國際空間，這會使台灣民眾更反中，兩岸間的緊張情勢不斷升高。最好的可能是中共對台灣民眾的感覺加強瞭解，採取能爭取台灣民眾好感的做法，給台灣較多的國際空間，那麼台灣民眾可能逐漸改變他們敵對的態度。在這二者之間當然還有不少其他可能的發展，但二〇一三年十一月的選舉使我不敢過於樂觀。講完後不少人提問，我逐一答覆，大家都很滿意，不少人說這是浸信大學世界名人講座開辦以來最好的演講，結束後很多人排隊要簽名、照相。

晚間陳校長、三位副校長和丁教授請我晚宴。四日我去書店買書，五日下午二時去浸信大學做第二次演講「全球化：贊成和反對」。全球化主要是政治上要民主，經濟上要自由開放。在上世紀最後的三十年是大家贊成的，但二十一世紀開始，恐怖事件不斷發生，天災和嚴重傳染疾病層出不窮，金融海嘯和歐債危機使各國經濟蒙受不利影響，跨國公司的橫行又使貧富差距擴大，在此情形下全球化又被指為罪魁禍首。我特別舉了最近出版的兩本書：一本談政治，是日裔美人福山（Francis Fukuyama）著的《政治秩序與政治衰敗：從工業革命到民主全球化》（*Political Order and Political Decay: From the Industrial Revolution to the Globalization of Democracy*），他以美國為例，由一個自由民主國家發展為十九世紀末到二十世紀中的世界強權，但是所有的政治制度都免不了要衰敗，美國在以往數十年政治制度變弱，效率降低而更腐敗，他將這些現象歸罪於美國經濟的不平等，財富集中於少數人，他們可以買無窮的政治權力，掌握政府以增進自身的財富，政治人物需要富人捐款，當選後再給捐款者以回饋。另一方面利益團體可以掌控國會，凡它們不同意的法案很難在國會通過。福山的結論是民主政治仍是最好的政治制度，但挑戰是民主國家如何自我改革並對付制度的腐化；另一本書是法國經濟學者皮凱提（Thomas Piketty）所寫的《二十一世紀資本論》（*Capital in the Twenty-First Century*），他以大數據的方法研究二十個歐美國家在過去三百年的租稅資料，他著重於財富分配的不均和財富差距的擴大。他認為財富控制在少數人手裡，主要因為這些人較窮人有更多受教育的機會，因為教育可以給他們在經營上的技能，另外股市和房地產的價格不斷上漲，也使他們迅速增加財富。他具體建議所有政府要降低所得稅、提高資本稅，而且要全球稅制透明化。這二本書對全球化問題所造成的困難都做了詳細的分析並提供解決方法。英國前首相布萊爾在二〇一四年十二月四日的《紐約時報》投書，題目是〈民主政治死了嗎〉（Is Democracy Dead），他不滿很多政治人物在政治決策上放棄中庸之道，走向偏激，而西方國家的媒體也投向政黨，在新聞處理上為特殊利益發言，誘導讀者及觀眾，社群媒體則成為大嘴巴的發言台。

全球化要真正發揮其功能應做到：㈠對人權有更多保障；㈡在全球各國和每一個國家財富要能做更平均的分配；㈢邊緣化的國家和人群要逐漸減少；㈣社會要更穩定、人民要免受危難；㈤對環境要減少傷害，以確保永續發展；㈥在經濟發展方面應著重於減少貧窮。講完後不少聽眾提問，我逐一答覆，結束後皇家國際事務研究所（Royal Institute of International Affairs）駐港代表蓋斯普君（Mr.Gasper）對我說，這是他來香港後聽到最好的演講。我由學校前往機場飛返台北。

十二、二〇一六年

程建人兄於一九九三年由外交部轉任立法委員，他就設立一個智庫專門研究外交問題，因此主管機關是外交部，名為「財團法人台北論壇」，但是建人兄不久又回到政府工作，這個智庫就不發生作用。蘇起兄於二〇一〇年離開政府，積極籌設一個智庫，建人兄告訴他不必另起爐灶，只要台北論壇開一次董事會，改選董事和董事長即可，因此蘇起兄接受他的建議，各處募款，於二〇一一年八月成立了改組後的「台北論壇」，網羅外交、國防、安全和學界的知名人士為董事，會務很快就發展起來，他所辦的台北論壇講座，大約每月一次，有時亦邀國外名學者來和本地學者對談，更鼓勵年輕朋友撰寫有關國家安全的專文，公布在論壇的網站，常為各國學者所引用。二〇一五年底，他來看我時表示，明年初總統、立法院的選舉看情形民進黨會囊括，我們宜儘早組織一個大陸訪問團去和他們的智庫交流，請我領隊，我問他團有多大，經費如何籌募？他說共七人，洪奇昌是副團長，他是執行長，另外有程建人、梁啟源、童涵浦和論壇行政主任華志豪，關於經費他要我不必擔心，這些年來台北論壇的表現，募款尚為順利，他預定於二〇一六年農曆年後動身，我表示同意，並積極準備談話資料，並於啟程前在二月十七日中午款宴全團同仁，討論訪問細節。

我們於二月二十三日搭早班飛機赴北京，抵達後於下午四時拜訪大陸外交部的智庫「中國國際問題研究所」，由蘇格院長接待。他是資深外交官，曾於本世紀初擔任駐美大使館公使，之後先後出使蘇利南和冰島，屆齡退休後就到研究院來。這個智庫純粹是研究性的，有定期出版的刊物。蘇格院長說大陸目前關注三海——東海的釣魚島、台海的兩岸關係、南海的主權問題。有同仁問蔡英文三個月後就職，兩岸關係是否能維持現狀？蘇答以「九二共識」、「一中原則」是定海神針，只要持續這八個字，就可維持。我們之後訪問的各單位，對這八個字似乎是鐵律，沒有不提，而且態度十分堅定，我起初好奇，之後聽台北論壇同仁說，此行所有節目都是國台辦代為安排，才恍然大悟，各單位都統一了發言口徑。

二十四日上午我們拜會社科院的台研所，由周志懷所長、朱衛東副所長接待，有三十位研究員參加，周所長先問此次大選為何國民黨敗得如此厲害？我團同仁表示，以往投票年輕人投票率低，此次則超高，主要原因是這批年輕選民受了陳水扁修改課綱的影響，被蔡英文稱為「天然獨」，此次選舉，顯示兩大黨的支持率交換了，以前國大、民小，現在國小、民大。

下午我們拜訪清華大學的台研院，由兼任院長鄭立中接待，他的主要職務仍是國台辦常務副主任，當時沒想到他在一年後被「雙規」，免了一切職務。這次北京之行，要說對方發言最直率的就是他，他對我們明白表示，他在國台辦工作三年，去台灣多次，對於南部台胞的需求很瞭解也想幫忙，如台南的虱目魚盛產，如能製成罐頭則可暢銷大陸，但擬在學甲鄉設虱目魚工廠，多年都無下文；他又說澎湖有一間國民小學，內有一幅「堂堂正正做中國人」的標語，李登輝、陳水扁總統任內均未被撤換，但馬英九任總統後卻被撤除，他實在無法理解。

二十五日上午我們去拜訪商務部，由王榮文副部長接待，雖然談的是經貿問題，但是仍沒忘記強調八字鐵律是一切的根本。下午赴現代國際關係研究院拜訪，這是國家安全部的智庫，由季志業院長、袁鵬副院長接待。季院長表示，大陸目前首要施政目標是經濟發展與轉型，再有就是使生活在貧窮線下的七千萬人口脫貧，所以是對內政重視高於外交，我表示脫貧能成功必能千古留名，因為以往一千年中國人生活的貧窮，是造成國家衰弱的最主要原因。

晚間國台辦張志軍主任約談並晚宴。張是我認識大陸高官中最斯文溫和的一位，可是那天他非常嚴肅地對我們說：九二共識、一中原則必須明白表示，大陸無法同意我們用模糊的說法來搪塞，大邏輯是要走正道，不能做去中國化的事。次日上午我先返台北，他們繼續去上海。

我自二〇一二年初次應邀參加西亞北非論壇後，每年都應邀參加，因為內容大致相同，所以未予敘述，然而二〇一六年比較特殊，這次會議的主題是「傳統牧地管理之實踐：在亞西北非地區規劃以社區為基礎之最佳天然資源模式」，這個題目對我是完全生疏，原想推辭，但是哈山親王七月二十五日來函邀請，措辭誠摯，並檢附他最近發表的幾篇文章，我經一再考慮認為仍應參加，請外交部轉知約方，外交部由亞西司鄧盛平副司長陪同，另由台灣綜合研究院黃宗煌副院長參加討論。

我們於十月十六日晨抵達安曼進入旅館後不久，就由哈山親王派員帶我去哈山宮和他會晤，談他給我的幾篇文章，我就一篇有關牧地（rangeland）的先談，我認為他依可蘭經上所提的 Al Hima（沒有適當的譯文，包含治理和對天然資源的保存）甚表贊成，並說明我國對土地利用有明確的規定，包括可開發地、農地和自然保育地，後者不能加以利用，農地以耕種為主，如糧食生產過剩可將土地等級較差的改為工業用地，很符合他所提的 Al Hima。我對他因「阿拉伯之春」以及「伊拉克、近東的伊斯蘭國」（ＩＳＩＬ）恐怖組織的興起，所撰數篇專文表示意見，基本上西亞北非地區，主要的問題是貧富不均，貧苦家庭子弟無受教育的機會，對未來全無希望，但這些人都有手機，利用手機的社交網路彼此互通音訊，很容易集合一群人進行抗議或恐怖事件，而西亞北非地區並非完全赤貧，富人很多，但其資金多在國外，未能對本國有所貢獻。哈山呼籲西亞北非地區仿當年西歐的共同市場，逐漸擴大為歐盟，是一項可行建議，但要消除貧富差距，最重要的是讓青少年都能受教育，以後可以自立。我國由六年義務教育開始，之後延長為九年、十二年，配合技職教育，政府雖需大量投資，但未來收穫更大，所以西亞北非聯盟如能成立，這將是首要工作。哈山親王聽了極為喜悅，說此次專誠請你來，就是想聽你的意見，我們這兩天還要再談。

當晚楊心怡代表約我們和處內同仁餐敘。十七日上午論壇開幕式共有五人講話，有國際自然保護聯盟、樂施會代表、德國駐約旦大使、我和哈山親王。我在講話中將當年政府辦理農地保護、土地重劃先做說明。在水利方面，台灣降雨量雖高，但因地形關係，卻經由河川流入海中，我們多建水庫及大圳以保留用水，同時鼓勵農民節省灌溉用水，如能節省百分之五，則水費減少百分之五，以此類推。開幕式結束後是第一次會議，哈山親王約我到貴賓室和他及二公主蘇瑪雅談話，她辦了一所蘇瑪雅科技大學，盼我能去參觀。另外，明年三月為哈山親王七十大壽，她擬興建哈山圖書館，土地已有，盼籌興建費用，我說可洽楊心怡代表與光寶科技公司宋恭源董事長連絡，他正要在安曼建ＬＥＤ廠，提供安曼的路燈，請宋氏連絡在約旦台商設法籌資。

下午參加第二次研討會，黃永煌副院長講「綠色經濟成長」。晚間大會安排在過去哈山款宴之餐廳晚宴，吃了冷盤，楊代表來告，哈山親王伉儷要我在其宮內餐敘，我即匆匆趕去，他們夫婦備了不少禮物，連小孫女裕恩都有，因為只有三個人，所以親王和王妃都暢所欲言，把這些年的委屈都一一道來，我對他們皇家內部的問題不便置喙，只能說我已八十，你也快七十，人生尚有何求？只有健康最重要，我聽蘇瑪雅公主告訴我，殿下去年曾赴德國就醫，動了五個半小時的手術，回安曼後健康大有進步，我聽了非常高興，健康要好，一定心情要好，不好的事不要去想它，天天看見孫兒，心情自然就好。他也說健康好了就想去台灣找一些朋友，如蕭萬長兄者長談。

十八日上午我去拜會剛卸任的總理安素爾（Abdullah Ensour），他帶了一家老小來接待，非常客氣，他說台灣是他的幸運之地，二〇一二年來訪回國後就擔任總理，上次一九九一年訪華返國後就接任外交部長。我談到伊拉克的部隊已圍攻伊斯蘭國（ＩＳＩＬ）所占據的摩蘇爾（Mosul），他說中東問題都是猶太人利用美國所造成。中午我宴處內同仁，楊心怡代表說剛才安素爾前總理所說的是事實，他在安曼外交團聽說九一一恐怖事件，死亡者沒有一個猶太人，有人認為是猶太人指使賓拉登所為，使美阿關係惡化，因為在雙子星大樓工作的猶太人，事先得到告知，那天都請假沒有上班。我也曾聽過這種說法。下午去哈山親王之子雷希德親王（Prince Rashid al Hassan al Talal）岳祖母巴黛娜夫人（Bashra Badaina）家拜會，也是全家接待，稍後哈山親王亦來。結束後即赴機場搭機往杜拜轉台北。

十三、二〇一七年

二〇一七年初美國新任總統川普（Donald Trump）就職，台北論壇蘇起董事長又籌備組團訪問美國智庫，瞭解新政府的施政，特別是與我國的關係，他仍要我擔任團長，並表示過去數年台北論壇多次接待美國外交政策全國委員會（National Committee on American Foreign Policy, NCAFP）的訪問團來訪，知道他們是和各國智庫和政府官員做深入的討論，他們不和媒體交往，也不接受訪問，但是每次由國外返回後一定撰寫詳細的訪談報告，供政府或其他智庫參考。此次赴美預定六月初去，同行者有副團長程建人、執行長蘇起、團員朱雲漢、裘兆琳和剛由維吉尼亞大學獲政治學博士的呂冠頤女士，她將負責報告的撰寫。

我們於六月四日飛抵紐約，五日上午先拜會美國外交政策全國委員會，他們有不少人出來接待，包括前美國駐大陸大使羅德（Winston Lord）、該會資深副主席柴戈利亞（Donald S. Zagoria）、該會董事康諾頓（Jonathan V. Connorton, Jr.）、前國務院亞太首席副助卿李維利（Evans J. R. Revere）等，先談川普新政府，他們認為幾個月來所作所為一無是處，再談到與我國的關係，大家都頗悲觀，希望我們能儘速改善兩岸關係，恢復交流。這場談話將近兩小時。下午我們去拜會外交關係協會，原先要接待我們的黎安友（Andrew J. Nathan）因有腸部外科手術無法參加，由孔傑榮（Jerome A. Cohen）教授代為主持，使我們驚訝的是上午已見到的羅德這次又參加了。孔傑榮已多年未見，在上世紀七〇年代他是美國學界最親大陸、反對我們的。八〇年代江南命案替崔蓉芝女士提訟，不要律師費，而是自民事賠償給付中抽成，他提訴時獅子大開口，要巨額賠償金，我們代表處同仁都很討厭他，想不到三、四十年後的今天發言中肯，對大陸和我們都同樣的有褒有貶，他此時已八十六歲，仍乘大眾交通工具來往。羅德在正式討論結束後，拉住我談我們兩家上一代的關係，他的岳父包新弟先生是我父親南開中學同學，抗戰時在重慶資源委員會任職，和我的舅父張茲闓先生是同事，政府遷台後包伯伯任台糖公司駐美代表，我父親每次去紐約都會和包伯伯歡敘。羅德夫人是包柏漪女士，他們是在著名的塔夫茲大學佛萊契法律外交學院（Fletcher School of Law and Diplomacy）同學稍後結婚。羅德在上世紀八〇年代後半任駐大陸的美國大使，這時大陸改革開放已數年，北京的學生嚮往自由民主，羅德夫人常邀學生來官舍茶敘，暢談天下事，大陸當局頗不以為然，但也無可奈何，他們離任後不久就發生「六四天安門事件」。

當晚我們和亞洲協會駐會外交官（Diplomat in Residence）羅素（Daniel A. Russel）餐敘，他當時仍是國務院亞太助卿，休假一年擔任此職，因為他已認定川普的作風他無法適應，就是明年四月假期結束也不會回去政府工作，所以談話很懇切。他認為我們不宜和美方簽訂自由貿易協定，因為美方要求的標準極高，不是我方能承擔者，他認為如豬肉進口問題解決，則簽訂貿易暨投資架構協定（Trade and Investment Framework Agreement）是有可能，他說你們要瞭解豬肉的利益極大。我說美國豬肉有些有口蹄疫，多數並沒有，美農業部應說明有口蹄疫部分絕不出口，也可在我媒體上登廣告使民眾瞭解，進口豬肉的阻力就會減少。羅素也談到自去年以來，兩岸缺乏正常溝通管道和定期諮商機制，不利於兩岸關係的穩定。

六日我們乘火車赴華府，七日上午赴國會先拜會參院農業委員會主席羅勃茲（Pat Roberts）和他談杜爾參議員頗久，接著去眾院看「台灣連線」主席哈伯（Gregg Harper），感謝他在五月為我們參加世界衛生大會所做的努力，接著拜會眾院外交委員會主席羅伊斯（Ed Royce），他曾多次訪華，對外交問題極為重視。中午我們和維吉尼亞大學米勒研究中心（The Miller Center, University of Virginia）主任安索利斯（William Antholis）和資深研究員盧沛寧（Chris Lu）會晤，這個中心專門研究美國總統。特別是盧博士，他的外祖父是王任遠先生，父母都是台灣留學生，在美國工作，所以他在美國出生成長，他在哈佛大學法學院讀書時最要好的朋友就是後來擔任總統的歐巴馬，之後歐巴馬當選聯邦參議員後，他擔任立法主任，歐巴馬宣布參選總統後，他未加入競選總部，卻租了一個小辦公室和少數同事研究當選後重要人事如何部署，在歐巴馬第一任他擔任白宮內閣祕書，第二任時擔任勞工部副部長，川普當選後他到米勒研究中心待了四年，拜登當選後他被派為四位常駐聯合國大使之一，負責聯合國的營運和改革業務。

他們二位，主任是共和黨，盧君是民主黨，都對白宮的運作十分熟悉，他們共同感嘆五個月來政府重要人事未定的窘態，政府有五百多個職位需要參議院同意，迄今只通過了一百二十位，其他的不是參院阻撓，而是川普舉棋不定，無法提名。我們同仁問美國是否走向衰落，二位都是肯定，但是限於聯邦，各州政府仍有活力。

下午先拜會傳統基金會，由佛納會長主持，但是不久羅馬尼亞總統來訪，所以我們到另一室由亞洲研究中心主任羅曼（Walter Lohman）和資深研究員成斌（Dean Cheng）陪同。成君為中共軍事專家，他指出中共軍事力量不斷提升，在南海擴張主權，這些問題美國終須面對。稍後我們去布魯金斯學會，由美歐中心主任賴特（Thomas Wright）和東亞政策研究中心主任波拉克（Jonathan Pollack）接待，前者是研究川普世界觀的專家，他認為川普不是典型的政治人物，對他的言行難以預測，他不喜歡看公文，願意聽不同意見的部屬在他面前辯論，由他做決定，他也比外界想像的更具包容性，外交主軸在經貿，倡導「美國優先」，希望外國企業到美國失業率高的地方投資。

晚間高碩泰代表在雙橡園款待本團。八日上午去戰略與國際研究中心參加早餐會，由前任國防部副部長韓瑞（John J. Hamre）會長和主管亞洲副會長格林（Michael J. Green）接待，大家談話都集中於川普的窘境，稍後赴卡內基國際和平基金會（Carnegie Endowment for International Peace）拜會，由主管研究的副會長包道格和亞洲計劃資深研究員史旺（Michael Swaine）接待，包道格認為台北的在台協會處長不會變動，國務院亞太助卿應由現在代理的董雲裳（Susan Thornton）扶正。之後川普確實提名董，但是參議院予以擱置，董去了耶魯大學法學院任教。

下午我們去華府陸海軍俱樂部會晤國安會亞洲資深主任普廷格（Matt Pottinger），他當時是華府青年才俊，對大陸態度頗強，很對川普的胃口，他對我們說台灣的安全是靠大陸的自我克制與美國的可能介入，台灣實在應更多依賴自己，他認為我們長久以來國防預算支出不足，台灣由徵兵制改為募兵制是錯誤的決定，台灣役期的限縮和義務役的廢除會造成兵員不足，他認為國防預算最少要占國民生產毛額的百分之三，而我們只有不到百分之二。

九日上午原定拜會參院撥款委員會主席柯克倫，但因為那天是週五參院無會，他回鄉了，所以未能見到。下午在美國在台協會會晤國務院代理亞太副助卿石露蕊（Laura Stone）、國務院台灣協調處處長何樂進（Jim Heller）、在台協會執行理事羅瑞智（John Norris）、該會軍政事務組長莫德良（Daniel W. Peck），談話一小時半，他們對兩岸軍事失衡表示關切，美國現在可以支持台灣安全，但四年、八年後呢?美方官員也表示願將本團同仁所述告知對岸,使他們對台灣內部形勢能更理解。十日上午我搭機返回台北。

四月二十九日收到駐美代表高碩泰兄函,告以本年為我政府使用雙橡園屆滿八十週年,代表處擬於六月底發行《雙橡園八十風華紀念攝影專輯》,請我寫序,七月十一日舉行專輯發表會希望我們夫婦能前往參加。我以雙橡園的整修她出力甚多,盼她能同往,她也以上次去華府是二〇一一年,現已八十歲,以後可能無法做如此長途的旅行,所以欣然同意,也希望能多待數日調節時差,同時會晤華府老友,但是她堅持要自費。我很快函復碩泰兄,稍後也將序文寫好請他斧正。玲玲也告知她的老友希望能聚晤。

我們於七月十日飛抵華府,機場備有輪椅供玲玲使用,行李通關就直接去我預訂的柴維切斯高球俱樂部的布萊德雷別館五號房安頓,此室面對球場風景極佳。

十一日上午我們去拜見胡祖望夫人,她說已九十七歲,一個人住在三層樓的房子，很辛苦，但是她的心情極開朗，一定要請我們午餐，隨後去一家粵菜館，談當年往事，飯後我們送她回家，她要我們稍等，一會兒下樓拿了一個二千美元的紅包說，今年是張祖詒先生百歲大壽，要玲玲代她致送道賀。稍後我們返室處理禮品，都是先請邱垂元代為運送的。我將晚間會見到客人的禮品拿出，五時半去雙橡園，由李光章副代表主持，內人和我與華府中文記者會晤。我說此行除今晚的慶祝雙橡園八十風華活動是半公務外，此行實在是一次情感之旅（a sentimental journey），自行負擔費用，選坐由東京直飛華府的全日空，而不坐其他公司，因為華航、長榮均不飛華府，由西岸來仍要坐美國飛機，三、四十年前那是全球最好的飛機，現在服務水準已差到最劣等，我自己買票絕不坐美國飛機，在華府也不住美國旅館，貴而無服務。我們是住在一個球場供會員下榻的招待所，價廉服務周到，而且工作人員都是過去三十年的老人，見面非常親切。情感之旅主要是因為我們二人都已逾八十歲，長途旅行很吃力，所以想看看華府當年的老友。玲玲則對記者說明當年修繕雙橡園的辛苦，以及同仁和眷屬的充分配合。

七時高碩泰代表伉儷主持新書發表會和晚宴，有眾院外委會主席羅伊斯、在台協會主席莫健（Jim Moriaty）先後講話。十二日上午我們去位於馬利蘭州歐奈郡（Olney, Maryland）的養老社區（Leisure World Plaza）探訪丘宏達夫人，她的公寓有三房兩廳非常舒適寬敞，而且戶外是高爾夫球場，空氣很好，談了一個多小時，因為玲玲要參加同仁眷屬的午餐會所以只好告辭。回到房間我換了球衣，到球場，請了一位桿弟，一個人就開始在我從前經常打的球場重溫舊夢，只花了三小時就打完，返室沖洗後不久玲玲也回來。晚上我們在球場餐廳用餐。十三日上午我去華府最有名的「火燒樹」（Burning Tree）球場打球，我不是會員，但是袁健生祕書長是，他為我介紹球場經理安排我可以去打，只是帳記在他名下，讓他破費。晚間我們在球場餐廳宴請代表處新聞組和行政組的同仁，因為這次來華府還是麻煩他們很多。十四日中午傅建中兄接我們去一家極好的法國餐館，包下了二樓，客人有楊萱、張順安、沈維新、吳澄敏、王景弘、葛學航、張文中、羅鴻進夫婦，以及姚雙夫人。大家談往事非常高興，不知不覺已快下午四時。羅鴻進兄是《中國時報》的名攝影記者，為大家拍了不少照片。晚間姚雙夫人和我們在球場餐廳共進晚餐。

十五日是週末，高代表接我去杜勒斯機場附近瓊斯高球場（R. T. Jones Golf Club）和包道格及林秀嶺醫師打球，因為連四天打，今天打了一百桿，包過去和我差不多，今天打了九十三桿。回室後又將剩餘禮品分別致送同仁及未見到的友人。晚間在大餐廳宴請當年介紹我加入這個俱樂部的美前駐華大使強森（Nelson T. Johnson）的女婿葛勃（George Gerber）夫婦、他們的兒子（Jim Gerber）夫婦以及李潔明大使夫人利利（Sally Lilley），大家都向我提問題，我逐一答覆到十時半才結束。十六日上午收拾行李，清理房間時我們在樓下圖書室看書，兩餐均在球場餐廳吃。十七日結帳共二千元不到，我以支票付，但是看到十二日打球未在帳上，經查是九十三元，我付了現金。九時許去機場高碩泰兄仍親自來送，到了貴賓室我請他和同仁先回辦公室，因為這間貴賓室另一扇門就通全日空的登機門，結束了華府之行。

七月間上海「錢鏐文化研究會」擬舉辦第一屆「錢氏家教家風高峰論壇」，錢成錫會長邀我擔任主旨演講，同時上海同濟大學邀請為該校一一〇週年一連串的慶祝演講去講一次，並且由上海電視台的「上觀讀書會」同步播放。兩次演講分別在十一月十九日上午和二十日下午舉行。玲玲和我於十八日下午飛抵虹橋機場，當晚上海市常委兼統戰部長沙海林款宴，下榻於高峰論壇舉行地點西郊賓館，晚飯結束後就有來自各地參加論壇的錢氏宗親來探訪並照相，一直到很晚才能休息，並在房門掛上「請勿打擾」的牌子，但是第二天一早七時我剛起床梳洗，就有宗親來敲門要照相，好不容易送走最後幾位，我才能下樓早餐。

九時論壇開始，我以「我的家教家風」為題，我先講錢姓子弟有「錢氏家訓」為指針是很幸運的。家訓中第一是個人，最重要的是讀書，第二是家庭，子女中女兒出嫁找對象不是富有或世家而是要讀書好、品德端正，兒子娶媳婦也是要找賢德淑慧的。在座有錢偉長先生的公子，我最近在《傳記文學》上看到一篇介紹他的文章，看完後感觸很深，偉長先生出生於無錫世家，但是父親早逝，家貧由叔父名史學家錢穆照顧，錢府藏書甚多，每到夏天要曬書，偉長先生經常手不釋卷，所以他的國學根基極佳，進大學也是清華大學中文系，但上課第三天就是九一八事變，他十分痛恨日寇，決心讀理化以救國，但是因為入學考試理、化成績都很差，物理系主任吳有訓先生就說，給你一年時間如能考到七十分以上，就可以轉，這包括物理、化學、數學和英文。他真的在一年後以高分通過這四科，成功轉學，畢業後再到加拿大深造。這種精神就是受了錢氏家訓的薰陶。我自己也是從小秉承庭訓，不許說謊、讀書要認真、講話要簡潔得體。先母管教極嚴，對我畫了一個框子，在內沒事，越出就要處罰，先父是身教，他處事待人，尤其在台灣三十年，領導台灣大學和中央研究院，處事秉公、無私無我，我隨侍在側，潛移默化受益匪淺。所以家教和家風對中國社會是極重要的，有好的家教好的家風，一定會有一個祥和的社會。

講完後又有華東科技大學錢旭紅校長和《人民日報》副總編輯皇甫平二位和我對談，到近午結束。又有許多人要求照相。晚間我的表弟鄧淦和他的內弟胡興中邀了不少台商領導人和我們共進晚餐。二十日上午我去龍華區豐谷路四樓去看我的乾姐姐李明珠，她已九十四歲，行動不便，上下樓都要兒子抱。她對我說年紀老了，骨頭都壞了，晚上痛得不能睡覺。想起七十年前，我還是小孩，她已是上海名音樂家，老年受罪深感人生無常。

下午去同濟大學，由鍾志華校長和協辦單位《解放日報》書記李芸接待，陪同往逸夫講堂，我以「為人處事應明辨是非」為題，講了五十分鐘。我先解釋為什麼用這個題目，因為今年初中研院近史所有一組人來訪問我，談一九七一年退出聯合國事。我提到當時負責中東地區的王世明大使，因為阿曼、卡達和阿聯大公國三國代表未到場投票而自責，有一位劉素芬博士說阿聯是那年十一月才加入聯合國，卡達在場投棄權票，我查一九七一年十月二十五日日記，的確是如我說的，《錢復回憶錄》也是根據日記如此寫的。等訪問同仁離開後，我查聯合國的紀錄是和劉博士說的相同，我的敘述是錯誤的。然而，事發當天我在現場，退出聯合國後回辦公室，王大使痛哭流涕地說這三國跑票了，我的日記上也如此寫的。這樣的事還會發生錯誤，實在使我深感慚愧，也因此瞭解明辨是非的重要性。我們研究人類資訊的取得，最初是口耳相傳，之後是透過報紙——最早的是一七八八年的《倫敦時報》（London Times）。從一九二〇年的無線電、一九二八年的電視，到二十一世紀就有iPhone和網際網路，任何人只要憑個人喜好，就可以寫文章，經由網際網路廣為傳播，內容是真是假很難查核。美國有一個部落格作者羅伯茲（David Roberts）創了一個新名詞叫「後真相時代」（age of post truth），就是說這個時代的資訊已經不能保證是正確的，這種資訊的傳遞造成了近年全球各地「民粹主義」（Populism）的氾濫。為什麼本世紀的資訊不易分辨是真是假，一是資訊氾濫，無法全面掌控，一個假資訊經過社群網路在短時間內可能傳達給百萬甚至千萬人，而且不斷傳播，積非成是，無法更正。再就是社會價值觀念的改變，以往被認為不可做的事現在變成合法，再加上現在家庭父母同時工作，對子女無暇管教，為了補償，就不斷給錢，青少年為所欲為，媒體以銷路為主要考慮，不惜大篇幅報導聳人聽聞的消息，其中不少是記者個人想法，不一定是事實，媒體各有立場，不再是客觀報導，而是主觀批評。如何分辨資訊的真假？很多國家有網站可以檢查，在美國就有一百以上的網站專事查核資訊的真偽，但是道高一尺魔高一丈，所以有人主張重要網站要擔任守門員，不要讓傳播假訊息的用戶為所欲為。二〇一六年美國總統大選許多人指責臉書發送了太多的假訊息，臉書的負責人祖克柏（Mark Zuckerberg）先指責批評者是瘋狂，但是後來他承認臉書上傳播的假訊息太多，比一般人想像還多，他決心要使假訊息不能在臉書上出現。我的母校耶魯大學薩隆維（Peter Salovey）校長在二〇一六年八月二十七日歡迎新生入學時，以「反駁錯誤的敘述」（Countering False Narrative）為題致詞時提到：「我們每天都受到各種各類錯誤敘述的轟炸，這些錯誤敘述會對我們造成很大的傷害……我今天想說服各位：任何一個問題的任何一方的主張者，都會用誇大或扭曲或忽略重要事實的敘述，以設法使你恐懼、憤怒或厭惡」、「恐懼、憤怒或厭惡常會使你們盲目地面對世界的複雜性，和我們對於重要問題應該尋找更深切的認識」、「你們對於一些敘述和你們自己的信念很接近時，要特別注意，因為人們經常會對接近自己信念的意見很快地接受，對於不符合自己信念的意見則完全忽視。」演講結束後，錢漢東先生和我對談，再答問前後二小時。晚間鍾校長和李書記款宴。次日上午搭機返回台北。

十四、二〇一八年

這年上半年多次出國，但在第二及五章已敘述；下半年因腦中風顱內出血，醫囑不可出國。之後新冠肺炎肆虐數年，均未出國。

第五章
博鰲論壇

一九九七年七月日本前首相細川護熙、菲律賓羅慕斯（Fidel Ramos）總統、澳洲總理霍克（Paul Hawke）在博鰲會晤，談起可比照在達沃斯舉辦的世界經濟論壇，成立一個亞洲論壇。次年九月，他們又在馬尼拉見面，決定正式成立「博鰲亞洲論壇」，他們也分別致函江澤民主席和海南省領導，請求支助。

一九九九年十月羅慕斯和霍克再到博鰲考察，並與胡錦濤副主席會晤，獲得積極支持，海南省當局也派了三個代表團分赴亞洲國家，希望能有重要人士參加，最後獲得二十八個國家加入。提到博鰲論壇的創建，有二位民間人士不能不提，第一位是曉奧公司董事長蔣曉松，他是上世紀中大陸最有名的女明星白楊的公子，他的事業很大，在大陸和日本都有，也是最早發現博鰲，在當地建立了龐大的寺廟、招待所和住宅；第二位是中國遠洋航運公司總裁魏家福，中遠公司是大陸很重要的航運公司，魏先生曾奉派擔任公司駐外單位主管多年，有國際眼光，他們兩位於一九九八年合作成立了博鰲投資控股公司，承擔興建博鰲論壇永久會址，包括可容納二千人以上的會場、大餐廳、許多小型會議室、索菲特酒店（Hotel Sofitel）和十八洞可以夜間打球的高爾夫球場，這個龐大建築到二〇〇三年結束，正好供十一月二日開幕的第二屆大會使用。

在此以前，先有金海岸大酒店於二〇〇〇年十一月落成，接待了博鰲論壇專家學者會議，在這次會議完成了成立論壇各項基礎性文件，最重要的是《博鰲亞洲論壇宣言》。這次會議後的三個月，二〇〇一年二月二十七日舉行成立大會，這個重要的大會是在一個四十五天內完成的膜結構超大帳棚內舉行，江澤民主席主持，也有不少國家政要參加。

多年後，羅慕斯前總統告訴我，當時去博鰲交通不便，先坐飛機到海口，再坐汽車經由相當粗糙的路面到瓊海市，再搭船到博鰲。博鰲論壇第一屆年會仍在原地舉行，而我們透過兩岸共同市場基金會身分成為會員，這是很不容易的事。這個基金會是原任行政院長蕭萬長兄於二〇〇〇年五月退職後組成，他不辭辛勞，兩年間多次赴大陸鼓吹兩岸成立共同市場的理念，逐漸和與博鰲論壇有關的重要人士，包括政協副主席並為大陸出席博鰲論壇首席代表陳錦華、時為國家發展計劃委員會主任曾培炎，以及對外經貿部副部長並為參加世貿組織總代表龍永圖等，有甚多交往。這三位先生都和博鰲論壇有關係，所以能順利獲得納入為正式會員，自二〇〇三年十一月起，逐年率團參加論壇，極受歡迎。二〇〇八年四月他已當選我國副總統，但尚未就職，大陸方面也歡迎他，所以他仍率團參加，對岸的接待規模也比照副元首，最重要的是那年主持論壇的是胡錦濤主席，他和蕭先生一番談話，將過去八年間兩岸上空的陰霾掃除，雙方同意在九二共識前提下，重啟海基會、海協會的對話。萬長兄的遠見和對國家的貢獻是值得我們欽佩。

一、二〇〇九年

二〇〇九年，由於蕭萬長兄已就任副總統無法率團前往，我想應是接任兩岸共同市場基金會董事長的詹火生兄帶隊。不料二〇〇九年二月十三日，國安會蘇起祕書長來看我，告訴我要我帶團去博鰲，我自忖離公職已四年，很多兩岸交往一無所知，因此不敢答應，蘇起兄說還有二個月的時間，他會要求相關部會提供資料，行前馬總統會約見，面告可向對方提出的事項，因此我就開始注意蒐集資料，仔細閱讀並做筆記。國安會和相關部會提供不少書面資料，我也約了同行同仁舉行行前會，討論各項活動應注意事項。

四月十九日有兩岸金融圓桌會議，我方五位同仁發言，盼能事先充分協調，內容不要重複。四月二日晚我在亞都飯店款宴政府相關機關首長和本團同仁聚晤，並請提出具體的提示。十二日蕭副總統在官邸款宴本團若干同仁，將過去數年參加的經驗向我們詳細說明，使我獲益良多。

當時兩岸尚未完成通航，所以去海口要由香港轉機，玲玲和我十六日先赴香港等一個半小時換機飛海口，有國台辦剛發表的副主任陳元豐、交流局李勇副局長和海南省台辦主任徐剛接機，在機旁上車直駛博鰲，高速公路兩傍都清道，一小時半就到索菲特酒店，論壇龍永圖祕書長在門口迎接。

進入房間不久，有騰訊網的記者來採訪，騰訊網在論壇有很特殊的地位，它在旅館進會場的走廊有很大的辦公地點，這場對我的訪問之後幾天均在走廊上的大螢幕不斷播出。接著有央視的名記者芮成鋼來採訪，稍後又有中央社和《經濟日報》的特派員來採訪，一連三小時未停。他們走後，詹火生兄來說蘇起祕書長有電話來，說海基、海協兩會談通航航班事陷入僵局，希望我能設法請對方配合。我們晚餐後將行李和禮品整理好，因為明早有高爾夫球友誼賽，所以較早休息。十七日上午參加財富盃的球賽，下午有鳳凰衛視來訪問，結束後到大廳去接本團今天抵達的同仁。由於《自由時報》今天刊登不實訊息，說我要去接海基會，因此大批記者包圍我，我說絕無此事，我退休數年生活平靜，非常愉快，不可能再負如此艱巨的責任。

四時半我去金海岸溫泉旅館的別墅拜會國台辦主任王毅，我先說一九九二年二月媒體報導我去日本會晤聯合國祕書長蓋里[1]，他立刻回答說他的岳父錢嘉東先生知道他這次來博鰲會和我見面，特別和他說，自己雖然是嘉定人，仍是武肅王後裔第三十六代，錢先生是杭州人也是三十六代，長你一輩，你要以禮相待。我說嘉東先生年長我很多，回北京後請代我問安，以後再去北京一定到令岳府上拜見。因此雙方談話很投機，他說今後論壇希望都由你帶團。我知道這次晤見，主要是為明天會見溫家寶總理做準備，所以我將蘇起祕書長提供的談話資料，逐一細述，包括希望增加大陸來台的觀光客，盼能每日三千人，使台商在大陸四兆元擴大內需及家電下鄉等政策，能獲協助。我方即將開放陸資來台，正由有關部門研商開放的產業別，希望陸方能對我開放項目鼓勵相關企業來台投資，盼陸方能增加對台原物料及

1　請參閱《錢復回憶錄 卷三》第三九二～三九三頁。

半成品採購。我也依昨日蘇祕書長提示表示，兩會正在討論通航問題，盼陸方對班次能增加。王對我所提各點均表示明日溫總理當有正面答覆，關於航班問題，他說陸方也希望增加航班，但是兩岸間航機來往北段已滿，而我軍方不准使用中段通航，現在陸方正在研究可否在南線部分增加航班，整個談話約七十五分鐘。

之後他為本團舉辦歡迎酒會。他的講話有充分準備，明白說明ＥＣＦＡ已可由江陳會進行探討，這使本團同仁極為興奮。我在答詞時說自己已退休多年，僅為一普通人民，無法代表官方發言，但王主任以往在外交界的卓越貢獻，大家都很清楚，轉任國台辦主任後，每次講話都在兩岸關係上添加了許多潤滑劑，今年對兩岸財經界有不尋常的意義。美國所帶動的金融海嘯，對兩岸經濟發展帶來極嚴峻的挑戰，但也為兩岸關係的發展帶來難得的機遇，兩岸應共同化解挑戰把握機遇。

十八日是最重要的一天，早上開幕式，溫家寶總理對大陸經濟發展看法非常正面，但也提到面對的困難如外銷不振出口下降、財政收支減少、失業問題等，他的結論是信心、希望，「信心比黃金和貨幣更重要」，「希望是給各國、各企業及世界照亮方向之明燈」，講話非常務實。之後由參加論壇的各國元首、副元首、總理發言。中午是海南省羅保銘省長午宴，我先拿到的座位圖是第三桌，進了餐廳被告知在主桌，旁邊是澳洲前總理霍克和王毅，用餐時新任論壇副理事長曾培炎、外交部長楊潔篪、陸方首席代表陳錦華、新加坡貨幣署長王瑞杰、巴布亞紐幾內亞總理索瑪利（Michael Somare）等均來敬酒。楊部長似要和我談話，但我因未獲指示，只能探詢他的健康，倒是旅遊局長邵琪偉對我說：錢先生聽說您很關切大陸人民赴台灣觀光，向您報告今年第一季已有十七萬人赴台旅遊，單日最少一千人，最多四千七百人。我對大陸政府內部溝通迅速，相當令人羨慕。下午四時許我們前往金海岸溫泉旅館會晤溫總理，因為他和小布希前總統的談話很久，我們到四時三刻才能見面。開始時他和我各講話五分鐘供媒體拍攝，之後媒體離開我們又談了三十五分鐘，溫總理的開場白先引述我們錢氏家訓中的一句「利在一身勿謀也，利在天下必謀之」，表示對錢家的敬重，因為馬總統曾說兩岸關係要「同舟共濟、相互扶持、深化合作、開創未來」，他也以「面向未來、捐棄前嫌、密切合作、攜手並進」認為兩岸要牢牢把握當前難得的和平機遇，共創光明遠景。我的答話指出，總理上週赴泰國芭達雅參加東協峰會後返國，三天前主持國務院會議，確定擴大內需、家電下鄉四兆人民幣預算的分配，又趕來博鰲參加論壇，上午開幕式的講話非常坦誠並有遠景，與會人士掌聲不斷。其後開始正式談話，溫總理對於昨日下午我和王毅主任所談的各項問題逐一答覆，非常誠懇，也使本團同仁同感滿意，除了五項問題外，我也向溫總理說明兩岸關係是雙向的，不單是大陸幫助台灣，台灣在大陸有事時也會全力支助，如四川汶川大地震，僅我服務的國泰慈善基金會就捐助了五千萬人民幣，此外大陸目前超額儲蓄已達國民生產毛額百分之五十，台灣二十年前亦有同樣困難，我們很願將因應做法與大陸分享，同時我們的「全民健保」和「國民年金」的實施經驗，亦可提供大陸參考。

談話結束後我即趕回索菲特酒店向台灣來的媒體進行「吹風會」，也就是將與溫總理談話可公開的向媒體說明。晚間宴會是請小布希演講，我被安排在銀監會主席劉明康和澳洲霍克前總理之間，八時半結束，我立即更衣到旅館旁的球場，和王毅主任、中遠公司魏家福董事長和陽明海運盧峰海董事長打九洞球，我和王同車，所以二小時中談話不少。我先告訴王說印度外交部亞洲司長前任駐台北代表高卡爾（Vijay Gokhale）在我離台北前，由新德里來看我，要我設法探聽倘印度要參加博鰲論壇，不知陸方是否同意，王說當然同意。接著他問我下午談話是否滿意，我說回旅館的車上，同往參加會見的都十分興奮，表示值回票價沒有白來。王說大陸內部對馬先生仍有疑慮，因為他始終不提統一，所以胡主席、溫總理對於黨內有力人士都無法說服，我說台灣內部是兩極對立，馬不想讓對立變得更尖銳化，只有在此問題上竭力自制。王問馬是否可在內部會議私下說明，我說台灣沒有任何事可以絕對保密，再少人參加的也會洩露出去，王說這樣雙方的關係恐怕難以再進一步，我說我們處理與無邦交國家關係稍有經驗，雙方要有機密訊息傳達對方，可用無銜空白信紙寫上訊息由專人帶往面陳對方，稱為「非文件」（non-paper 或 bout de Papier），王說此或為可行方法。這項談話拖了頗久，也影響了王的揮桿。以我估計，王是單差點的球員，如果平打，他九洞要讓我五桿，那個晚上，不知是談話關係，還是他表現極端的外交才華，前八洞他一直讓我領先一桿，到第九洞是四桿洞，我們都是三桿上果嶺，他的球離洞口約二十碼，他長推桿將球推進洞，我推了兩桿進洞，我們平桿都是四十三桿。

結束後，魏家福董事長在俱樂部又備了一桌全羊席做宵夜，我不吃羊肉只能說自己從不吃宵夜，剛才在大餐廳已吃飽了。十九日上午玲玲去參觀農場，我將昨日二次談話做紀錄。下午我主持兩岸金融圓桌會議，陸方是陳錦華先生，他告訴我他擔任論壇首席代表和副理事長已九年，現在要交棒給曾培炎先生，所以這場圓桌論壇是他臨別紀念。我說這是我的第一次，說完兩人相對而笑。博鰲論壇理事長羅慕斯、祕書長龍永圖和大陸銀監會劉明康主席也都到場旁聽。雙方各有五位業者或學者講話，內容相當扎實，尤其是此時兩岸正在談判金融監理合作備忘錄，媒體甚為重視。會議結束時我要離開，被媒體重重包圍，聽說出動了十多位警衛才保護我回房間。晚間海南省副省長符耀蘭女士款宴，她是黎族人，多數住在海南省中西部五指山區。

二十日晨我們離開索菲特酒店，前往海口。這次我對一直陪我們的李勇副局長懇請切勿清道，因為被堵住的車輛一定會討厭我們，沒有人會傷害我，所以千萬不要這麼做，他說台灣來的重要人物都是他陪的，從來沒有人提出異議，你是第一個。到了海口有二十多位台商在等我們，有來自三亞的，主席謝進旺是謝隆盛兄的胞弟，談到他哥哥兩個人都不勝唏噓，吃到十二時半被通知要去機場，仍是陳元豐副主任、徐莽局長、徐剛主任送行，我們仍是由香港轉機，晚七時許回到台北。看到當天的《蘋果日報》「司馬觀點」專欄寫錢復出馬，文中說我對溫王不卑不亢，機警從容，實在我內心感受的壓力還是很大。四月三十日馬總統約了蕭副總統、劉兆玄院長和蘇起祕書長與我共進午餐，我將赴博鰲的情形簡單報告，對十八日晚與王毅所談報告得詳細些，馬沒有反應，這意味他避談統一，對國際空間的態度也是淡然，我內心相當失望。

二、二〇一〇年

本年初一月十九日，蕭萬長副總統告訴我今年博鰲論壇仍由我任團長，希望我能組織一個陣容堅強的代表團。我在二月九日約去年兩位副團長詹火生董事長、薛琦董事長和洪讀執行長餐敘，將蕭先生的建議轉達，請他們幫忙邀人。三月二十五日舉行行前談話會，有三十六位代表參加，分量相當重。三月三十日我又邀全團同仁和相關部會首長餐敘，他們都提供了很多詳盡的資料。四月二日下午馬總統約見全團同仁，提出「以民為先、精誠合作、和衷共濟、共創雙贏」勉勵我們，並說此次年會以「綠色復甦」為主軸，也就是亞洲經濟復甦可能發展的新方向，也是我們代表團可以發揮的好時機，使與會者瞭解台灣在這波復甦中可扮演重要角色。

我們於四月八日經香港飛往海口，由國台辦葉克冬副主任迎接，並直接登車前往索菲特酒店，這次安全維護簡單得多，但車行也只多了十分鐘。傍晚先和論壇理事蔣曉松會面，所以對我一切的活動都知道，他邀我和玲玲十日晚去他的豪宅和將接任理事長的福田康夫伉儷見面。九日晨七時我去金海岸溫泉旅館內的別墅會晤王毅主任，兩人即到旁邊的中信公司的球場打球，為便於談話都走路，先將明日下午會晤習近平副主席的談話交換意見。我說在媒體前我會將去年向溫家寶總理提出的各項建議，一年來的成果先做報告。此外，本年大會主題是「綠色復甦」，上年四月二十一日到三十日，習先生訪問北歐諸國，特別去參觀瑞典的生態城哈瑪比（Hammarby），可見他對「綠色復甦」的重視。大陸「十二五」規劃和我們的新興產業均包括綠色產業，雙方可密切合作。在私下談話時我會提到ECFA早收清單，我方希望能納入金融產業，我們也希望對若干季節性產品如香蕉、柳丁、石斑魚、吳郭魚，大陸能配合世界博覽會的舉行增加採購。這點王主任說可由他來處理，毋庸提出。王說關於早收清單他會全力配合，但是他也指出我方輸陸產品百分之四十是免關稅的，此次早收清單我方所提項目又有百分之四十要免稅，陸方剔除面板。另外，石化產品方面由於陸方石化業者強烈反對，列入早收清單亦有困難，所以他提出「快易少」之說。他對於雙方簽訂了關於金融業的同意備忘錄後，我方金管會未經雙方討論，逕行公布了「金融三法」，對於陸資來台多方限制，並且又提出「緊急防衛措施」，把陸資看成搶貸吸金者，引起陸方金融業強烈反應，認為不如不做。陸方認為台灣市場不大，利益有限，家數亦有限制，而貴方視之如小偷，實非交往之道。我詳細解釋立法院及反對黨一定要先防弊，此事應事先商談，很多疑慮可以解釋清楚，不會發生。今天王主任提出陸方不滿各點，我一定據實反映。其次我提到自由貿易協定和國際空間，王的反應很明確，認為現無可能，因為我們放話太多，他說：「馬先生很多事都將時間說定，卻無任何事先溝通，我們方面意見也很多，國台辦夾在中間，左右為難。」王也說ＥＣＦＡ和自貿協定不同，前者為兩岸特殊安排，後者是國與國間的。另外王還提到，事實上自貿協定和國際空間都是可行的，前提是一個中國，貴方如能像二〇〇八年秋馬先生答墨西哥記者問時所說兩岸非國與國的關係，乃是區域和區域間的關係，或者說台灣與大陸共同構成一個中國，則我們可向不支持中央領導的對台政策和做法的人說：在一個中國的前提下我們基於民族感情，必須予台灣有和其他國家簽訂自貿協定的機會，使他們的經濟強大，也要給台灣國際空間，反之如台灣不能認同同為中國的一部分，則難以說服這些不同意見的人。（王對於這點一再重複，一再說民族感情最為重要。）王說我們等台灣做這個表態已很久了，現在看來愈來愈遠。我說明我們是一個民主的政府，民意極為重要，因為三十多年來雖然熱戰停止，但冷戰不斷，大陸在政府間或民間國際組織處處排斥我們，做很多小動作，對我們的邦交國不斷拉攏，使它們和我們斷交，新聞電視台每小時播放一次，鄉間民眾看了都咬牙切齒，詛咒貴方，民意調查對貴方不滿者逐年增加，主張獨立者也大幅增加，所以此事是雞先或蛋先的問題。王也問民進黨不斷做不實宣傳，貴政府和國民黨為何不做有力的反駁，我說也在做，但是民眾是先入為主，再加上現在民進黨掌握的媒體遠超過國民黨，銷售和收視率亦然。馬先生勤政愛民，清廉自恃，全年無休，每天工作到深夜，但是支持率日益下降，原因是正面的媒體一律不報，如說錯一句話，或出了一點天災人禍，媒體必整版連日予以批判，當初民進黨要政黨退出學校媒體，馬立即退出，民進黨卻乘虛而入。王說我的分析很深入，他完全同意，他要說明最近一期台北的《財訊》雜誌刊登一文，說大陸方面在觀察年底五都的選舉，如國民黨能贏三都，則早收清單讓利已夠，如贏二都則讓利要加碼，如只贏一都或全敗則會轉過來加強與民進黨的關係，王說該文捕風捉影，全非事實，陸方對民進黨的本質十分清楚。這場球到十一時結束，我們回到王的別墅在等候午餐時，又在陽台上談話，王重申我方對兩岸關係應有所公開表示，如前年秋馬對墨西哥媒體所述，如對公開表示用一個中國有困難，則可參考《國統綱領》的文字。

午餐後我去拜會新加坡吳作棟資政，他說你們現在首先要「固本培元」，要我們恢復《國統綱領》，李資政非常關心國民黨的持續執政，切不可奢望全民擁戴，對民進黨的錯誤資訊要有力地反駁。四時有鳳凰衛視和新華社來做專訪。五時接受台灣來的記者訪問。晚間參加海南省的宴會。十日上午開幕式由習近平副主席做主題演講，他強調綠色發展和可持續發展，是目前世界的時代潮流。下午先有央視芮成鋼的訪問，之後到金海岸溫泉酒店貴賓室，會晤習近平談話四十五分鐘。事前王毅告訴我，習過去在閩、浙、滬和台灣人士往來甚密切，但去北京三年，我是他見到的第一個來自台灣的客人。果然一開始他就說一年來兩岸關係取得一系列積極進展和突破，值得我們珍惜，更需要我們不失時機加以推進和持續發展下去。我先對他上午演講時談到，要各國合作推行綠色復甦的六點建議非常符合當前的需要，更提到他上月底赴北歐瑞典的哈瑪比生態城參觀，是實踐可持續發展的借鏡。之後閉門談話，習說目前兩岸大交流符合人民的基本利益，所以獲得很多國家的支持，兩岸經貿是和平發展與合作的重點，因此ECFA受到關注，希望早日達成協議。經貿合作要雙向務實，可由擴大金融服務業、具有經濟優勢的產業以及有潛力的環保產業著手，兩岸同屬一個中國、一個民族，是政治發展的基礎，以兩岸一家人的角度來考慮問題，把握好方向達到互利雙贏的目的。我回答說兩岸交流能有良好的結果，不能忘記王毅主任和國台辦的貢獻，對於ECFA問題，王主任曾有三次重要談話，也化解了不少台灣內部反對的疑慮，關於副主席提到將金融服務業列入早期收穫清單，事實上第二次兩會會商並未包括在內，這次我們代表團有十位金融界的領導人，他們對二次會商未及金融業甚感失望，希望第三次會談時能商討並列入早收清單。習很同意並且表示他在福建多年，看到台商由小變大，都是靠融資。接著在旅館大廳參加王主任的酒會，他在祝詞時說剛才習副主席的會見非常成功，我答詞時將去年提的建議，一年中具體的成果詳細敘述，說明論壇的重要性以及國台辦的執行能力。

晚間去蔣曉松君的水木荷堂，這是他接待賓客之處，非常豪華，參加者多。福田康夫對我說一九八九年一月，他曾在父親的辦公室見到我，已是十二年前的事。十一日下午是第一次兩岸企業家圓桌論壇，主題是「兩岸簽訂ECFA後的商機」，由前人民銀行行長暨現任全國社會保障基金會理事長戴相龍先生和我共同主持，羅慕斯理事長也全程參加。十二日返回台北，這次論壇年會祕書長由龍永圖更換為剛卸任的駐美大使周文重。

三、二〇一一年

這年的論壇年會是胡錦濤主席主持，參加的人不少，但是同時金磚五國的年會在三亞同時舉行，所以胡只能於四月十五日一天在博鰲，因此和各代表團只能攝影不能講話，所有的媒體都很失望。

馬總統於十一日接見我們赴博鰲同仁，他的談話以治國理念為主，提出政府將以「創新強國、文化興國、環保救國、憲政顧國、福利安國及和平護國」的理念，打造黃金十年。蕭副總統表示，博鰲論壇十年來的發展逐漸受到國際的重視，我們要善加利用，尤其兩岸企業家圓桌論壇為兩岸特別安排的對話機制，對雙方未來發展具有相當影響力。會晤結束後馬總統邀我到他辦公室和胡為真祕書長會晤，提出了一個多項的準備向對岸提出的事項，我詳細記錄，之後在博鰲和王毅主任分多次對談，他均逐一答覆。

次日傍晚我們乘海南航空班機由桃園直達海口。十三日上午論壇方面特別安排一位政協專屬攝影師張建國先生，為我攝影。他的技術高超，我將他的照相掛在書房牆上，多年也未變色。另外，胡為真祕書長來電說對方對十一日《聯合報》刊的馬總統談話反應不佳，請我澄清。晚間鳳凰衛視阮次山先生對我進行近二小時的訪問，其中有一個題目是：「馬總統自就職以來，民調日益下降原因何在？」我的答覆是，他自當選以來，一直希望做「全民的總統」，希望所有的人都支持他，因此在用人和施政上對反對黨曲意迎合，但是毫無效果，我做為一個政治學六十年的老學生，深知民主政治是多數決，任何一個民主國家都有反對黨，這是不能盼望他們來支持你的，因為他們黨的基礎就是反對，而你太重視他們，結果是爭取不了反對黨，倒是本黨的人看到你的作為感到失望，就不再支持你，這是支持率下降的原因。去年五都選舉，國民黨未能維持過去的優勢，就是因為失望的人不去投票，而民進黨的得票與過去沒有不同。這個訪談沒有在台灣播放，但是《聯合報》登了，有人告訴我說馬總統認為我是批評他，十分不快，事實是我一直支持他，有人批評我常代他解釋，但我所說的是政治學上的常理。

十四日上午我參加新財富盃高球賽，和羅慕斯前總統、魏家福總裁、中遠公司孫家康副總經理同組。下午赴博鰲車站，乘和諧號高鐵專列赴三亞，車行半小時，同座有美前副國務卿尼格拉彭第（John D. Negroponte），多年未見所以相談甚歡。到了三亞，去亞龍灣紅樹林大飯店，由海南省羅保銘省長款宴，稍後胡錦濤主席為參加金磚五國年會的各國領導人以及參加博鰲論壇的重要貴賓舉辦酒會，冠蓋雲集。不久就移到室外參觀文藝表演，非常精采，結束後我們再坐動車返回博鰲。

玲玲是十三日中午先去三亞，在那裡住了一晚，也參觀了許多地方。十五日是重頭戲，我七時先到王毅的別墅共進早餐，將馬總統所提的事逐一提出：

一、關於李光耀訪台事，王說我們處理得很好，未為大陸造成困難，盼望類此活動都能事先溝通；

二、關於增加兩岸航班事，王說大陸的一線城市確已滿檔，今後若有減班情形一定優先增班；

三、關於大陸派團採購事，王說我方感受他完全瞭解，今年開始國台辦有大型團來台均交代要低調、務實、親民，陸方先不宣布，但將多購農、漁產品，多去中南部，正在積極調整中；

四、關於大陸核能電廠安全問題，王說陸方充分瞭解我們嚴重的關切，下月在重慶舉行的國共論壇將專案研究，之後列入第七次江陳會議議程，以便簽署核電安全合作協議；

五、關於菲律賓落網遣返大陸十四名詐欺犯事，我方認為七人罪證確鑿，請遣返台灣，另外七名無罪證，遣返台灣不能法辦，不如由陸方繼續羈押，王說大陸原來準備的做法和我說的相反，現在會變更做法，配合你們需要早日遣返，但請從重量刑。

談話至此，我們要到大會堂與胡合影，並參加開幕式，故暫停談話。到了候見室我們繼續談。

六、王說二〇一二年大選我們十分關切，當然希望馬先生連任，但由台灣來的人多認為困難重重，相當不樂觀，個人淺見馬先生如能營造泛藍大團結，則連任之途可轉為平坦，請告訴馬先生盼他效法三顧茅廬方式，去看一次宋楚瑜，給他面子，相信會有效果。和胡錦濤照相時，他說兩岸能有今天實不容易，希望大家都能珍惜，我轉致馬總統、蕭副總統問候之意。開幕典禮結束後，胡在雲亭宴各國參加的政要，玲玲和我也被邀，我和王毅主任鄰座繼續談話。

七、我說ECFA早收清單我方利用不多，主要是陸方非關稅障礙和原產地證明書過於複雜，王說早收清單開始利用率約百分之十五到二十，但增長迅速，大致符合類似協定的進度，我提的兩點都會予以簡化；

八、打擊犯罪方面，我說已有成效，可惜都是次要罪犯，沒有「大咖」，王問何為「大咖」，我說公安方面有我們十大刑事要犯，我記得有陳由豪，王說陳是受陳水扁迫害，如遣返情何以堪，我說請公安對無類似顧慮的要犯送回幾人，對兩岸關係必有助益；

九、我說關於服務業方面，如影片陸片在台已有多部上映，而台片迄無獲准大陸上映，王說他記得有一部電影《艋舺》被禁因過度血腥，對青少年不利。此外，自ECFA簽訂後迄無一台片申請來陸上映；

十、投資保障協定迄無進展，聽說大陸方面因已有《台商投資保護法》所以不急，但該法徒具虛名，並未落實，因此台商所受保護遠不如其他與貴方簽訂自貿協定國家的商人。王說你們要求將台商與台胞分開，要求被捕後二十四小時內通知，但大陸疆域遼闊，不易辦到，一定要我們保證只怕做不到。另外，我們對商業糾紛——特別是與我們政府的糾紛要交付國際仲裁，這是有困難的。大陸企業對政府不滿是到法院提訟，民告官在大陸已做到，司法相當獨立，不必擔心官官相護；

十一、我方認為兩岸間投資額不成比例，陸資來台太少，盼能政策鼓勵，民企先行，國企隨後。王說台灣對陸資限制太多，門檻太高，民企是唯利是圖，不聽政府，國企可由政府鼓勵，民企要你們設法爭取，國企帶頭，民企跟進；

十二、我方認為兩岸若干製造業目前不是合作而是競爭，兩會協商時陸方工訊部十分強勢，對石化業、工具機等寸步不讓，以往陸方常說讓利，工訊部的做法使人啼笑皆非，兩岸似可對此種雙方均有大量生產，在全球市占率高的產品，共同訂定產品規格、標準，使其具有互換性、相容性，則可主導國際市場。王說他充分瞭解我說的都是事實，他也曾親自力洽工訊部長要有彈性，他認為我們的建議是正確的，現在兩岸的工具機控制系統都掌握在日本、德國公司手中，早收清單的利益都由他們拿去，希望今後能合作共製控制系統。

談話至此，有國務院新聞辦公室官員來向王報告，他即告知胡先生指示開幕式前和各團接見照相，只將與我團的相片和簡單談話內容由國新辦發表消息，以示對我們的重視。當晚有論壇十週年慶祝晚宴，我們又鄰座繼續談話。

十三、我說去年一年大陸在國際非政府組織中有若干作為對我傷害頗大，如廣州亞運在廣州舉行，我女選手楊淑君獲勝，卻因電子襪問題被裁定出局，另外東京影展，雖然是個別突發事件，但民怨很深，對兩岸關係不利，盼勿再發生。王說完全同意，東京影展是個人處理不當已做處分，楊淑君案，因貴方選手不滿霸占賽場，為國際比賽所不容，陸方已盡力協調使此案未擴大，但台灣媒體批判大陸非常激烈，我們也忍下去了，事實上有些NGO發生名稱問題，陸方寧可不參加，也沒有強迫你們更名，如能協商解決就去參加，今後雙方應多事先溝通；

十四、航班及觀光客，我們希望高雄能由包機改為定點，觀光客也多去中南部，王說兩者皆可行，但希望成果能由國民黨獲得，勿使陳菊坐收漁利。

十六日下午王約我去海口觀瀾湖球場打球，繼續談話。

十五、他說過去三年我方在涉外事務方面成就頗多，政府宜做適當說明，他坦白指出我外交部楊部長（稱官銜）講話過於迎合民進黨胃口，如他說美國縱容中共，一如當年張伯倫的慕尼黑，認為美方是綏靖主義者，影射中共是侵略者，實在太過分，我對楊的談話完全不知，無法應對，只能說十二日傍晚登機前得到某方面電話告知說當天《聯合報》刊有我的談話引起貴方不滿，王說完全不是，你講話很正面，你們那邊大概弄錯了，我們不高興的是十一日馬先生接見你們時的談話，在「和平護國」部分談到中共是唯一的敵人。我說當時我在場並做筆記，馬說的是不會和中共做軍事競賽；

十六、王提到去年吳伯雄先生去黃花崗致祭時發生糾葛，實在遺憾。兩岸本可共同紀念辛亥百年，他在祭文中提到眾烈士肇建中華民國，我們沒有意見，但是他要用建國百年，我們主張一九四九年建國，兩者有差異就形成爭議，我們說前面已有肇建中華民國，此處可否改為過去百年來，為了這個問題沒有成功，實在遺憾，我對詳情全無所知，沒有做任何表示；

十七、我說雖然我們無法參加國際原子能總署，但是我們有核能電廠，該署不時派小組來討論安全維護，我們很希望能參加總署（IAEA）。另外，國際民航組織我們已能列席觀察，該組織下有一機制處理各國晶片護照，我們是使用這種護照，所以希望參加此一「公鑰目錄」（Public Key Directory, PKD）機制。此外國際科學組織（ICSU）內的地球觀測集團（GEO）主要是觀測地震、颱風、海嘯，我們盼能參與。王說PKD很複雜，但可商量，另外二項他已記下先瞭解後再進行；

十八、王說中國遠洋航運集團（COSCO）擬投資高雄，要怎麼做對政府和馬先生最有利。

我們兩人這次談話，斷斷續續前後七個半小時。十五日傍晚他為本團舉行酒會，他的談話集中在ECFA，希望確切落實早收清單，並大力推動後續。

二〇一四年吳敦義副總統當選人參加本團，主要接觸由他負責；二〇一五年起萬長兄恢復擔任團長，這五年我以顧問身分參加。二〇一九年以後因健康原因就未再參加。

第六章
健康狀況

我自幼身體羸弱，一方面是出生時不足月，另方面是母親生下我即刻染疾在醫院住了六個月，我沒有母奶吃，只好由大舅母餵奶，因為我的三表哥剛斷奶，她仍有奶可供我吸食，稍後雇一專用奶媽照顧我，但是母親對她很不滿，懶惰不合群，當時一般認為小兒吃何人的奶，就會像那個人，所以不久也將奶媽解雇。當時家中有一位紹興娘姨叫潘媽，她就照顧我前後十三年，對我極好，我們一九四七年去北京，她也隨我們去，次年底返回上海，她就回到原籍，沒有隨我們來台灣。

我在童年階段健康始終不好，每年最少有三個月病在床上，個子也很小，當時學校座位安排是依身高，我是班上最矮的，所以總是坐在第一排最右邊。稍後檢查眼睛發現有近視，而且左右眼不平均，右眼在五百度以上，左眼不到二百度，眼鏡店說如果按這個度數配眼鏡，我戴了會頭暈，因此調整度數，右眼減低，左眼稍提高，大約是四百五十度和二百二十度。我許多朋友到了七十歲以後，近視都漸漸消失，只有老花和散光。我則不同，近視不僅沒消失反而稍有增加，但是老花和散光則很低。眼睛雖然因為身矮，座位影響對我不利，但是我的牙齒卻出奇的好。

過去父親在世時，經常對我說沒事不要找牙醫，因為他們一定建議要拔牙，拔了一顆，左右鬆動又要再拔，不久滿口都成假牙，我謹記父親的教導，每年健檢時都不去牙科，直到上世紀末我在台大醫院做年度健檢，結束時牙科陳瑞松醫師進來，對我說你父親對你說不要看牙醫的事，在台大不少人知道，現在我想問你一個問題，你面前的食物如果裡面都是細菌，你也知道了，請問你還敢不敢吃？我說當然不敢，他說牙齒出問題不只是蛀牙，還有牙周病，這是牙結石引起的，牙周病嚴重會孳生許多細菌，因此必須要處理，我聽了很有道理就隨他去牙科檢查室看診，果然牙周病已很嚴重，他說一般只要六個月洗一次牙，但是你目前需要每月來洗牙一次，半年後你的結石會消除，牙周病也就沒有了，我就聽話每個月去洗一次牙，開始時要洗半個多小時，而且聲音刺耳，被洗的部分十分不舒服，老想用舌頭推開，之後漸漸習慣，時間也逐漸縮短，他又教我正確刷牙的方法，用牙線將牙縫中的雜物剔除。半年後果然見效，之後就維持半年一次洗牙，因為刷牙認真，一日三次，所以現在洗牙時間大約是五～十分鐘之間，我到現在滿口都是原生的，沒有蛀牙、假牙或植牙，以我的年齡說是十分不容易的，也非常感謝陳瑞松醫師。

我是一九四九年二月由大陸到台灣，當時是十四歲，也許是「呷台灣米、飲台灣水」的關係，我的個子逐漸長高長壯，到三年後讀高三時，已坐到班上最後一排，最重要的是健康情形逐漸改變，在台灣住了六十四年，美國住了九年，讀書和工作都很忙碌，但是身體很少出毛病，常常一整年都沒有傷風感冒之類的小毛病。退休以後也維持以往的工作量和運動量，但是在十八年中有三次住院經驗。

一、左耳突然失聰

我是二〇〇五年二月一日由公職退休，三月一日到國泰慈善基金會工作，但是剛一個月，四月五日是清明例假，早上接到美國的長途電話，我習慣用左耳聽，因為左手拿聽筒，右手可以記需要記下來的人名、地址或電郵號碼，但是突然發現聲音愈來愈遠，換用右耳則很清楚。這天是先總統蔣公逝世三十週年，婦聯會、中正基金會等聯合在景福門旁當時的中央黨部地下室禮堂，舉行音樂紀念會，玲玲和我去參加，我的左耳仍是聽不到聲音，當天證道的是原中央黨部祕書處副主任、中常會會議時的議事祕書（宣讀議程）的李彥秀女士，她已轉業為傳教士，並為恩友之家的牧師。

紀念會結束後，玲玲和我就去先約好的（因為四日我舌下有大氣泡）雙合耳鼻喉科診所看李志宏醫師，他原是監察院醫務室所聘的耳鼻喉科醫師，過去六年大概每三個月我要請他幫我清除耳垢，因為我的耳垢是蠟狀自己無法清理，一定要請醫師用吸管吸出清理，大致每三月一次。他先看我的口腔認為沒有問題，服用維他命B就可以了，再看耳朵，先用吸管將耳垢清理乾淨，右耳耳垢很多，左耳不多，但是左耳的聽力仍未恢復，他說這可能是突發性的耳聾，要我立刻去台大醫院住院治療，他並代我安排，結果決定六日上午九時先到景福門診，由林凱南主任問診，再到六樓測驗聽力，結果左耳只有右耳的一半，之後做心電圖、X光和核磁共振（MRI），隨後林芳郁院長來探視，我因為四天後四月九日答應扶輪社三五〇〇地區年會做主題演講，大概不能自己去，所以趕緊寫了二千多字的講稿，準備請玲玲前往代為宣讀。在寫的時候，護理師替我作五小時的葡萄糖注射，同時也有不少朋友來探視，因為未來數日的球約、飯約都請假了，朋友知道立即來探視，友情可感。傍晚林凱南主任來告核磁共振結果一切良好，要我安心。他也坦白地告訴我醫學各科中，耳科的進步最慢，很多病如何發生、如何治療都沒有定論，我的狀況有點像「突發性耳聾」也有點像「梅尼爾氏症」（Meniere's Disease），但是我沒有頭暈沒有耳鳴又不像這兩種病，所以如何對症下藥還要思考。目前還是打葡萄糖加醣胺抗生素，我很感謝他的直言，而且也知道學無止境的確是真理。

第二天清晨我又被帶到聽力室，結果和昨天相同，我仍續寫十日的講稿，到中午結束，晚間陳明豐副院長來聊了很久，他過去數年都在監察院醫務室，每週一上午來為同仁看診。二〇〇一年玲玲感到心臟不適，就是由他診斷是三級的心臟衰竭，立即住院，我們都很感激他。八日清晨仍做聽力測驗，發現比前兩天要差，所以林主任在葡萄糖液中加了右旋醣酐（dextran），他也說應該排除突發性耳聾，可能是梅尼爾氏症。耳科的梅尼爾氏症類似眼科中的青光眼，青光眼是眼壓過高造成，梅尼爾氏症是耳膜受壓所引起的，要服用必達舒口服液（Isodine），每日三次，稍後再作聽力測驗仍與早上相同。但是服用必達舒後晚間小便甚多，清晨檢查聽力仍是相同。晚間林主任來說十二日可回家，一週後再來回診，至於必達舒因含類固醇不宜多吃，改為每天一次，十日下午老同事劉瑛帶了他的公子耳鼻喉科醫師劉政來看我，他認為我開始只是聽力降低，這三天夜晚有耳鳴，始終沒有暈眩是好的，這樣痊癒後聽力可逐漸恢復。

晚間李志宏醫師有電話來，說的和林主任、劉政醫師說的相同。十一日清晨做聽力測驗仍與連日結果相同，但是我感覺已逐漸恢復，只是對說話者中氣不足或聲調很高的，仍聽不清楚，要請對方重複。下午去眼科做眼壓檢查結果正常，晚間林主任來要我二十一日返院回診。十二日清晨再做聽力測驗大致相同，只是對低音的反應較好。十一時辦完出院手續回家。次日即恢復上班，二十一日下午去台大醫院做聽力測驗，結果左耳對高、低音的反應已和右耳同，只是中間的音仍有落差，接著去看林主任，他對結果似感意外，也就是表示耳科醫術之困難，尚有很多尚待發展的地方。

二、蜂窩性組織炎

新竹的中華大學是當地士紳集資捐地成立，小而精，校長沙永傑教授曾任駐沙烏地阿拉伯大使館文化參事，他很想比照歐美私立大學有住宿學院，使學生與師長間能有更和諧的關係，因此成立了一所中華書院，聘我為榮譽書院長，該院定於二〇一〇年九月二十九日舉行揭牌典禮，並邀我擔任大師講座。

我在當日下午前往，當晚做一場演講題目是「做人與做事」。沙校長十分熱心，告訴我學校有一間實驗旅館，希望我能住一晚，次日早晨與書院生共進早餐談話後再回台北。我照沙校長的建議，在頗精緻的實驗旅館住了一夜，九時許入睡到十二時聽到廣播說：本大樓實驗廚房瓦斯起火，請大家立即走樓梯到樓外集合，因為聲調十分緊急，我也來不及更衣，就穿著睡衣，赤足套上拖鞋下樓。所幸在樓內的人不多，下樓梯也很順利，大家都站在樓外水泥地上，稍後又有廣播說怕瓦斯爆炸請大家不要離大樓太近，因此大家都退到草地上。大約過了半個多小時，廣播報告一切都已控制，大家可以回到樓內，我就回去繼續睡覺，次日（三十日）上午和同學共進早餐，回答提問後就回台北辦公室。

到了下午二時半，我感覺左腳不斷劇痛，我脫了鞋襪發現左腳第四趾紅腫，我就擦了些萬金油，返家後較早晚餐，因為我們約定次日（十月一日）去台大醫院做年度健檢，七時半入住服用清腸瀉藥，之後不斷排便，但是此時左腳腳背已紅腫有五元硬幣大小，我九時半上床睡覺，但疼痛刺心，很難入睡。因為玲玲也要檢查，我不敢和她說，怕她擔心無法入睡。半夜小便發現站立走動左腳均十分痛。

早上六時半起床整理好不久，陳明豐院長來看我，我即將左腳給他看，他大吃一驚說這是蜂窩性組織炎，很嚴重要立即住院治療，並問我近日是否曾赤足在外面走，我將二十九日半夜的情況報告，他說一定是站在草地時細菌進入，因為我左腳有香港腳的問題。他立刻通知準備病房，並為我備輪椅，先將上午預定項目做到無痛腸胃鏡後，再入病房治療。治療主要是連兩天，上午十一時、下午五時注射抗生素，成立醫療小組，由內科黃冠棠主任主持，有感染科、皮膚科醫師參與，下午家琪陪了黃國倫牧師和松牧師來為我禱告。

這一天我的體溫多在攝氏三十八到三十九度之間，脈搏都是九十，醫師們十分擔心，認為症狀很嚴重，七時半做淋浴只能洗右半邊，八時半就睡了。晚間睡眠甚好，僅一次小便，二日上午八時半醒，體溫較昨日稍低，但仍是發燒，另外昨日曾多次發抖，今天則無。中午玲玲和家琪來陪我用餐，之後又午睡，醫生說今天是重要關鍵（Critical Moment），自己也感覺細菌和我在作戰，到傍晚體溫已降到三六・九度，晚間仍早睡。

三日上午體溫已為三六・一度，只是左腳仍痛，有時會發脹，下午有住院醫師告知細菌經培養有兩種，五時起將配合點滴打這兩種細菌的抗生素。四日上午十一時國安會胡為真祕書長來看我，原來他下週將赴美與新任國安顧問唐尼隆（Thomas E. Donilon）會晤，這項會晤已有十多年的歷史，但是過去美方都由副國安顧問代表，這次階層提高，我和為真兄說，目前美對我與大陸逐漸解凍多有疑慮，所以我們可以明確告知美方，我之能有今日的民主繁榮，美國的支持是重要因素，我將永誌不忘；兩岸關係雖有改善但國內意見分歧，馬總統必須審慎處理，對不少改善兩岸關係之建議，他均未付諸實施；我必須軍購，不是為了對抗中共而是為了安定買保險；美方宜將上述各節坦告大陸，以免此次「香格里拉對話」（Shangri-La Dialogue）之中美對峙窘境再現。

為真兄很滿意，他又談到蔣公日記擬由中央研究院近代史研究所出版，但是蔣方智怡女士和蔣友梅女士爭執不下，盼我設法調解。我說近年來友梅自英返國多會來看我，我曾不斷告知此日記乃「公共財」，而非個人或家族所有，她甚不以為然，實在無能為力。

當晚睡眠中又因腳痛而醒。五日中午做核磁共振（MRI），到下午午睡又痛醒發現腳腫得更厲害，來了許多醫生研究只有做冰敷，一天四次，每次二十分鐘。他們告訴我細菌已被控制在一處，但仍很頑強。

晚間黃冠棠主任告知明天將為我做醫療簡報。六日因為本年「首爾—台北論壇」要在首爾開會，我不能去，請程建人兄代表，他下午四時來看我，我將此會的過去詳告，並說每次論壇韓方都安排兩次早餐會和安保祕書，和另一文員與我們會談，我們要準備適當的問題請教他們，另外，今年韓主辦G-20年會，亦可提問。建人兄說金達中是他政大外交所的同學，如此則一定會順利。

五時黃冠棠主任和醫療小組同仁來向玲玲和我簡報治療情形，他說五天前十分危險，所幸及時治療，現在危險期已過。我說現在是希望能消腫、減痛可走路，就可出院了。七日晨起左腳疼痛稍減，下午國維、家琪陪黃牧師、松牧師和羅致道牧師及裕揚、裕恩來為我禱告，並按腳祈禱，唱聖詩、領聖餐，玲玲和我均十分感動。八日晨起腳著地無疼痛感，但行走站立仍疼。九日醫師告知將停止打抗生素，改用口服，每日早餐前兩小時服一粒。

十一日上午，免疫科陳宜君主任和骨科王至弘醫師來教我作復健，每天三次，每次五趟，剛開始不要太久，之後逐漸增加。下午監察院廖健男前委員帶了泰北義民在台志工劉小燕女士、清萊（Chiang Rai）光復高中顏協清校長、滿星疊（Ban Hin Taek）大同高中張明光校長、美斯樂（Mae Salong）興華中學楊成華校長來看我，說泰北有不少中文學校，但缺乏師資、獎助金，回國升學費用也不少。監察院前此出版《滿星疊悲歌》一書[1]引起此間社會的注意，但是主管機關並不注重，我說出院後當向教育部、僑委會提請關注。

十三日足部情形稍有改進，左腳四、五趾間有癢的感覺，到晚間又有抽搐現象。十五日復健科陳醫師建議改用走路復健，仍是每天三次，每次五分鐘。十七日晚免疫科陳主任來暗示我已可隨時出院，我說如果左腳的腫能退，或腳上的傷口能癒合就可出院，她說大概一週內。十九日上午陳院長來告稱已請黃冠棠主任與醫療小組做妥善安排，我可於後日出院。當日下午哈佛大學甘迺迪中心資深研究員奧佛豪（William Overholt）到醫院來訪談，他曾在蘭德公司（Rand Corporation）擔任亞太研究主任多年，他主要的問題是：最近兩岸關係改善，何以中共對於美國對台軍售採取如此強硬的態度？我說這是大陸內部的問題，美國前任參謀首長聯席會議副主席歐文斯海軍上將（Adm. William Owens）自退役後在香港工作，與大陸軍方如熊光楷等人關係密切，他與中美雙方退役將官創辦了一個「三亞對話」（Sanya Dialogue），每年定期討論中美相關的軍事問題。他在最近一次對話中發言表示，美可以停止軍售給台灣，也可以廢除《台灣關係法》，大陸軍方聽到這種發言大受

1　請參閱《錢復回憶錄 卷三》第五一七頁。

鼓勵，對北京當局表示台灣問題要強硬，其實歐文斯所言只是他個人意見，並不代表美國政府，北京方面被誤導了。他對我的答覆很滿意。

傍晚黃主任及醫療小組來談出院後應注意事項，二十日再到各科去做檢查，晚間馬總統來電致意說剛才知道我住院，我說明日即將出院。二十一日下午付清住院費用，二時半離開醫院返家。此次住院三週感觸不少，首先蜂窩性組織炎（Cellulitis）以前從未聽過，此次突發主要是九月廿九日凌晨赤腳穿拖鞋站在草地，有小蟲鑽入腳縫有香港腳的部分，將細菌帶入體內，僅十餘小時即發生問題，所幸當日夜晚去台大醫院體檢，次日清晨陳院長來探視，立即住院治療，據說當時如不即時處理，可能有生命危險；其次，住院期間許多朋友來探視，有一位告訴我他也得過此症，服用紅黴素二週即好，另一位朋友說在鄉下有這種病，將泥土弄濕敷在傷口，數日即癒，可見各人的體質不同，治療的方法也各異。

最後在住院期間台大醫院自陳明豐院長以下，各科主治醫師及護理同仁都細心照料，使我能痊癒，而且平日作業亦未中止，包括公文處理、報章雜誌閱讀，以及國外來的訪客均能如常接見。玲玲在這三週備極辛勞，每日中午均親自送飯與我共同用餐，國維夫婦及諸孫亦常來看我，為我禱告，美端則每日送早餐來，至德有時送晚餐來，都使他們增加很多負擔，令我銘感於心。

三、腦中風顱內出血

二〇一八年上半年我活動頗多，數次出國，赴美國和大陸大概一共六、七次，而在國內演講開會也不斷。七月二十七日上午，我應兩岸共同市場基金會執行長陳德升之邀，去政治大學舜文堂對他所主辦的「兩岸菁英研究營」講「重回歷史現場」，主要內容是上世紀八〇年代中美貿易之爭，和台北市基隆河截彎取直兩件往事。當天我是坐在沙發上講，大概過了二十分鐘就感覺天旋地轉，有如九二一地震但更嚴重。我仍繼續把全部內容講完，中間亦有清楚的時候，也有數次暈眩感覺，講完後學員提問二十分鐘，我也清晰地答覆，結束時全體同學起立鼓掌，我想站起來答禮，但是站不起來，兩位前排同學看到，就上台來把我架起來，我才能向同學鞠躬致謝，此時我的隨扈劉明洪君也上來扶我走下講台，走出舜文堂上車。登車時我立即和玲玲通電話，請她找她的友人台大醫院前副院長、急診處主任林鶴雄醫師的夫人，請她告知林醫師我就要去急診處。返家後略事整理，即和玲玲去台大急診處。林醫師帶了護理長、備了輪椅推我進急診處，在角落上隔了一個小單位，立刻給我做各科的檢查。做了心電圖和胸部X光都正常，只是血壓部分偏高，經過四個小時的檢查認為沒有問題，腦部亦未出血，就回家，但是走路仍不平衡要用手杖，接著兩天是週末都在家中，多事休息。

三十日上午，我們多年的家庭醫師和信醫院謝炎堯副院長要我去和信做全身檢查，包括腦部核磁共振（MRI）和斷層掃描（CT scan），發現我後腦有二根脊椎動脈稍有狹窄，但不是主要問題，血壓高與此次暈眩有關，但不宜遽降以免動脈阻塞，開了一些藥就回家，當晚睡到半夜要小便，起床時感到暈眩，隨即跌倒，後腦碰到窗，腰部也撞得很痛，我仍能爬上床睡，之後不知何時由床上滾到地上繼續睡，玲玲四時翻身發現我不在床上，開燈才看見我在地上，即電住在十三樓的美端夫婦下來，叫了救護車送我到台大急診處，此時我全無知覺，在急診處身上被插了許多管子，完全不能動彈。三十一日下午四時，被轉到加護病房住了兩天，這兩天都在昏睡，不斷做夢。另外晚間看到玻璃牆外護理室，護理師們不斷走動，而且行動迅速足不黏地，看了有點恐怖。我發病時國維一家在波羅的海坐遊輪，他獲知我的病情，立刻經由伊斯坦堡轉機回台北，八月二日到台大醫院來看我，這時我已轉到普通病房，因為做檢查都不錯，所以換到普通病房，原先插在各處的管子也都拔去。到了普通病房，玲玲的大妹琍琍也介紹了一位印尼籍的看護工，全天候地照料我，這段時間醫師們都要我多喝水，小便變多，而且經常會來不及尿在褲子上，醫師們也認為我的狀況很好，教我用助行器（walker）練習走路。

國維於三日返回台北立刻來看我，他認為醫師們建議轉到公園路的復健病房不妥，認為去台北醫學大學附屬醫院較合適，他和李祖德董事長熟，可以安排。開始住院時三餐由美端送早餐，玲玲送午餐，至德送晚餐，到三日玲玲說醫院的伙食是由營養師特別配製的，要我仍以醫院伙食為主，做得很可口，我食用很習慣。

八月五日是星期日，那天下午二時國泰集團蔡宏圖董事長來探視，他的夫人幾年前也是腦中風，一度病危，之後好轉，每天都做復健非常認真，所以他對我的病情非常清楚，首先表示在台大治療好後出院一定要做復健，國泰醫院在這方面很強，而且不必住院可以每天來院作，另外他也認為將來我可能在生活方面要有無障礙的空間，我們現在住在台北皇家大廈七樓，他已指示國壽將隔壁的租戶遷往其他樓層，將該戶和我們住處打通，而且是完全無障礙，這項工作國泰人壽非常認真，兩個月就完工。他談了一百分鐘以後辭出。六日上午有黃醫師來告，病情已安定，週內即可出院，稍後則需開始做復健，不久有復健科的物理治療師來看我，告訴我物理治療首重平衡，不能使自己偏向一邊，那樣容易跌倒，而摔跤是我必須避免的。下午國維來告蔡董事長已指示國泰醫院為我復健成立醫療小組，由李豐鯤副院長主持，這個團隊也為玲玲提供醫療服務，盛情實在可感。

七日晨有幾位醫師來告治療情形已見效，後天要做電腦腦部斷層掃描，如情形良好，大後天就可出院。十時半台大醫院何炳能院長來探視，他說國泰蔡董事長十分關心，一再問他有何需要協助之處，國泰醫院將全力支援。但八日起腦壓不斷增高，昏睡不醒，九日照電腦掃描初次發現右部有瘀血很多，和七月二十七日暈眩經過了兩週才顱內出血，前幾天十分樂觀認為我可出院的醫師告訴玲玲、國維、美端說我的情況只有二種選擇，一是什麼都不做，天天昏睡，之後成為植物人；二是立刻動腦部大手術，但是成功的機率不高，他們三位一致主張立即開刀，所以在十日傍晚由三十九歲腦外科黃博浩醫師主刀，他的岳父是我在第三屆國民大會的同事李成家先生，黃醫師最初頗為遲疑，但腦外科賴達明主任給他很多鼓勵，並告訴黃醫師他會全程在旁協助。手術經過三小時，將頭蓋骨三分之一切開拿出來放在一個無菌的器皿中，然後將顱外的血塊清除，整個手術三小時，醫師們告訴玲玲說是很成功的手術，他們都安心了。我被推到恢復室，稍後再到加護病房，在那裡又住了兩天，仍是睡多於醒，到十一日轉到普通病房，十二日清早醫生們來查房，和我談話，期間我的左右手都配合講話有所動作，他們很訝異問你的左手怎麼會動？我說可以，就將左手高舉，他們很高興說一般右腦出血，左半身就無法動，又問我左腿可以抬起來嗎？我就勉強抬高一些，他們很滿意說你在醫院至少要住五週，請你時常練習抬左腿，我遵照辦理，二週後就可以抬高了。

那天下午蔡宏圖董事長又來看我，對我說我的術後復原就要天天做復健，國泰醫院已準備好，你返家後第二天就開始，一、三、五做物理治療，二、四做職能治療，又說皇家大樓7D已開始改裝為無障礙，晝夜趕工你回家時就可以直接進住，蔡董的德意我十分感激。與此同時，鴻海集團郭台銘總裁要國維幫他辦併購案，而國維一直在醫院，他無法和他連繫，所以有一晚就在國維家樓下大廳等，國維回家，他就問為什麼沒接電話，國維說父親顱內出血剛動完大手術，一直在醫院無法開機，郭董一聽立刻說令尊和令堂的健康應由永齡基金會負責，立即指派護理人員晚間在家照顧玲玲，我出院後，由曾紫瑄護理長和林鳳萍、徐千媚、李盈璇、鄭乙文四位護理師不分晝夜，全天候照顧我，長達一年多，她們細心認真，使我復原的情形日益改善。另外還有一位高欣儀復健師，每週三下午來家，為玲玲和我做復健，之後會敘述。

開刀以後，在院內病房依醫師指導，每天做加強左手和左臂的活動，在沐浴時我發現左腿的大腿部分較過去瘦了很多，醫護人員告訴我，每天在床上躺達一個月時間，復原需要加倍，我在院內大概還要住五週，所以可能要到年底才能恢復原狀。我在病床上被插了鼻胃管，十分不舒服，就自己拔下來，他們就將我的雙手縛在病床邊的架上，到了晚上我又偷偷地把縛帶解開，前後十次，他們說破了紀錄，就給我戴上很大的橡皮手套，使我無法拔管，我問內科主治醫師李啟明教授為什麼要插鼻胃管，他說是防我吞嚥困難，所以用鼻胃管灌食，我說我的吞嚥毫無問題，可以直接進食，無須插鼻胃管，這樣終於停止了我在住院期間最大的痛苦。

我在住院期間還有一件糗事那就是開刀後大小便次數增加，而且常常失禁，所幸看護工盡責，任勞任怨處理垢物，並安慰我說這是常有的事。可惜這一位看護工的父親在雅加達遭人暗殺，她不得不趕回印尼，否則我們準備留她在家中工作。

手術後經過十六天，二十六日傍晚，我又一次去開刀房被全身麻醉，這次是將頭蓋骨重行縫回頭部，在出院前再由醫美醫師拆線，到九月十八日回家，整個住院五十天，住院和手術費用四十多萬元，這是拜全民健保之福，我只做部分負擔。三十年前我在經建會籌畫全民健保，沒想到自己能蒙受健保的大量照顧。我在住院期間，家人和親戚來探病，其他友人都不知道，但是馬英九夫人的祕書由她的女兒處知道，因為她女兒和美端的小孩在復興同學知道了，所以馬前總統伉儷在我出院前數日來院探望。另外是監察院老同事黃煌雄兄和李宗義主任說有急事要來看我，在九月十五日下午前來，原來他擔任促進轉型正義委員會主任委員，他對我詳細說明數月來的痛苦，所有的公文都由副主委判行，他完全看不到，自己覺得和木偶一樣，無法有所貢獻，我為他詳細分析這個機構實在是不合理的，民主國家經過選舉，新當選的要清算過去，這是稀有的事，德國有二次，一次是希特勒戰爭失敗，一次是東西德統一，都不是選舉所產生，他的痛苦我很瞭解，因為在監察院同事，他是最認真工作的一位，現在有職位而無工作，他一定不能接受，所以我勸他好來好散，先想好副主委和缺額五位委員的建議名單，去看賴院長和蔡總統，如果他們同意，你可續任到兩年期滿，否則即可辭職。他對我的建議很滿意。另外蕭萬長兄甫由夏威夷返國，後天又要去崑山，仍在十八日上午來看我，談了四十分鐘，這些友人的好意我衷心感激。

同日下午我出院回家，此次住院約七週，回家後稍不習慣，搬到7D的主臥室住，離原先的臥室要走四十六步。玲玲告以我住院期間她擔心又感壓力深重，起先都夜不能眠，所幸兩週後永齡基金會有陳堯琪護理長來照顧她，她原請陳在臥室另床休息，但是陳仍堅持在客廳沙發睡，她有動靜立刻趕過來幫忙，她非常感激。我回家後永齡基金會的四位護理師輪流，有一位從早到晚，九小時一班，全天照顧我，週末假日亦如此，她們對衣、食、住、行都負責，三餐都要照相，每樣食品都要測重量，真是無微不至，我出外當班護理師必陪，之後我恢復打球有隨扈陪同，我一再請求因為球場的規定是不打球隨客人走，也要付錢，有一位隨行就夠了，而且打完球比較危險的是浴室，男士浴室女生不能入內，所以去了也幫不上忙，她們最後勉強同意由隨扈陪同，並教他要注意不能讓我跌倒。這四位極為認真負責的護理師由二〇一八年九月十八日開始，二〇二〇年五月十二日結束，十三日玲玲和我邀她們餐敘並贈禮，以示衷心感激。

我的復健由國泰醫院復健科主任李棟洲醫師負責。週一、三、五是物理治療，由林松佑治療師教導。主要是訓練體力的加強，最重要的是讓我先用助行器，進到用雙枴，再用三爪的單枴，再是單枴，最後是自行走路，這期間最有趣的是二〇一九年一月十一日我去台大內科李啟明教授處回診，他和我談了很多使我輕鬆的話，突然叫我站起來正式走路，陪我去的李宗義主任和李盈璇護理師都大吃一驚，因為復健治療師還在要我用枴杖，但是李教授說我走路要注意二點，一是收下顎，一是頸骨要挺直，這都是當年在受軍訓時教官教的，李教授講評時說你自己走已很好，只是頭老低下看地板，地上沒有黃金美鈔不要低頭，他又說現在有治療師陪同，你可以打高爾夫了。我並沒有聽他的話，立刻去球場，但是兩天後我就每天下午去辦公室（因為上午要復健）；週二、四是職能訓練，由李佳宜治療師教導。每次上課她一定要我先站立，由三分鐘逐漸增加到二十分鐘，其他的訓練包括有氧踏步，將棋盤內的棋子逐一夾出，再一一夾回等等，主要是生活和工作所需要的動作，之後兩位均教進階的活動，林治療師教上、下樓梯和在走廊上拍大皮球前進，李治療師則教我上、下汽車，學會了就不用坐輪椅推上復健車。兩位治療師都很有愛心、耐心地教導我，只是可惜二〇二〇年初，新冠肺炎疫情肆虐，國泰李發焜院長怕我受到院內感染，因此在一月底就沒有再去上課，而在我們住所內的健身房，用固定自行車和走步機做復健。

另外永齡基金會有一位高欣儀老師，也是這方面的專家，她每週三下午來家教玲玲和我做一小時的活動，她的教法比較有趣，如走螃蟹步（橫行），用繩梯內的格子要我們隔格走步，用皮球向垃圾桶投球、將幾張椅子排成直線要我們先向右，再向左通過。天氣好她會帶我們在家中附近步道散步，就是和平實驗國小、大安運動中心和和平籃球館，玲玲由護理師陪同走半圈，我由老師和隨扈陪先是一圈，之後可以走一圈半。可惜高老師原籍台東，她的母親由哥哥一家奉養，二〇一九年底蘭嶼有國小校長缺，哥哥擬爭取，就請高老師回台東照顧媽媽，她於二〇二〇年二月四日結束課程返回台東，在當地作個別復健工作，甚受歡迎。國維看到我兩方面的老師都不教了，所以在二〇二〇年中介紹一位林家卉老師來教玲玲和我，每週一、四上午上課，先做站姿，再做坐姿，之後用寬帶和彈力帶，最後是練平衡，經過兩年半的時間，我們都感受惠很多。

我於大手術後經過將近十個月才第一次接觸高爾夫球桿，是一個叫燒酒會的球隊。於二〇一九年六月十六日在東華球場打後九洞，恢復打球後有幾個原則：第一、開球用的一號木桿取出球袋不再使用，怕桿頭重揮桿時可能跌倒；第二、只打九洞；第三、下雨、地濕不打，避免跌倒。我很感謝有若干球友能接受我這樣的一個球友。我所以不厭其煩，詳細敘述癒後的復原，是因為朋友中有類似問題者不少，所以願將個人的經驗分享。當然我最該感激的是我的家人：玲玲、國維、美端、家琪、至德，他（她）們在我病情最危急的時刻做出最睿智的決定，在我住院期間不辭辛勞，對我最好的照顧，出院後陪伴我做復健，感激之情難以言喻。

第七章
有關政治的事務

我於二〇〇五年二月一日由監察院離職，二月五日中國國民黨連戰主席就請組織工作會廖風德主任到舍下面致中央評議委員會主席團主席的聘書，我對連主席的德意深表感激，但是我向廖主任說明，我雖然已離任，但是第四屆監察委員尚未產生，理論上我仍需待新任產生，完成交接，才是真正的卸任。在此之前我自己認為仍需恪遵監察委員自律的規定，不能參加政黨活動。廖主任對我的說明很認同，我們稍作寒暄，他就將聘書帶回去。此後二〇〇八年八月一日新任監委就職，我將印信交出，才接受評議會主席團主席的聘書，中評會每次開會我都準時參加，但是從未發言，因為我覺得兩小時的會議應讓由海外歸來以及中南部的評議委員多多發言。

在當時國民黨的政治人物中，我對馬英九先生特別重視，一方面他是我歷年任教學生中最優秀的，同時他潔身自好，廉明公正，特別是他任法務部長時為端正選風，大肆取締賄選，和李登輝總統的立場相左，他即辭職，都是我很認同的，所以我在他當選台北市市長以後，就很想協助他能在政壇上有更大的發展，我曾給他寫過幾封信，現在稍揀出數封抄錄如下：

二〇〇〇年教師節前夕：

英九：

你當選市長，就職以來，任期已逾百分之四十，在此期間雖曾數次晤面，但能深入談話的機會卻沒有。二十二個月以來看到你的施政，言論和做法，多次想和你談談，但是看到你每天日以繼夜，週末假日毫無閒暇，實在也不忍心再來impose on你最寶貴的時間。明天承邀頒獎，想必亦不可能有機會談話，所以今晚只有開夜車將心中所思的幾件事寫下來，或許能對你有些貢獻，如果所議欠當亦請將此函銷焚。

去年開始，你更動了交通大隊長，此後本市交通日益惡化，目前每天下午五時半到八時之間由仁愛路五段去介壽館常需四、五十分鐘，連週末假日亦不例外，問題的癥結在於這條單行道街燈很多，在下班及夜晚時間路燈不能連貫，第一個街燈是綠燈，車輛應可前進，但第二個路口卻是紅燈，等第二個路口變綠燈，下一個路口又成紅燈，只有違規硬闖，才能過一、二輛車。以前不是如此，由光復南路一遇綠燈，大概可開到復興南路，聽說負責燈號的警員對前任大隊長都心服口服，他被你調離，基層反彈，故意如此，使你難堪，不知你自己曾否嚐過這種塞車之苦。

其次台北市現在的道路崎嶇不平，車子行進中常常有非常bumpy的狀況，在兩年前甚少有此現象。當然道路養護單位可能歸諸於雨水多，但是過去也不是不下雨，何以從前能很快恢復平坦，現在卻不行呢？這點不是個人的感覺，很多駐華使節及代表在聚晤時均常提到。

數週前行政院在統籌款部分，為了幫助更需要的縣市，刪了台北市四十七億元，你大肆抨擊，這可以瞭解，但是以後你宣佈為了報復中央，你將拒絕上繳中央應繳的經費，而在台北市的社福、教育經費要大幅刪減，單單宣佈的刪減數字就超過四十七億數成之多，而拒絕上繳的則逾百億，兩者相加，幾及兩百億。我覺得市府的反彈已out of proportion，民眾會計數，連一向支持你的我都認為這是不妥，請問一般選民會怎麼想呢？

最近兩個月來，媒體不斷拿你和阿扁做文章，這項對抗的結果對你是十分不利的。

不管個人對阿扁的看法如何，他是已宣誓對中華民國憲法效忠的國家元首。媒體為了它們的私利當然希望你們二人不斷抗爭，它們可以加油加醬的渲染來滿足民眾「坐山觀虎鬥」的不健康心態。可是我們為什麼要willingly to be made use of by the media？難道不能用「必須尊重國家元首」的言詞來discourage他們繼續不斷的挑撥？

最近內人和我最感distressed的是你公開的擁抱同性戀者，為這些不道德的人辦盛會，另外在北美館公然辦理色情片的活動。這幾週來在任何場合，朋友們見到都認為是不可思議之舉。你決定這些活動前曾否稟報 令尊令堂大人，他們的反應是如何？

這類問題可談的還有不少，我想不需再耽誤你寶貴的時間。不過以上所述各點都指出同一問題，就是市府團隊給你的建議可能不是最正確的。他們著眼於青少年、弱勢族群，不斷要你把最重要資產——時間和精力投注在這些人身上，但是這些人的投票行為是不可靠的。你最基本的支持者應是中、高年齡、中產階級者，他們希望安定，希望居住、環境、交通、環保、衛生、教育事項能得到照顧，而不希望市長費許多時間作秀。老實說，多數人看到作秀的電視必轉台，看到作秀的報導必跳過不看。老實說，以你的條件，腳踏實地的全神貫注於市政，不介入政爭，連任是比較容易的。但是很多你這段時間所作的事alienated你最強的支持者。

我深切的盼望你能有決心和毅力來resist很多你一級主管所為你安排的作秀，

把時間節省下來，多照顧自己一點；行有餘力，多與一些長輩、同學或有見識的青少年晤談，聽聽大家的意見，換言之，前年聖誕節我在你就職典禮上所談的「兼聽」是極重要的；資訊來源不能侷限於一個相當pathetic的市府團隊。

草草寫來，不敬之處請 鑒諒。這是私信，請勿交辦，亦無需交秘書答覆，但我不反對你與 令尊令堂和 尊夫人分享。敬祝

健康順利

錢　復敬上

八十九年教師節前夕

這封信去了以後他曾來看我，他說知道我是指他過於寵信市新聞處長金溥聰，所以特別來解釋，當他在一九九六年辭去公職想去政治大學教書，當時大學教職聘任資格審查很嚴，要系、院、校三級分別召開教職人員的會議，詳細審查，不能有一位參與者反對，才能通過；他因為此前在政府服務公職頗久，難免得罪人，金為了使他能順利通過，不辭辛勞，每日夜晚及週末遍訪可能投反對票

的同仁，一一為他詳予說明，使這些人或改投贊成票或在審查會時缺席，終於使他能通過三關，順利獲聘政大法律系副教授，他說到激動處目中有淚，說這樣的恩我一生都無法報答。

二〇〇五年八月十九日馬英九當選中國國民黨主席，數日前丘宏達教授自美國來電，建議我要將黨務革新和馬談，我因他時間不易抽出，所以在十八日給他去了一封信。

英九吾弟惠鑒：

自　吾弟宣佈擬參選本黨主席，曾多次考慮擬約晤敘談，終以考慮參選及市政繁勞，未必能有時間作罷。此次選舉　吾弟以一人之力面對整個「黨機器」，仍能獲得絕大多數同志之支持，充分顯示：㈠、全體黨員、全國民眾渴望革新的殷切；以及㈡、「黨機器」長期為少數人所掌控早已失去戰鬥能力。

上月底曾與　一中兄長談，對於此次參選過程稍有體會，而近週來甚多來自各地黨內同志或黨友會面，無不對　吾弟接掌黨務有極高之期許。大家咸認為黨必須澈底改革，目前為最佳良機。然而面對龐大且無所不在之保守力量全力抗拒改革，吾弟之處境實極為艱困。

一方面 吾弟秉承庭訓，處事向本「溫、良、謙、恭、儉」之傳統美德，另一方面抗拒者多為 吾弟之師長、長官或先進。倘堅持改革而彼等反對或阻撓，社會上甚可能有「未能尊老敬賢」之議。而支持 吾弟者多為沉默大眾，無法應付此種議論。

但是改革是時代趨勢，不能抗拒，首先應著手者就是「黨機器」以及長年黨工。目前黨財務極端困難，既無法負擔龐大的「黨機器」及大批黨工的繼續運作，也難以支付大批黨工的退休金。改革的首務要能找到可以支付黨工的退休費用，財務問題是 吾弟首先要考慮的。

現任中央或地方黨工並非全不可用，其中也有真心愛黨，無私無我的。吾弟必須去蕪留菁，因為過去「黨機器」根本不理會這些熱心愛黨同志的建言。今後黨務工作，除了由極少數真正一心為黨的專職幹部去作，更重要的是發掘容納有黨德黨性的義工同志。我遇到很多同志願作義工，甚至有非本黨人士表示，如馬主席真心要改革，他們將入黨並任積極義工。

吾弟其次的問題是「用人」，為事擇人而非為人設事。近日外傳「黨機器」主控者將任副主席；執行長將續任，均引起不少批評。「主控者」對五年來黨的沉淪以及去年敗選應負主要責任，黨要革新如何能使此人續居高位，且其已有出處，更無需錦上添花。至於「執行長」以往五年來在國會，不問是非或民間意向，一味為反對而反對，騰笑中外。黨要改革，在目前應扮演「忠誠反對黨」角色，就事論事，不能「逢扁必反」。即如第四居監委同意權一端，憲法規定：總統有提名權，立院有同意權。被提名者之良窳，應先審查，始能決定。如提名不妥立院有封殺之權。立院近十個月來不審不理，實乃delinquent of responsibilities，是民主國家的笑柄。此外 吾弟身邊之某君，幾乎rub everybody the wrong way，是否應考量其進退，吾弟亦宜良圖。

吾弟接任主席後，兩岸問題將為一棘手課題。前任訪問所造成之euphoria是利亦是弊。吾弟以外省籍出身，在此方面尤宜審慎。好在 吾弟以往有反「反分裂國家法」及支持法輪功之紀錄（though,personally,I disagree with both of your stance）。在二〇〇八年的大戰將有正面效應（此次中南部很多支持 吾弟是因為你未參加「三一九」以後的府前靜坐）。今後在此方面盼將「中華民國」作為神主牌位，因為對「統」者此乃正朔，對淺綠者此與PRC有別，並非「一個中國」、「一國兩府」、「一國兩治」。

今後盼 吾弟勤走基層，多發掘地方有潛力人士，予以引用、培植。吾弟追隨經國先生有時，蔣公與 經公隨時以培植幹部，考核幹部為念；而過去五年來在此方面幾乎沒有任何新猷。

今晨 宏達兄來電亦殷殷以 吾弟近況相詢，宏達兄建議可約 吾弟一談，但再三思考仍以箋函為宜。此函涉及若干人士，祈勿示他人。耑泐 順頌

勛祺

愚兄 錢復敬上 二〇〇五年八月十八日

馬在收到這封信後不久，就在八月二十五日下午來看我，談了七十五分鐘。先談黨的改造，我建議黨員應作總登記或總檢查，黨的訓練應著重主義和黨德，考紀會不應是一個擺設，而應落實其工作，尤其是選拔優秀黨員，可為黨參選公職。馬說改革是要做但是要漸進，不能過於急速。其次談到二〇〇八年的總統大選，他勢必要代表本黨，目前重要的是提出能振奮人心的公共政策，這是智庫的責任，但過去沒做；黨的政綱政策，從政同志必須執行，使民眾深刻瞭解；他個人在選前必須審慎，今後一年到一年半要利用週末下鄉接觸民眾，但仍不能忽視台北市政，到二〇〇七年則要密集下鄉多尊重地方意見。他對於二〇〇八極有信心，也表示將勤跑基層。最後談到他個人，我建議他要對每天的行程，不能排得太滿，要有時間思考問題，對於民粹式的「走攤」迷思要打破。他對黨內高層爭權奪利也向我吐苦水。二〇〇八年三月二十二日馬英九先生以高票當選中華民國第十二屆總統，四月初我獲通知他將於四月八日上午來辦公室看我，我深知他時間緊湊不可能多談，所以在四月五日晚寫一長信。

英九兄：

昨晚李秘書通知 兄將於八日上午枉顧，因恐時間有限，特利用假日將數月來思考問題作成書面。三月二十二日選舉 兄高票當選，國人同慶，此誠 兄多年來誠以待人嚴以律己，為政風範已獲國人多數認同，半世紀來糾纏之省籍問題亦隨之而消。而 兄在以往數月，各地「長停」亦為勞其筋骨，餓其體膚之謂，苦人所不能苦；而今重責迅即加身，當「苦其心志」。目前國事經八年虐政誠屬如蔴，第一要務在於民生之改善，其次兩岸關係之改善，再則外交、教育、財政、司法，無一不有嚴重待處之難題，而最為難者則為全民缺乏耐心，必期 兄能剋日解決所有問題；然而七年之病求三年之艾也，茍為不畜終身不得。領導國家之人必須坦誠告知民眾。因此 兄之就職演說中宜明白告知，我人乃人，非神，所有問題絕無立即改善的可能性，但是我們有整體方案，假以時日自能漸漸改善。

因此就職演說即日起即須草擬，不斷訂正，務期能使全民理解今日困境無立即翻身可能，而需逐步積極去作。元首為一國領導者，最重要任務是為民眾找尋最優秀的人材來推動國政，如用人得宜，領導者不宜十分忙碌，領導者現在往往日以繼夜忙碌不停，主要原因在於所用非人，亦即所謂「善善而不能用，惡惡而不能去」。復歷任國家六個機關首長，每晚定時睡眠，每日睡眠時間在八小時半以上，其原因在於用人得宜。兄所提用人「德」重於「才」是極為正確的。先總統蔣公曾示復用人之初應慎始，不必急速派任，必須先有澈底瞭解並召見，召見時遇有不妥、不當情事，可立即變更。晉用後更應時時「考核」，如犯三次錯誤（行政上或政策建議上）則必須更動。因此 兄在用人上請多費時間和精神，必要時可有一對外保密純諮詢性小組輔佐 兄。談到「考核」，蔣公及 經公時代尚借重國安局及調查局對重要官員之品德操守協助考核，兄可能不願如此。除人事以外，政府機構日益膨脹，政府預算日益增加，債務負擔（還本付息）已將壓垮政府財政，十三兆台幣的公債已逾一年國民生產毛額，完全是「今日用錢，子孫還債」，因此如何使政府架構縮小，只管必須管理之事，若干業務可委託民間非營利團體去作，以實現公民社會的目標。現任政府於選前匆匆提出「行政院組織法」全為輔選號召，兄就任後可請行政院撤回重新草擬，務期精簡。再回到前述第一、二重要事務，兩者實互相關連。目前全球經濟衰退，原物料價格飛騰，通貨膨脹跡象已明。物價上漲直接影響民眾生計，如無法使人民收入增加，兄之蜜月期必短。而人民收入之增加，必須投資大幅增加，而投資之增加有賴投資環境之良窳，就我國而言最大問題在於安全，亦即兩岸關係。復十五年前任外長時提出，「外交政策位階低於大陸政策」，亦即「大陸政策之位階高於外交政策」，因當時我國大陸政策之主軸為《國統綱領》，倘繼續維持，兩岸必能維持和睦相處，台海安全可保；外人及國人自將樂意投資台灣，我國經濟榮景可期，民眾生活自能改善。目前 兄陣營同仁時以「九二共識」為兩岸復談基礎，惟此四字乃某君私創，為辜老所否定，國人有異議者亦大有人在，因此竊以為不宜如此處理；兄在就職演說時可否宣稱國統綱領仍為我國大陸政策之基石，就職後將儘速恢復國統會之運作，並呼應現任八年前就職時所揭櫫之「四不一沒有」，如此本地阻力當可減少。兩岸倘能復談，當以循序漸進為宜，如有涉及「和平協議」等較敏感議題，在進行前宜配合民意之徵詢，公投或網路調查均可，總之要在建立強大的民意支持下進行，則國內爭議可減少。至於國內方面，本黨在立院內宜在若干問題上尊重民進黨，切勿有自大之態。事實上中共多年來以自大之態對付吾人，乃台獨支持者日增之最主要原因；本黨在國內對民進黨切勿以過去中共對付吾人之態度，否則必將引起強烈反彈。兄在人事任命方面不妨亦可與民黨洽商約若干該黨菁英加入政府五院任職，但不宜未經洽商直接提名任命。兄處事向以溫和委婉自抑著稱，凡此均為與在野黨相處最佳之態度。兄方一再釋出善意，縱使對方峻拒，媒體必將報導，人心必以仁義視 兄；同一原則亦適用於兩岸關係。小事大以智，此兩岸關係之做法；大事小以仁，此國內政黨關係之做法。現任於八年任期內唯一「成就」在於將「台灣主體」觀念深植人心，是以 兄闔府對黨國之堅貞，於過去數年亦不得不對此一觀念作某種程度之認同。最近數月復曾多次聆聽若干摯友表示將絕不參加投票，復均以長時間勸說必須投票支持 兄，否則四年前之舊事可能再演；投票後若干友人告以均曾投票，但有謂「含淚投票」有謂「含恨投票」，此等均為極忠貞之同志，會有此種反應，實乃強烈反對「台灣主體」

觀念之結果。在民主政治下，最好是有極大多數中產階級與中間立場（不統、不獨者）之國民；然而在我國現況下極端立場人士為數頗眾，如何設法化解亦為 兄必須面對之課題。總之 兄在完成不可能任務（以外省籍能贏得總統選舉）後，所面對者乃重重難關，必須逐一克服。天佑我國及本黨有 兄出面領導，惟復所憂慮者乃 兄就職後每日行程必極為繁忙，可能無暇深思重要問題，復忝為惟本黨一分子，愛國不敢後人，現又在退休後優游歲月，因此願以野人獻曝之心，邀約數位退休而有見解之好友，不時聚會討論國家事務，在絕對守密之前提下，擬具芻議供 兄參考。尚祈 兄不以多事見責，倘無需要，亦乞見示。耑泐 祇頌

勛安

錢 復敬上 九十七年四月五日

當天他仍花了五十分鐘和我交談，先談監察院停擺了已逾三年，我說監察院的重點是委員，一切調查糾彈只有委員才能作，因此選擇委員一方面要有專業能

力，更重要的是品德，至於正、副院長有如廟內的菩薩，沒有任何權力，連公文都不能更改，所以只要選廉潔公正的人即可。我提到最近國際經濟金融情形不佳，他在競選時提到的「六三三」（GDP年增百分之六，失業率在百分之三以下，二〇一六年國民平均所得三萬美元）口號恐難以實現，他應在就職演說時提到就職後當以此為努力目標，然而國際情勢非我所能掌握，如有重大風暴實現恐有困難，但他仍信心滿滿，不料不到一年，就爆發了金融海嘯。

他問我誰作行政院院長最好？我十分惶恐，答覆此為總統專有的權力（Prerogative）他人不得置喙。他很誠懇地說今天來，這是最重要的任務，要向老師請益，我看他十分堅持，就答說昨日看本期的《新新聞》有一篇文章提到此事，認為應該是劉兆玄或彭淮南，我僅就此二位代你分析，劉的學識、能力、智慧都是極合適的，但是有一個大問題，台灣兩大職位是總統和行政院院長，過去數年都是台籍人士擔任，現在你是外省人當選了總統，院長的位子應該是台籍人士，彭是合適的，他精通財經，兼具福佬與客家的血緣，如果你認為他在政治方面尚有欠缺，則可為他挑選一位這方面有歷練的人作副院長或祕書長；至於國防、外交、兩岸，過去兩任總統都是親自主導的，院長在這方面並不需要著力。他聽了沒什麼反應，我又加一句：劉不僅是外省人，而且和你一樣是湖南人，起用他不僅台籍人士有意見，非湖南籍的外省人也會有意見。談話至此結束，當晚十一時三十分以後各報總編輯，廣播電視台的新聞部主任都先後接到金溥聰的電話，告知總統當選人已決定提名劉兆玄為行政院院長。馬總統就職後，於八月三日晚在台北賓館宴歷任外交部長，政府遷台後共有十六位（十五人）外長；一九八六年前的都已去世，目前健在的共九位，到了七位，簡又新先生在青島開會，蔣孝嚴先生在舊金山主持公子婚禮。我因人多所以先在八月二日寫了一封長信，為他分析為何就任以後諸事不宜，當面給他：

總統鈞鑒：

四月五日曾上蕪函（八日面陳），計邀 鈞詧，當時復憂於國人望治心切，而經濟問題無立竿見影可能，而競選時文宣不斷鼓吹「馬上好」，故建議於就職演說中明白指出，民眾所關切問題絕無立即改善之可能。二個半月來各方責難之聲不絕，本月份遠見雜誌與《經濟日報》民調顯示，政治信心已低於百分之五十，經濟信心僅百分之三十六。數週以來復每日在辦公室所見訪客以及在社交場合所聽聞，幾乎一片唱衰之聲，雖一再說明此乃過渡期間所必經之陣痛，然而很難使彼等信服。此等人士以泛藍居多，彼等都謂明年底縣市長選舉本黨必將挫敗。

鈞座此期間之心路歷程必甚複雜，以 鈞座素來堅持至善，且時時與人為善，何以發生此種不合理之回應，必感難堪。復不揣譾陋，試加分析其中主、客觀原因如下：

一、先述客觀原因，經國先生主政時，政府人員努力工作，不貪不求，必獲賞識，國人亦必稱讚。然自宋某任官以後，以公關作秀為主，賴媒體之捧場，使國人視為幹員。過去八年，此種情形更為嚴重。至於年輕一代國人，因成長過程不同，喜愛輕鬆搞笑，厭惡認真嚴肅，我政府處此客觀環境，倘無法順應此種新風氣，縱使勞累終日，亦難獲民眾青睞。

其次，經選舉產生之人員，無論民意代表或地方首長，均有共同特點：作秀、討好特定人士。彼等之自大狂均已達極點，在選前處處求黨支助，當選後將黨棄若敝屣。更有甚者，有利之事彼等爭先恐後，需盡責任時則避之為吉。近日水災不停，此種天然災害原應為地方政府之責，然而縣市長多數向中央政府推責。根據地方人士告知，中央政府所撥治山防洪經費，地方政府真正落實使用者僅為二、三成；七、八成均另行設法消化。然而遇有權利之事，則必積極爭取，認定乃地方自治事項。今日我國地方首長幾可比為昔日之諸侯。

媒體之為我國政治主要禍源乃多數同胞所俱知。其最大影響在於對政治人物及政治團體之分化與挑撥。讀者性嗜刺激，衝突對立較融洽團結適合讀者、觀眾之胃納；因此媒體製造分化、對立不遺餘力。由另一角度觀察，政治人物亦喜以提供獨家內幕消息或收買方式設法掌控媒體，如《自由時報》之鄒景雯之於兩位前總統即為例證。雖然如此，吾人對媒體仍不能不特予重視，蓋水能載舟亦能覆舟。

再者國際經濟之低迷且短期內難有轉機，國內經濟受其牽累，一時難以應付通貨膨脹及衰退雙重壓力。此項事實亟宜使全民清晰瞭解，必須克苦節約、共度難關。當然節約是與提振經濟所仰賴之擴大內需背道而馳。此亦經濟問題難以處理的主要原因。然而我政府強調之擴大內需，係指加強基礎建設，增加人民就業機會的一部分，至於國民生活在此期間仍宜以節約為主，鈞座就任以來時時不忘儉樸生活應為全民最佳榜樣。惟古來「由儉入奢易、由奢返儉難」。如何能使全民瞭解吾人必須節儉，政府相關部門確應妥慎規劃推行。

二、再述主觀原因：鈞座就職以來宵旰辛勞，勤政愛民，且已有頗多具體政績表現，然而一般民眾，尤以投票支持 鈞座者，不僅未予讚賞反多批評，其主要原因在於 鈞座以「全民總統」自許，亟盼能化解政黨間之嚴重歧見，在人事任用上及政策取向上均試圖能顧及綠營之觀感。政策方面 鈞座不願再提《國統綱領》及恢復國統會之運作，以及表示在 鈞座有生之年均不可能實現統一，確使甚多支持者傷心、失望，良以彼等以為如此新政府與民進黨間之區隔實在不大。

其次，鈞座勝選後相當時期與國民黨似有意劃清界線，甚至在重大人事任命以及政策決定前均未知會黨部。現在黨內連、吳、王三位對 鈞座均有相當深刻之疏離感。三位經常餐敘，席間對未獲重視甚為不快，復曾於七月初參加一次，聆聽席間談話頗有坐立不安之感。彼等所期望於 鈞座者為尊重，為多作溝通。

基於以上分析，謹陳拙見如次：

一、設法爭取原始支持者之認同，此種做法似與 鈞座做為「全民總統」有悖。然今日現實社會由於傳統價值標準已遭破壞，能恪守倫理原則者已成少數，多數人均以私利為上，尤以社會上層人士為甚。鈞座倘對此輩不予置理，則彼等必將反噬，過去十週已多次出現。為今之計，以生存為要，兩害間宜取其輕。常人時言「顧全大局」，實即對原則稍予compromise，其目標為使吾人能有較長存在之時間，而達成「移風易俗」，亦即重建正確之價值標準。自 經國先生逝世，先後三位總統，復均曾陳述「移風易俗」之重要性。惟李、陳兩位均不以為意，而 鈞座自幼秉承 尊大人以儒家思想為本之庭訓，且對鄉前輩文正公之風範心儀至深，竊以為實乃領導國家重返正道之最佳元首，用敢冒昧建議未能完全符合 鈞座為人處事原則之做法，實因此時此刻 鈞座必須扭轉政治上之逆勢，欲達此目的，團結原始支持者為第一要務，因此「以退為進」是有所必要。當然溝通之對象不僅限於黨部、立院、媒體，大老亦宜使彼等瞭解 鈞座對渠等之尊重。

二、與在野政治力量之解凍，並非完全在於人事之安排。固然在野人士中倘有優秀恰當者自可延用，在野政治力量（包括民進黨、台聯）更重視的仍是受尊重。今後政府有任何重大措施，縱使在野政治力量絕不認同，倘能在確定公布前，先行告知彼等，則受重視之感覺必將產生。開始時可洽執政黨吳主席轉告民進黨蔡主席及台聯黃主席，並向渠等表達 鈞座有意與渠等在府內或台北賓館會晤。倘能晤面，自屬最佳；縱使無法晤面，善意之一再表達，亦可化解長期存在雙方之敵意。此議之進行需有技巧，宜慮及對方之自卑感與自大狂，以耐心容忍，假以時日始克有成。

三、對媒體之重視：政府在此十週來所作施政大體而言均甚正確，然而未獲民眾青睞主要由於媒體報導偏向負面。例如油價之漲，此為事理之必然，惟記者均有車輛，漲與不漲對渠等荷包自有影響，彼等均知前政府凍漲做法不當，而此次政府漲價，主要針對長久凍漲期間國際油價飛騰而為，並無不當，惟比提前預告之日期早漲乃成為彼等攻擊之口實。此事中油公司長久以來疏於將營運狀況透明化亦有相當影響。事實上我國油價長期以來均遠低於鄰邦油價；此節中油早應以大幅廣告方式在電子、平面媒體刊登，使全民瞭解。此外，民進黨之攻擊始終是中油目前所售之油乃早期所訂，其價格遠低於今日，因此不能以今日國際油價做為計價基礎，實則近兩年中油營運已有虧損，該公司宜使其經營窘境為民眾所瞭解。當前行政部門負責人均一時之選，學經歷、品德均為一流，所可慮者乃 intellectual arrogance，對無水準之媒體、民代不免有羞於為伍，甚至時有雞同鴨講之感，竊以為團隊中有二位必須放下身段與渠等「混」，一是新聞局長，一是政院祕書長。史局長本身並無問題，目前是對subject matter不能深入，必須加強；至於祕書長則似為misfit，他可任國科會、大學校長，但現職確不適宜，最好能找一位卸任立委接充，當可襄助兆玄兄改進與立院之關係。這樣作當然與原則不符，但現實政治上，時刻均需稍作妥協。

做為一個七十多歲的老人，如此建議，實極不當，撰函時內心亦痛苦萬分，然而吾人必先生存才能有所貢獻；為求生存We have to bend from time to time。匆匆寫來又達十餘頁，言不盡意，惟祈 上蒼賜福中華，使 鈞座能領導國政八年，為同胞立命為國家開太平。所言有不當之處，尚祈 鑒諒。耑肅 謹候

鈞綏

錢復敬上 九十七年八月二日

這兩封信他都沒有回信，也未由辦公室答覆，使我想起二〇〇六年十一月二十三日僑居舊金山的中央評議委員劉昌歧先生來我辦公室，談到不久前逝世的馬鶴凌老先生生前常去美國，每次到舊金山一定下榻劉府和他長談，談話內容以英九為主。馬老先生自幼年時就教育英九成為國家領導人，他也對英九的成就極為滿意，認為將來一定會當選總統。但是馬老先生認為英九的缺點一是不能識人善用，另一是自己當年求好心切，望子成龍，在管教方面過於嚴格，所以英九內心對年長者均有強烈反感，表面上禮貌周到，但內心中對年長者之意見不會接受也有反感。我在二〇〇八年回想劉先生所言，決定不再給他寫信，因為徒勞無功。

在此想敘述一件發生比較近的事。二〇一六年三月二十六日洪秀柱女士當選中國國民黨主席，七月七日新任國民黨國家發展研究院院長林忠山兄來看我，他是我在第三屆國民大會任職時的同事，他說洪主席就任後有新猷，就是恢復總理紀念月會，希望我能在第一次月會演講。月會的時間是每月第一個星期一下午二時，我查了記事本八、九、十各月第一個星期一，或在國外或有先約，就定了在十一月七日。我非常重視這次演講，因為過去在擔任機關首長時，常需至紀念月會作報告，但是近二十年來沒有參加，黨部也沒有辦理，這次洪主席決定恢復，尤其是國民黨在本年初總統和立委選舉遭受重挫以後，應該對黨的高級幹部加以鼓勵打氣。所以在之後四個月我無時無刻不將這次演講記掛在心。就是出國期間也利用空閒蒐集資料細心構思，這也是多年來我首次將講詞全文寫出，一再修正。

當日我到中央黨部時林忠山兄來迎接，引導我去莫天虎祕書長辦公室小坐，莫兄不是黨務出身，一直在調查局工作，主要是海外部門，最後升任局長，他很親切地接待我，稍事寒暄就帶我到樓下中山廳，約有百餘人參加，我們等洪主席到後就開始月會。洪主席甫由大陸訪問歸來，所以她將此行經過先作報告，接著是我以「莫散了團體，休灰了志氣，大家要團結努力」為題，將原稿精簡到三十分鐘的報告。我首先說明為何選擇這個題目，這是黨國元老戴傳賢先生撰〈總理紀念歌〉第三節中的一段，歌詞原文最後四個字是「互相勉勵」，因為本黨今日處境，所以改用「團結努力」較為恰當。

接著我分析本黨自二十一世紀以來兩次嚴重挫敗，二〇〇〇、二〇一六的原因：第一、黨和黨員間的疏離感：二十五年前（一九九一）本黨有三百萬黨員，現在號稱七十八萬，實際只有三十四萬，減了九成。主要原因是黨為避免外界指責我們模仿蘇維埃制度，主動廢除了小組會議，之後黨的作為黨員不知道，黨員的意見也無法反映到黨，彼此離心離德；第二、本黨在主政時為迎合民粹心理，主動將三民主義自大學課程中取消，使青年忽視三民主義，本黨也不宣揚三民主義，黨沒有主義就喪失了靈魂；第三、本黨與社會和青年脫節：過去本黨對勞工、農民、水利、企業、宗教等團體都是本黨同志主導，選舉時這些團體都積極支持本黨候選人，但是自從社工會報撤銷，黨對這些團體沒有連繫，逐漸被民進黨所取代；而青年方面，以往我們在大學中原設有知識青年黨部，能夠自學生中擇優吸收入黨，但是十餘年前知青黨部被撤銷，民進黨乘隙而入，二〇一二年的大選蔡英文代表民進黨，就獲得不少青年軍支持，二〇一四年三月太陽花學運也是民進黨贏得青年支持的範例，與此相關的是網路的掌控，二〇一六大選民進黨的專業網軍是本黨志工的十倍。其次我談到黨如何求新求變：社會是不斷地在變化，人們的喜好也是如此，黨對於社會的脈動必須切實把握，然而萬變不離其經，黨有黨魂黨德，我們同志必須服膺三民主義，而參加本黨是對於國家社會有明確的抱負，以服務國家社會為目標。絕對不可以個人的政治欲望做為入黨的動機，總理生前為人題字經常是「天下為公」，這是總理領導革命四十年心得的結晶，一切努力是為了「公」——即是國家、社會、黨，成功的公算必定很大。再次，黨的組織訓練必須加強，特別是對社會團體、青年和婦女要予以重視。小組會議是黨的基本訓練工具，中央要將任務由小組交付黨員，同志對黨有建議或意見可透過小組反映到中央。此外黨要注意發掘人材，對各項選舉要慎提候選人，不要再臨渴掘井。再者文宣工作要再予加強，過去本黨宣傳機構很多，如《中央日報》、《中華日報》、中國廣播公司、中國電視公司等，現在不是出售就是停辦，使黨全無文宣工具，然而目前媒體中本黨忠貞同志為數不少，中央宜不時連絡請益，並提供資訊。現在文宣工作中最重要的是網路，黨宜經由網路與同志連絡，再鼓勵同志成立網路群組與親朋好友連絡，在選舉前加以分工，使本黨在網路作戰上不致落後。最後是結語，我指出本年民進黨藉全面執政，立即立法通過了《政黨及其附隨機構不當取得財產處理條例》，並在行政院成立「不當黨產處理委員會」，劍及屨及對本黨從事清算鬥爭，做法和對岸上世紀中葉的做法相似，目的是置本黨於死地。不少同志因而懷憂喪志，我想借用戴傳賢先生的話，請各位同志「莫散了團體，休灰了志氣」，黨是我們大家的，要靠自己來救。

最近民進黨提名的大法官主張兩岸關係是特殊國與國關係，這就是一九九八年李登輝的兩國論死灰復燃，也說明了民進黨「反中」「台獨」的決心，這和蔡總統所說的「維持現狀」、「尊重憲政體制」截然不同，明白的顯示他們是說一套、作一套，這是政治人物的大忌，本黨今後的文宣要針對此一矛盾點大加撻伐。但是就本黨而言，最重要的事莫過於「大家要團結努力」；外界常批評本黨是「內鬥內行，外鬥外行」，自己人爭得你死我活，對於其他政黨不妥的言行則視若莫睹。我在此地要大聲呼籲本黨同志為了愛黨救黨必須團結努力，有任何意見可向中央反映，切勿向媒體任意發言，因為媒體是報憂不報喜，更喜歡挑撥離間。個別同志對黨的批評被媒體擴大報導，讓外人看來本黨是一盤散沙，讓熱愛本黨的同志看來對本黨是失望又失望。我的祈望是：本黨團結更團結，努力更努力。

我講完後，一位文傳會副主任胡君起立發言，首先說他對總理「天下為公」的說法不能同意，接著說要提九個問題問我，其中一題我記得是我是否交了黨費；洪主席不等他發言結束，要他坐下，接著說今天是總理紀念月會，你對總理的遺訓毫不尊重，這種場合這樣講話實在不合適，胡君亦未等洪主席講完，起身向外離開，我對他的提問仍予答覆有關黨費事，我說民國七十八年財委會徐立德主委提倡黨員交「終身黨費」，全額是十萬元，那時利率很高，十萬元年利可到一萬元，我當時是中常委，立即響應交「終生黨費」。這次演講後不久我就時常在親綠媒體上看到胡君批評國民黨的文章，有趣的是文末總是寫「中國國民黨文傳會前副主委」。

第八章

一生的回顧

二〇二三年三月八日為我八十八歲生日，古人稱「米壽」，那天我仍是上午作復健，下午去辦公室，晚上和在台北的家人一起吃壽麵，在這一天我想到回憶錄第四卷第七章已將結束，但似乎言有未盡，尤其是前三卷篇幅甚大，閱讀不便，似宜簡化以便閱讀，那一刻決定第四卷要加一章，將我一生作一個摘要敘述。

很多中外友人常對我說，我這一生非常幸福，使人羨慕，我回顧一生幸福之事不少，但是危難挫折之事也不少，因為我有宗教信仰，對危難挫折之事，都向上主祈禱，而自己勉力而為，並沒有對我造成重大的災害。

由童年開始我體弱多病，最嚴重的一次是一九四二年在學校體育課時，同學們打球，球向我飛來我不知躲避，一個體魄壯碩的同學跑過來將我推倒，並踩到我的左大腿，當場骨折，送醫院開刀，因日本人占領上海，對麻醉藥和消炎藥如盤尼西林都是嚴格管制。所幸我們家認識一位留俄的外科醫師魏立功先生，他說沒有麻醉劑不能開刀，他用長竹竿對剖，將一半彎起來固定在腳踝和大腿根，要三十天不能下床，這是很痛苦的事，卻也訓練了我的耐性，三個月後將竹竿撤了，我下床已可站立，不久就可走路，也就是說骨折經固定三個月後就能自己癒合。

一九四七年我和母親赴北平與先北上的父親及二位兄長團聚，我讀了初二和初三上學期，此時是一九四八年十二月中旬，共軍已包圍北平。蔣公要王叔銘將軍立刻派三架運輸機去北平接教授南下，三架可乘約百人，但當時絕大多數的教授都認為這只是改朝換代，一動不如一靜。我們家五個人，父母親、兩位兄長都認為必須離開，我年紀太小，沒有意見，一切聽父母的，但是此時南苑機場已被共軍占領，只能在天壇前闢一臨時道路，每人只許帶一件中型箱，由北平飛南京約五小時，到達時看到胡適公公、陳雪屏伯伯等人在接，其實還有傅斯年先生，但是我以前沒見過。在南京停了幾天，父親接受了傅校長的聘請去台灣大學任教，我們在上海住了一個月於一九四九年二月初到台北。這段經過我們一家在之後數年看到大陸上的清算鬥爭、三反五反、父親的好同事曾昭倫教授（他是地下黨）曾一再勸父親留在北大，化學系一位教授和袁瀚清教授先後自殺，都認為倘若我們沒有離開北平，說不定也會遭受同樣的命運，人生的境遇往往在一念之間。

我在台北讀書順利，建國中學畢業後一九五二年考入台灣大學的政治系，在這四年間我遇到一位貴人，又改變了我的一生，我在三年級時上了一位美國訪問教授饒大衛（David N.Rowe）的課，他是耶魯大學國際關係研究所所長，教我們國際政治，因為是用英文講授，我兩學期考試都得到最高分，饒老師十分喜歡我，告訴我畢業後一定要去耶魯讀研究所。我因畢業後尚有二年預備軍官役，而且家中也無錢供應我去美國，所以對他的話沒放在心上，反而積極準備外交官領事官的高等考試，一九五六年也順利通過。但是饒老師於一九五八年初給我寫信問我，為什麼還沒有申請入學，我只能老實地向他報告，家庭經濟環境無法負擔學費和交通費用。饒老師立刻回信說兩者都不是問題，學校會給我免學費的獎學金，亞洲基金會替我買台北到紐約的機票；另外二哥承諾每月給我一百美元的生活費，因此我立即辦理入學申請，很快得到許可；預官訓練結束後我即頂著烈日趕辦出國手續，在開學前一週抵達學校，二哥還很貼心地駕車由紐約送我到學校代訂的住宿家庭。

在耶魯三年，我順利地完成碩士和博士學位，對我未來的工作非常有助益，但是最大的收穫是三年在耶魯法學院用餐，這是父親的朋友李田意教授告訴我的，他說耶魯法學院是全美第一，所有的學生都是最優秀的，許多被選為總統、州長、參議員，你和這些人交往可能比讀書更有益。的確如此，那時正值八二三金門砲戰，台灣的新聞初次上了媒體的首版，同學們十分感到興趣，見到我是剛由台灣去的，所以我的座位旁邊立刻圍滿了許多同學，逐一提問，我也細心的答覆，不久之後我一進餐廳就有同學說：「Fredrick holds the court」（錢復開庭了），同學們就圍著我發問，每餐飯不到二個小時無法結束，這些同學的問題有的是希望知道事實真相，也有的是作 devils Advocate（魔鬼的代言人），無論哪一類我都心平氣和詳細地作答。

之後我才瞭解，這個每天約四小時的用餐實在是對我最好的磨練，有美國朋友說你花一百萬美金也不容易得到這項訓練，當然他們開始是問金門砲戰，之後是兩岸關係，特別是大陸的現況，甚至亞洲其他地區的問題，我要不斷地充實自己才能應付。所以我說饒老師是我的貴人。不過老師因為一生反共，在自由派的學校頗受排擠，他在耶魯作了二十四年的正教授，年薪始終是一萬二千美元，師母是小學老師待遇比他還高，老師一九七四年六十九歲時退休，在亞利桑那州一個專門供老人居住的小鎮太陽市（Sun city）定居，偶爾還到亞洲訪問，一定到台北看我，我任駐美代表曾先後去鳳凰城（Phoenix）和土桑（Tucson）演講，他都駕車來參加。

一九八五年六月三日，我在辦公室接到師母的電話告訴我老師去世了，兩個兒子都找不到，我勸師母不要擔心，我會請人來幫她，我們洛杉磯辦事處派人去協助師母辦理後事也把兩位公子找到，算是我對老師盡了一點心意。

我在青年時代積極參加蔣經國主任於一九五二年創辦的中國青年反共救國團，總團部的負責幹部對我很器重，一九五五年夏季有青年訪問團赴中東、歐美訪問二個月，我負責實際工作任務，一九五七年夏又赴美參加道德重整會（Moral Rearmament）的活動，為時一個半月。這兩次出國使我增加不少見聞，也交了很多國外的朋友。但是參加救國團活動最重要的是在一九五八年八月，我去耶魯大學前夕在一次接待菲律賓青年的活動中結識了政大西語系的田玲玲女士，也是我的太太。我們兩次見面彼此都有相當的好印象，我到美國後藉著通信繼續連絡。一九六〇年初她來美深造，我陪她去學校安頓，次年她選擇到紐哈芬的圖書館實習，我返國前在紐約訂婚，兩年後在台北結婚。婚後我逐漸發現她有許多個性是我欠缺的，如她待人溫和，講話總是輕聲細語，而我則性情急躁，常口不擇言；她和任何人很容易交友，而我則天性害羞，所以兩人可以互補，特別是奉派美國工作，我必須時常宴請重要官員，但是我怕打電話去會碰釘子，她就會先和對方夫人結識，設法交換電話，每次都是她打電話給對方夫人邀請，幾乎無往不利。所以不少美國友人對我開玩笑說：「Fred,you marry up.」，意思是我娶到她是高攀了。的確，她對我父母的照料是無微不至，所以大舅張茲闓先生常對母親說：「妳三個媳婦只有玲玲對妳最好。」大舅晚年將他多年搜集的滿清翰林所繪的扇面十二幅一版送給玲玲。她不但對我的家人好，對我的同事也好，常常關心他（她）們的家庭，一直到現在很多在國外的同事回到台北一定要看她，表示當年受她照顧的謝意。今年是我們結婚六十週年，所謂「鑽石婚」，我深感她是我此生的貴人。

我返國後開始工作，就有機會接觸到很多國家的重要人物。最初一位是一九六二年擔任副總統兼行政院長陳誠先生，他在那年五月叫我去擔任英文祕書，那時我上午在外交部工作，下午在行政院幫他處理機密文件。陳先生雖是軍人出身，但他對文人非常尊重，如胡適、梅貽琦、蔣夢麟、王世杰諸先生，他都非常禮遇，我在他身邊將近三年，學了很多軍事常識。如他出外車上總有望遠鏡和指南針，這是他軍旅生活的習慣，他帶我去越南、菲律賓訪問，使我增加不少見聞。我為他作翻譯，因為他身體不好，常有外國醫生來看他，使我不得不開始閱讀英文新聞雜誌的醫藥版，增加這方面的詞彙。他在台灣開始辦理土地改革，並寫有專書，與外賓談話常談土地改革，使我在這方面的知識增進。陳氏伉儷待我如同子姪，尤其陳夫人譚祥女士名門閨秀，待人寬厚，和兩位談話如沐春風。

陳誠先生不幸於一九六五年三月逝世，不久，先總統蔣公的軍事方面英文翻譯胡旭光將軍派赴美國工作，我被蔣公點名前往接替，內心十分惶恐，所幸蔣公雖然望之儼然，卻即之也親，對我十分愛護，我的翻譯工作也常獲蔣公和夫人的嘉許，尤其蔣公經常每年有三、四次赴外地小憩靜思，我不屬侍從人員，不必陪伴，但是他到了目的地二、三天後，我就會接到侍衛官的電話，要我立即前往，官邸辦事人員立即安排交通和住宿，我到了以後他並無任務指示，只是要我陪同進餐，陪同散步，有時陪同觀賞國產影片，而蔣公午餐後午休前常坐在躺椅上觀賞風景，這時會叫我坐在傍邊問我最近讀了什麼書，也會將他閱讀完的書交給我讀，不論我讀的或他交閱的都要問我心得，我簡單報告，他還會提出問題，所以這種談話，一方面是他指點我讀書的方向，一方面也測驗我是否確實能由閱讀上收取教訓。至於下午陪同散步，他是拄杖而行，突然他會停下，端詳眼前的景象，有時會輕輕的點點頭，表示此處風水好，有時搖頭，就是風水壞。蔣公對中國傳統文化十分重視，來台後對相術和風水都重視。他召見新任文武重要官員，時間不過三分鐘，這期間官員走向辦公桌前，他會上下端詳三次，問二、三個簡單問題，轉過去看他走出門外，在姓名上畫圈，那是可以任命，或畫點，那是不宜任用，我在一九六〇年代後期也蒙他指示要坐在辦公桌傍。整體而言，蔣公在我為他服務的那些年無時無刻都在教導我，這是我一生所受最重要的教育，蔣公是我最尊貴的導師。

一九七二年六月蔣經國先生任行政院院長，他指派我為行政院新聞局局長，這項任命事先並無任何跡象，發表了三天就去接任，當時新聞局主要工作是國際宣傳，我這勉可擔任，我主要是將過去非常傳統的硬性宣傳改為軟性的國際溝通，我大量的接見國外來的媒體人和他們做坦誠的說明，每次總在一小時以上，這些媒體人引用我的發言在傳播工具上發表，就變更了國外人士對我國的看法，我也將台灣美麗的風景，充滿人情味的同胞，美食佳饌……做為國際宣傳的主體，在海外重要報刊，刊登台灣專輯，圓山飯店、服裝展示、日月潭、墾丁……，美麗的彩色圖片配合精簡易讀的說明，甚受讀者歡迎。他們以往多認為台灣是一個危險的地方，隨時可能發生戰爭，看了我們的廣告專輯才知道台灣是一個美麗寶島觀光勝地。刊登這些廣告專輯的經費，是由重要的企業刊登廣告、所收到的廣告費支付，不是政府花錢，可信度反而大增。

不久蔣院長又將原屬其他機構，但社會風評不佳的出版、廣播、電視、電影四項業務發給新聞局，使我們的任務更沉重，我決定要先防弊再興利，所以除自己潔身自好外，請主管的甘毓龍副局長，他是一位清廉自守的公務員，代我監督新的單位，切勿有受賄的情形發生，不久就見效，社會的評論完全轉變，這時候才開始興利，例如出版事業過去只是審查，我們開始舉辦書展，並且積極參加全球各地的重要書展，使我們的出版品市場擴大，廣播電影我們每年辦金鐘獎和金馬獎，鼓勵優良作品和從業人員，電視當時開辦不久，收視率不佳，我們設法使廠商樂意在這一新媒體上做廣告，許多廣告歌曲，都讓大人小孩可琅琅上口。

我在局內工作努力時時獲得蔣院長嘉獎，但是一九七四年九月美國水門事件（Watergate case）發生，尼克森總統辭職下台，蔣夫人寫了一篇長文痛批尼，並連帶攻擊媒體，要我譯成中文在國內各報發表。我一看文章寫得很好，但是下筆十分犀利，尤其是對媒體，我向蔣院長報告，他邀了幾位大老來研商，都以為有幾段頗為不妥，如全文照刊恐有負面影響，大老們建議由我去報告蔣夫人，將過於有傷害性的片段，可否節刪對全文無損。我去見蔣夫人報告，她一口答應照辦，但是此時原文執筆的孔令侃先生進來問為什麼要刪，我向他報告，他將稿子留下，過了半天告訴我，可以照改，我就譯好發布。不料事後官邸的友人告訴我，說令侃先生和他的妹妹令偉每晚在蔣夫人面前罵我說：一個小孩竟敢改夫人的文章，最初蔣夫人都為我辯護，但禁不起兩位姨姪天天指責再加上蔣公健康日益惡化，心情欠佳，終於在那年年底要蔣院長撤換我。蔣院長知道我是代他受過，就安排我回外交部擔任第二名的常務次長。

一九七五年四月初蔣公逝世，治喪會中我擔任新聞組長，因此治喪期間無法調職，到六月治喪完畢，我再回到外交部，蔣院長也安排第一常務次長蔡維屏先生任國關中心主任，政務次長楊西崑先生一年有半年在國外，所以部內只有沈昌煥部長和我，以前各司處由三位次長分別督導，現在都是我一個人，沈部長也指示我，他只看最重要的電報和公文，其他都由我先發，因此我的工作壓力是十分沉重，工作時間也極長，因為沈部長一般是上午十一時到下午二時，下午四時半到七時來辦公室，我要配合他，上午八時半來二時回家，匆匆用餐立即趕回部，如無應酬總要七時半才能回家，而外交部外賓很多，沈部長僅宴請外交部長以上的官員，其他都要我請，因此常有早上八時半到部，晚上九時半返家的情形。

中美斷交後不久我改任政務次長，請關鏞大使返國任常務次長，之後內閣改組，經濟部由趙耀東任部長，他不要常務次長兼國貿局長邵學錕留任，我就報告蔣部長請邵來部擔任第二常次。我任次長七年，期間最大的事，就是一九七八年底中美斷交，沈部長引咎辭職，蔣彥士先生接任部長，但是他對外交業務不熟，我既要忙著處理有關善後談判，還要處理部內所有的公務。這七年我去了數次歐洲拜訪無邦交國家的首長，逐漸設法改善雙邊關係如設處、辦理簽證、通航等，所以能如此就是靠低姿態，到任何無邦交國家絕不透露，而且我有兩種名片，一是有官銜的，一是中華貿易文化公司副董事長，也經常使用普通護照，這七年間荷蘭因為我們和美國斷交同意以「劍龍」「劍虎」兩條潛水艇賣給我們，就是日積月累不張揚地工作的結果。

這期間我也去了東南亞各國，同樣低調地和各國領導人晤談，馬哈迪一九八二年初邀我訪馬，他在剛宣布解散國會全面改選百忙中召見我，他說我注意你已久，你是貴國唯一關心要協助我們巫人（Bumiputera）的政治人物，其他人只關心華僑。他要我協助馬國建軍並開發他的家鄉北部的吉打州（kedah）。之後我曾數次赴馬國度假，他都在官邸約見。我也是中日斷交後首度訪日的外交部次長，日方友人安排我會晤了除首相以外，所有的高層官員，我也化解了經濟部片面宣布禁止若干日貨輸台所造成的糾紛。

此外，一九七九年三月南葉門對北葉門及沙烏地阿拉伯形成軍事威脅，我國防部一位將級官員對沙國駐華武官說我們可以派空軍赴沙支援，此舉使我軍方及層峰十分尷尬，因為國軍部隊的宗旨是保國衛民，不是為外國作傭兵，沙方對我立場改變十分憤怒，威脅要考慮斷交。蔣總統指派我去沙國和對方訪問，我從未涉足中東，對中東情勢也欠瞭解，向總統請求免派，而由主管中東的楊次長前往，總統十分堅持要我兩天後啟程，我在途中承亞西司葉家梧副司長為我惡補，瞭解沙國人的習俗，和我國不盡相同，很多禁忌切不可觸犯，這些臨陣磨槍的資訊是我完全不知道的，受益良多。到了吉達，沙國情報總局長賓奇親王（Prince Turki al Faisal bin Abdulaziz）算是我的談判對方，他曾多次訪華，安全局王永樹局長款宴時我曾參加，所以還算認識，兩人對談，他十分坦率說明南葉門得到蘇聯的援助，在對付北葉門有強大的空優，北葉門和沙國毗鄰，一旦不保，沙國將直接受到威脅，此所以沙國切盼誠摯的友邦中華民國能以飛行員或機械士支持，因沙國已購買F5E戰機部署於北葉門，但操作無人。我一再說明我為民主國家，國軍是保國衛民，絕不能赴國外代友邦作戰，否則國會與論交相攻擊，政府將無地自容。賓奇親王表示倘有操作人員，北葉門之F5E將可隨時起飛，南葉門就不敢蠢動。此時我靈感一閃，說我國人有就業自由，不少赴國外任職，其中有退役空軍人員，如待遇優渥，各種福利好，他們可能志願前來。親王大喜說這點不難，而且他們只要作例行巡邏，真正戰鬥可能性不大，因此我即寫了一封長信將本案利弊得失詳細分析，煩請在沙國的空軍陳副總司令，專程返國晉謁總統面呈我的信件，果然這封信發生效果，總統同意照辦，但雙方宜訂一備忘錄詳細規定所協議的各點，這就是「大漠計畫」，由一九七九到一九九〇中沙斷交執行了十一年，一切順利。

一九八二年六月我去歐洲訪問，在西德首都波昂巧遇美國國務院政治軍事局局長海普勒（Stefan Halper），他告訴我國務院將與中共簽署對我軍售的限制，原稿有「視中國和平統一問題漸獲進展將減少並最後終止對台軍售」一語，已被雷根總統刪去，但仍有「美對台軍售將在質與量方面逐漸減少」，這就是所謂的《八一七公報》。

我當晚立即以密電報部，這是我們初次聽到這個公報，華府方面則毫無所悉。七月初我回到台北，蔣總統召見告訴我已決定派我去華府擔任駐美代表，我因父親健康需內人照顧懇辭，總統說我已和老太爺談過，他完全同意。這項任命因牽涉一連串的人事調動，所以到十一月中旬才發表，國內各界均有良好反應亦有高度期許，使我誠惶誠恐，我在一次記者會中坦陳：「我是人不是神，是人該做的我必全力以赴，但是無法創造奇蹟。」蔣總統對我去美國也有依依不捨的感覺，在赴任前多次召見。十一月二十日他在七海家中對我說：「你這次去美國我的內心是非常複雜，一方面捨不得你離開台北，一方面又不得不讓你去。」使我深感震撼；此外他要我忍辱負重，任何事情不能衝動要耐心。我知道他對我瞭解很深，因為我講話相當直爽，是非分明，他要我不要動怒，我說我很清楚總統的意思，一切以國家為重，不考慮個人。他也授權我代表處所有的人事我都有權調動，經費不夠，可直接向他電陳，他一定全力支持；這兩項授權我在任期內從未使用，因為外交部駐外單位很多，不能獨厚代表處。經國先生也提示我去華府最主要的工作是消除《八一七公報》對我們的傷害，更要設法獲得第二代的戰車、戰艦和戰機。

我於一九八三年初抵華府，看到二百多人的代表處如一盤散沙，同仁中除少數甚為努力工作者，多數的士氣甚低落。因此我先在每週一上午舉行處務會報，各單位主管出席報告上週的工作及本週要作的事，新聞組姚雙組長十分用心，每次會議都提出一週美國及華文報刊的重要簡報，我會就各組的工作計畫設法完美分工避免重複。例如當時各組均列有邀請在台協會丁大衛主席，我建議可由我或副代表宴請，各組宜邀在台協會對等人員，或美政府對等官員。以前代表不請客、不送禮、不拜會，我要求總務組列出我到任應送禮的名單，以及優先宴客的名單，另外要各組提出宜及早拜會的名單，包括有邦交國家及無邦交但我帶來他們長官介紹函的大使。

我每天八時半準時到班，下午六時半返家，淋浴後下樓宴客。如此一來整個代表處動了起來，華府幾間著名大餐廳每天中午都有代表處的訂位，而美國重要媒體駐華府辦事處主任也紛紛要求來拜訪，三大電視台也要求上週日上午的談話節目，因事涉敏感，我每次都自己去電在台協會或國務院詢問宜否接受，如他們認為不妥，我就婉謝。有人以為這樣我失去了露面的機會，這卻是我取得美方信任的做法。果然經過三、四十次詢問後，美方明白瞭解我是想增進中美雙邊關係而非想破壞美國與中共的關係，大概三、四個月以後互信建立，辦事就變得十分容易。美方遇有重要舉措也會先問我是否同意。與此平行的就是增進國會關係，我們的國會組本來就是很強的，但前任不肯去看議員也不肯請議員，使這些英雄無用武之地。我則對國會組安排的拜會及宴會無不照辦，而且拜會時總多留些時間，以便他們趕去投票或發言，對於議員不分自由派或保守派一視同仁，久而久之，他們對過去「中國遊說團」的猜忌就打消了。

對於蔣總統最重視的《八一七公報》，我向美方說：對岸的軍備在「質」的方面不斷改進，而限制我們在「質」方面不能提升，如此海峽的「海優」「空優」很快就會被對岸取得。我也說軍購等於我們向壽險公司買保險，沒有人買保險希望死，我們軍購也不想使用，但有了軍購，中外企業家相信台灣安全無虞可以放心投資，所以美方對「質」方面逐漸提升。至於「量」因為全球各地物價都逐漸上升，美國工會訂有「依物價指數調整」（cost of living adjustment, COLA）我們軍購價格不斷上漲，釘死一個「八億美元」的額度是不合理的，美方也表示同意，因此「量」不但未減反而提升，所以《八一七公報》實已名存實亡，在我駐美五年八個月間，陸軍方面取得M-60戰車，海軍方面取得「派雷艦」（PFG Perry Class），空軍方面則取得「經國號戰機」（Indigenous Defense Fighter）。

讀者也許認為我在美國工作都是一帆風順，實則不然，如一九九四年十月的江南命案，使美國朝野對我國大肆批評，美政府的好友也一再告誡我要好好處理此案，否則雙方關係可能倒退數年，所幸政府因應得宜，終於化解了這場風波。另外國內某大老，我對他一向恭敬有加，但他對我成見很深，美處很多意見到了他手裡，就是「為山九仞，功虧一簣」；我對外發言被他看到都要逐字推敲，認為有虧職守[1]。在此我想還原事實，我一九八五年底返國述職，於次年一月十五日上午去拜見這位大老，他拿了當天《聯合報》有施克敏兄的專文〈華府關切，錢復返國述職〉給我看，並說此文極不妥，對你也極有傷害，你知道嗎？我因早上有早餐會未看早報，所以據實報告，接下來他就說我常勸人「少說話，少做事」，前兩天馬伯謀（紀壯）赴日我就這樣告訴他。我不敢接話，稍事寒暄就辭出。次（十六）日北美事務協調會為我舉行記者會，《中國時報》時記者孫揚明問到，最近蘇聯軍事力量由海參崴向南到金蘭灣，問我有何看法，我說蘇聯的軍事行動特別是海上的行動，值得大家注意，美國自不例外，美國要維持西太平洋的和平安全，每個自由國家都很重要，因此我們要和美國談軍事或軍售問題，要在這一基礎上共同努力。記者結束當天我就飛往檀香山作演講。但是大老看了就命外交部送現場錄音帶及文字紀錄。部方告知程建人副代表，他聽了數遍錄音帶看了幾次原文，發現沒有不妥，但是大老堅持要處分我。整個事件的次序是一月十五日拜見大老，十六日記者會，

1　請參閱張祖詒著《總統與我》第一四四～一五一頁。我要說明，沈先生批評我發言不當，我並未接話。

當晚返美，十七日大老見報發怒，所以我和大老之間未就蘇聯問題談過話。

一九八八年一月十三日我在西岸聖地牙哥演講，經國先生仙逝，李登輝先生繼任總統，同年二月二十三日及五月十九日李總統二度請他的好友辜濂松兄來華府看我，先告訴我要準備在七月初黨十三全大會後返國工作，第二次明確地說要我先接經建會，熟悉全盤狀況，兩年後他當選連任後，要我擔任行政院院長。果然十三全一中全會我被提名為中常委，大家都知道我的職務要調動；七月二十日第一次中常會，俞國華院長提名我為經建會主委，兩天後和前任辦理交接，同日晚飛返華府，請王昭明副主委代理會務。在華府停留三週，辭行、餞別宴、卸任酒會，每天忙得從早到晚，八月十二日飛返台北立即上班。

經建會是行政院的重要幕僚機關，本身業務不多，但是行政院對各部會和地方政府所提的經濟建設方案，都交給本會研究是否可行。會中的委員是各部會首長，所以有人戲稱經建會是超部會的機構。主任委員重要任務之一是和委員處得好，多聽他們的意見，少堅持自己的主張，使委員會的例會能順暢的進行，請委員們多發言，自己少講話，但是委員們發言的重點要立即記錄，在做結論時盡量將各個委員發言重點包含在內，如此週三委員會討論的結果，立即呈報行政院，備週四院會提出，如果主委能將不同部會的紛歧意見化解，則院會可以立即通過。我的前任雄才大略，開會時常對各委員「嗆聲」，因此各部會首長多不出席，而由次長代表，之後是主任祕書，最後是參事出席，委員會成為一言堂，第二天院會各部會首長對經建會送呈的審議意見紛紛批評，使院長不得不將原案退回經建會重行審議，使經建會沒有面子，同仁的士氣也大大降弱。我到任時幾位重要單位主管都已辭職照准，我一方面要物色新任，也不斷的對同仁鼓勵以提升士氣。

一九八〇年代末是我國經濟成長最快的年代，也因為快速成長導致了許多問題，如重大建設使用土地，過去是民眾志願捐獻，現在不但依公告地價買不到地，連公告現值或市價都無法取得，要市價加若干成才能成交。其次勞工短缺，因為股市狂飆，很多人花二小時坐在有冷氣的號子內，很可能就賺到一個月的工資，不必在烈日下辛勤工作；不得已只能進口外勞，因此也發生了不少社會問題。再次，房地產股市投機之風十分嚴重，連帶產生老鼠會式的「投資公司」，如何化解這些問題都是經建會的重責大任。當然我們本身最重要的工作是編擬國家短（一年）、中（四年）和長（十年）的經濟建設計畫，我很幸運在不到二年的任期內參加了這三種經建計畫。

我任職經建會期間還承俞國華院長委派擔任台北市捷運工程計畫小組和規劃全民健保小組的召集人。這兩項工作都直接和民眾福祉攸關，前者捷運局齊寶錚局長是一位非常認真的工程師，但是對財務管理沒有經驗，經常和市財政局、主計處為追加預算爭吵要我解決，我看了已興建的木柵線和淡水線，工程品質是一流的，但是沿途各站的建築都僅為捷運所用，我對齊局長說捷運經過地區是十分有價值，可用作住宅或商業，你的站是寶貝，沒有利用，今後所有的站都應建十二層以上的大樓，可以和建設公司合作，新站大樓除了捷運使用均可銷售或出租，這樣對貴局的預算可以大加挹注。

對於全民健保，我聘請哈佛大學公衛學院院長蕭慶倫博士為總顧問，他告訴我健保是保險，必須財務上要能自給自足，所以開辦前必須作好精算，另外邊遠地區沒有醫院必須要建立全國醫療網，這是需要長期規劃。然而我兩年離職，規劃工作由衛生署接辦，為應選舉需要，一再將開辦日期提前，當然這兩項工作都無法作好。

我從美國回來，下了飛機車行「一高」，發現有如大停車場，動彈不得，有一天楊裕球先生由舊金山回國來看我，他是著名的林同棪工程顧問股份有限公司的高級顧問，我請教他台灣有颱風地震，我們是否可以在「一高」上加一層，他說直接加影響目前「一高」的行車，他會設法做類似的增進，我替他介紹給交通部張建邦部長，之後就誕生了「汐五高」和「五楊高」，沒有使用太多的土地，運量卻大量增加，所以我常說一生在許多不同單位工作，我最捨不得離開的是經建會，因為是一個真正可以做事的機關。

一九九〇年三月國民大會選舉，李登輝總統連任。四月七日他帶我去東部參訪，當晚宿花蓮英雄館，晚飯後他邀我在臥室談話，不久他就說五月二十日他就職，行政院必須改組，要我接任院長。我表示個人沒有政治欲望，有三個理由不能任這項職位，第一、我是一個守法的人，這兩年看到各地的罷工，圍廠抗爭，都是某些民意代表在煽動，行政院和經濟部多抱息事寧人的態度，付出大筆補償金了事，這是違法支付，我不能照辦，一定會動用公權力制止，如此必與立法院對立，使總統為難；第二、現任院長李煥先生是我在大學時經常指導我的，我在美國求學他也奉經國先生指示經常與我函件來往，我視他為長輩，現在要我接他，外人可能以為我占了他的位子；第三、台灣政治發展到今天，兩大職務——總統和行政院長都應由台籍人士出任，我是外省籍，可以任副職，不宜擔任這兩個職位。

李總統對我的婉拒十分訝異，他說我將你從美國調回，就是想要你擔任此職，你不做，有誰可做？我提了幾位台籍首長，他對連戰認為稍後可以，現在還不行。

之後他提國防部長郝柏村擔任，我則回到外交部。六月一日到任，當天就知道沙烏地阿拉伯要和我們斷交，我用了許多辦法設法阻止，但是仍無法辦到，而於七月二十二日斷交，我即向郝院長遞出辭呈，蒙他婉留。我想到我邦交國中三個大國，沙烏地之外尚有南韓和南非，必須加強關係，因此建議分別改派資深外交官金樹基和陸以正出使，兩位也竭盡所能的維護邦交，但是南韓總統盧泰愚受企業界影響，覬覦大陸的市場，由國家安全部與大陸談判，於一九九二年八月二十二日李相玉外長赴北京簽建交議定書時，主動宣布與韓斷交，我也呈請辭職，仍蒙慰留。

我在外交部此次工作六年，也不都是不吉利的事。我們在中美洲有五個邦交國，一九九一年十月宏都拉斯總統卡耶哈斯（Leonardo Callejas Romero）來華訪問，在離華前對我說中美洲國家元首會議將於十二月初在宏國舉行，特別邀請我以觀察員身分參加會議，之後又發了正式邀請函。十二月十日我抵宏京，先赴外交部拜會卡里亞斯（Mario Carias Zapata），他正在主持高峰會前的外長會，特別請我對七位外長（還有巴拿馬和貝里斯）講話。十二日上午高峰會開幕，卡耶哈斯總統特別介紹我，其他六位元首都說是老朋友來了，十分歡迎。十三日工作會議，卡總統提議成立中美洲七國與中華民國外長組成合作委員會，每年集會一次，輪流在台北和中美洲舉行，並由八國外長共同簽署一項紀錄，為協議提供書面基礎，並決定一九九二年八月在台北舉行，事實上是九月七日舉行。第二次會是一九九三年七月底在哥斯大黎加舉行，每年都按時召開。此時我國經濟繁榮，但在國際舞台上，因為不是聯合國的會員國，各種政治性的國際組織多無法參加，民眾甚感鬱卒。

一九九二年底，國內正要選舉，三位民進黨候選人以「加入聯合國」為唯一政見，均在選區獲最高票當選，民意走向十分明顯，外交部必須有所作為；因此一九九三年本部成立「參與聯合國推動小組」，決定以中華民國（台灣）名義，請友邦向聯合國大會提案組成研究委員會研究處理。我在同年在哥斯大黎加舉行的第三屆八國外長會請八國倡議聯署，再加其他友邦正式提出。同年五月二十二日，我又去紐約密會聯合國蓋里祕書長長談二小時，我將國內的期盼以及本案的困難向他分析以及本年所擬的做法請友邦提研究委員會案，也詳細告知。他說提案能否入議是大問題，因中共掌握的票多，申請入會也有困難，因為以新會員方式申請，中共必認為你們要走台獨路線，結果對你們傷害很大。較務實的方法是作觀察員，你給我一封信，我回你一封信，就可成功，但是我一定要先徵詢五個常任理事國，你們要設法使北京不反對，所以我說你們來聯合國之路最近的是經由北京。他的說明十分明白，而且也是很誠懇的。我回國後，就請東吳大學章孝慈校長和法學院程家瑞院長幫我們作一個專案研究，題目是「我參與國際組織之研究」，他們很認真地去大陸在各大學舉辦國際法研討會，因為大陸在一九五〇～一九八〇的三十年間，大學沒有國際法課程，所以對航空法、太空法、海洋法、智慧財產權法等新的國際法典不夠瞭解，東吳的教授們為他們補上這一缺口，引起了大陸當局的注意，相關的首長約見他們問為什麼如此熱心的幫忙，經費哪裡來？他們說是外交部請他們作專題研究，經費是外交部提供，首長答稱：台灣參與國際組織可以在明年七月第二次辜汪會談提出。家瑞兄在一九九四年底告訴我，我很興奮，立即約見辜振甫先生，就這個課題向他作詳細報告，他同意提出，並要我指派一位專業同仁隨他去上海與對方談。但是人算不如天算，一九九五年五月李登輝總統不顧我一再地反對，堅持去他的母校訪問演講，陸方大怒立即取消第二次辜汪會談，至此我感覺在外交部的工作實在沒有意義，一再向連院長請辭，他都溫言慰留。

一九九六年一月下旬，我應巴哈馬（Bahamas）外長鮑斯威夫人（Janet Bostwick）邀請赴巴國作正式訪問。二十七日是週六下午，安排她陪我出海海釣，她的先生是巴國參議院議長也參加，他們夫婦釣到十多條魚，但都是一呎左右的小魚，我只釣到一條三呎長的大魚。等我回到旅社，玲玲告訴我總統府吳伯雄祕書長和中央黨部許水德祕書長都有電話找我，好像很急。由於時差，我不便立即回他們的電話，就和玲玲、駐巴張慶衍大使、情報司冷若水司長和李宗義主任討論，因為上個月我向連戰院長報告赴巴國訪問，他很慎重地說你的行程如有變更，一定要讓他知道，因為李總統可能要找我。另外一月十九日李元簇副總統找我去，和我談他與李總統的關係自一九九二年以後就很冷淡，最後說了一段話，他說自己年齡已高不能再任公職，如果李總統找你做任何工作，請千萬不要拒絕，稍早報上曾刊登他拒任首位國大議長，所以我猜想兩位祕書長大概要談此事，他們四位一致認為我應接受。我本認為國民大會是國父孫中山先生首創的政權機關，我不能推辭，但是看到台北的政局，我認為這是跳火坑的事，而且有兩所美國不錯的大學——亞利桑那州立大學和加州聖地牙哥州立大學都表示待我離開外交部後，他們要聘我任教，然而四位一再曉以大義，一定要我接受，因此次日我給兩位祕書長回電話，他們說要將我列為國民黨不分區代表第一位，我表示同意，他們說因為區域代表尚未選出，議長將俟全體代表選出後，由本黨代表互推，另外他們也提到下週三（三十一日）中常會會核定不分區代表人選，我是否可參加中常會，我說那日已排好在洛杉磯世界事務協會演講，尚未能返台，他們也說返國後到三月二十三日總統、副總統及國大代表選舉日間，希望我能多參加各地輔選工作，我說如時間可配合一定參加。

選舉結果很順利，李、連兩位以過半數百分之五十四選票當選，國大代表國民黨一八三席、民進黨九十九席、新黨四十六席、無黨籍六席。國民黨於六月八日舉行國民大會黨政研討會，在下午散會前，主席許水德祕書長宣布提名我為議長候選人，副議長人選請李登輝主席決定，稍後他提名謝隆盛兄，大家都認為應該是很好的搭配。第三屆國民大會預備會於七月四日正式舉行，但整天國、民兩黨代表爭吵不已，五日開會仍是互相辯論，我不得已致電李主席，請他指示黨團不要堅持立即選舉，可先通過內規。七月八日正式開會，由許歷農代表任主席，到傍晚開始投票，民進黨因知道若干該黨代表會支持我，所以決定每人均投自己一票，結果我以一二七票當選。再選副議長，經二次投票過了午夜，才選出謝隆盛兄，許歷農主席即以當選證書頒發給我們。

我在之後兩年半主持了三次大會，整體而言，議場的氣氛較過去稍好，因為我明白表示全場如有鬥毆情形，我立刻辭職，辭呈很早寫好放在議事台中間的抽屜，隨時可以拿出來請祕書長宣讀立即生效。之後大家知道，一遇有近似衝突的情形，就由三黨的女代表上台，溫言要求不要辭職，我說這次我接受你們的勸告，但是你們也要請本黨代表自我約束，不要衝突。事實上國會打架主要的原因是媒體，特別是電視，他們有「嗜血症」，一遇打架就大拍特拍，而且每小時不斷播放。若干代表為了選票，會照媒體的需求作肢體衝突。這是一個惡性循環，我試圖扭轉但是並不容易。第一次大會主要是針對總統提名監察院和考試院院長和委員行使同意權，並設立憲政改革委員會；第二次大會主要是修憲，因為總統直選以後要將台灣省虛級化，同時對於國民大會的權責也予以削減，所以集會後爭議不斷，反對虛級化的代表不少，新黨代表拒絕參與。這次修憲主要是李總統要擴大總統的權限，而使彈劾權變得很難行使，而且一切是他主導，例如全部修憲案已完成審查委員會的審查要進入二讀，他又交下要修正的條文，將原進入二讀的修憲案，再付審查，事前沒有和黨部及國大商量[2]；第三次大會分兩階段，第一階段於一九九八年七月，開始是聆聽總統國情報告和國是建言。由於一九九七年十一月謝隆盛副議長因腦中風在台大醫院急救，始終未清醒，他和我合作了一年半，對我襄助良多，醫生告訴我

2 李總統於進入二讀時提出新的修憲版本和已審查通過版本的出入，請參閱《錢復回憶錄 卷三》第四六七～四六八頁。

他長時間昏迷可能無法甦醒，也無法恢復辦公。我瞭解沒有他的幫助，我的議長職務無法繼續，第二階段定於十二月中集會，然而十二月二日李總統約見要我接監察院長，我向他表示服公職已久，可否讓我退休，他說我比你大十三歲還在工作，你怎麼可以退休，他又說你可對國大同仁說是李總統一定要你去監察院。

我於十二月十五日辭去國大議長職務，當天的大會許多代表發言對我表示不捨。然後所有代表上主席台向我話別、照相不停，我回到辦公室，看到新黨精神領袖許歷農代表帶了所有幹部來送別，盛情可感。十二月十六日大會，前一天我是議長，今天變了考生，為行使同意權接受代表的詢問，到一九九六年一月六日得到同意。二月在俞國華資政監交下，我由王作榮前院長手中接下監察院的大印，開始我最後六年也是最輕鬆的六年公職生涯，但是這個大印我到六年後再過三年半才能交接，是我國憲政史上少見的脫軌（aberration）。監察院長是監察委員但是不能行使委員的職權，監察院在憲法上規定的職權，院長都不能碰觸，所以他很像廟裡的菩薩，每天端坐在座位上，卻不能作任何事。我在接任之前，院的副祕書長陳吉雄兄就善意地勸告我：我知道你多年擔任首長對公文要求很高，但是本院委員的調查報告、委員會的紀錄你不能更動，連錯字也不可以改，這是本院的傳統。六年中我恪守陳副祕書長的忠告，就是看到有錯字或讀不通的語句，也只能在上面用貼紙寫：「是否為〇字？」或「此語受文者可能看不懂」請原撰委員更動。

我每天準時上班，準時下班，看報紙、讀書、整理舊檔，偶然有公文來我會仔細閱讀，並設法找出可貼浮紙之處。過了不久，很多委員就知道我整個時間在辦公室，他們查案遇到困難，就會來看我，請我協助解決，我因行政經驗豐富，都可以提出建議使委員感到滿意，此後委員來看我的次數增加，所說不一定公事也有私事，委員們子女成親，我總是證婚者第一人選。我注意到社會上對監察院不夠瞭解，總以為三權分立比較好，我就請委員們提出他們所辦攸關民眾福祉的案件，在委員談話會提出，我們請資深媒體人寫成故事，由《新新聞》週刊出版，使社會上能明瞭監察院能為民眾服務，有其存在的必要。前面提到一九九七年修憲凍省後，省府漁業局辦公室和本院相連，都是面對忠孝東路，我就和行政院蕭萬長院長商量，可否撥給本院供新成立的財產申報處使用，蕭院長隨即同意，我們利用整修的機會將本院正大門進門處的二樓闢為院史館，將本院歷年來所辦重要案件整理陳列，供民眾免費參觀，使大家知道監察院的重要性，對端正政風是有貢獻。

我在監察院工作期間是陳水扁總統執政，他知道院務清閒，所以常派我出國作特使慶賀或弔唁，其中二〇〇四年六月赴巴拿馬，因該國改選總統，新任者對我政府過去數年一再資助他的敵對黨心存怨懟，揚言八月就職後即與我國斷交，外交部認為我與新任正副總統均有兩代交誼，特別建議我去挽回危局，幸而兩位都念舊使中巴邦交得以繼續維持。陳總統對我極為感激，一再要我續任院長，我以自己是四十年的國民黨員，不能接受。

二〇〇五年二月一日我正式脫離公職，先後服務了四十六年。我始終記得俞國華先生於一九八九年對我說的，退休後不能就待在家裡，否則人會很快衰老退化，一定要有一個固定上班的地方，因此當蔡宏圖先生和蔡鎮宇先生邀我在國泰慈善基金會工作時，我立即答應並且一直服務了十六年半，具體工作情形在本書第一章有詳細敘述。我在二〇一八年八月因腦中風顱內出血，動了二次大手術，所以在二〇二一年八月董事會中因已任滿五屆請求辭職，由黃調貴先生接任。我於二〇一九年十二月承蔣經國國際學術交流基金會推選為董事長，該會所建蔣經國總統圖書館及七海文化園區於二〇二二年一月正式開幕，時常有貴賓來參觀，我需接待，因此就轉到北安路園區辦公，該會情形在本書第三章有詳細敘述。總之，自公職退休十八年我是退而不休，過著非常充實的生活。

回首這八十八年的歲月，我內心充滿感恩，許多貴人對我教導提攜，特別是內子田玲玲女士對我可說處處容忍，每天協助，使我在工作忙碌時毫無後顧之憂。整體而言，我認為人生在世，工作固然很重要，因為工作努力可以使個人生活改善，社會也可獲益；但是做人比做事更重要，因為會做人可以得到許多朋友，這些朋友對自己常常作無形的幫助，尤其年老以後，沒有朋友的生活，縱使家財萬貫，也不會有什麼樂趣，反之老年有空和朋友談心，是生活上一大享受。

我在退休後的十八年對此感受極深，也對關懷我愛護我的朋友，有無限的感恩。如何能做到一個有許多朋友的人，其實很簡單，孔子教導學生要他們誠意正心修身齊家治國平天下，對於這六項一般不需要研究後面兩項，但前面四項：誠意正心修身齊家都要注意探討，尤其是誠意正心，是做人基本的修養，能做到這個人在社會上就會到處都是朋友，朋友多了做事就順利。

回顧我派駐華府那些年，稍有成就都是靠美國各界的朋友幫忙，他們聽我講杜魯門時代，國務院發表《中美關係白皮書》（The China White Paper），將我國一筆勾銷，我們退守台澎金馬，自立自強，使自由中國能協助美國安定東亞和東南亞，都表示聞所未聞，美國是對不起我國，所以現在他們樂意幫助我獲得我們需要的第二代三軍軍品，使《八一七公報》成為廢紙。我於一九八八年回國後，在四個機關擔任首長，沒有帶一個私人上任，在瞭解同仁的能力以後調整他們的工作，使每個人都能發揮其所長，避開他的短處，漸漸這些同事都成了我的好友，十八年退休歲月他們常來看我，家中小輩成親找我證婚，出了新的著作一定親自送給我閱讀，我知道這些朋友這麼做都是發自內心，認為我是他們的朋友，我不知道我來日還能有多少年的生命，但是我確知有朋友會陪伴我、幫助我。這是我回顧一生最滿足的感覺，我也願意和讀者分享。

【附錄一】

錢復紀事

一九三五年

・三月二十一日——生於北平。

一九三七年

・秋，全家人自北平移居上海。

一九四〇年

・就讀上海古柏小學。

・七月二十九日——祖父錢鴻業在上海遇刺身亡。

一九四六年

・九月——就讀上海大同大學附設中學初中部。

・九月——父親錢思亮返北大任化學系主任。

一九四七年

・九月——轉學北平育英中學。

一九四八年

- 十二月下旬——全家遷居上海。

一九四九年

- 二月下旬——全家隨國民政府遷台。
- 三月——登記就讀建國中學。

一九五一年

- 父親接任台灣大學校長。

一九五二年

- 九月——就讀台灣大學政治系。
- 十二月一日——中美簽訂「中美共同防禦條約」。

一九五五年

- 當選台大代聯會主席。
- 考入救國團青年友好團，赴土耳其、西班牙訪問。

一九五六年

- 七月——國立台灣大學政治系畢業。
- 通過全國性公務人員高等考試外交官領事官考試。

一九五七年

• 五月——分發至國防部連絡局服預官役。

一九五八年

• 九月十日——赴美留學。

一九五九年

• 六月——獲美國耶魯大學國際關係碩士。

一九六〇年

• 十月十七日——通過耶魯大學國際關係博士口試。

一九六一年

• 九月十六日——與田玲玲在美訂婚。

• 十月十八日——學成歸國。

一九六二年

• 三月——任國立政治大學兼任副教授（至一九六四年）。

• 三月十六日——任外交部北美司專員、科長。

• 五月——任行政院祕書（至一九六三年）為兼行政院長陳誠「舌人」。

• 六月——獲耶魯大學國際關係哲學博士。

一九六三年

- 九月二十二日——與田玲玲結婚。
- 十二月十五日——獲第一屆「十大傑出青年」。

一九六四年

- 十二月二十日——長子錢國維出生。

一九六五年

- 十二月八日——長女錢美端出生。
- 成為總統蔣中正傳譯。

一九六七年

- 三月——任外交部北美司副司長。

一九六九年

- 七月——任外交部北美司司長。
- 八月十八日——國防研究院第十期結業。

一九七〇年

- 任國立台灣大學兼任教授（至一九七二年）。
- 父親擔任中央研究院院長。

一九七一年

・九月——出席聯合國第二十六屆大會，任我國代表團顧問。

一九七二年

・六月——轉任行政院新聞局局長及政府發言人。

・十一月一日——新聞局長任內第一次訪美。

・十二月十二日——訪南韓觀察反共動向。

・獲韓國成均館大學榮譽法學博士。

一九七三年

・六月六日——訪美傳達工作任務。

・八、九月——走訪歐洲七國。

一九七四年

・四月一日——應邀赴美巡迴演講，為期一個月。

・十一月——前往西德巡迴演講。

一九七五年

・二月十七日——赴美統整駐美單位對美做法。

・五月——任外交部常務次長。

一九七六年

・一月四日——母親張婉度逝世。

一九七九年

・五月——任外交部政務次長。

一九八〇年

・四月二十七日——復海會報成立，任海外研委會召集人。

一九八〇年

・十月——訪歐回程，順道訪泰，代表我方捐款二百萬協助泰國救援中南半島難民。

一九八一年

・六月二十三日——購回雙橡園，重新整修。

一九八二年

・十一月——任北美事務協調委員會駐美代表。

一九八三年

・九月十五日——父親錢思亮逝世。

一九八八年

・三月——獲加勒比海美國大學榮譽法學博士。

・七月——任行政院政務委員兼任經濟建設委員會主任委員。

・七月——獲選為中國國民黨中央常務委員（至一九九八年）。

一九九〇年

・六月一日——任外交部部長。

一九九三年

・獲美國威爾森學院榮譽文學博士。

一九九四年

・獲美國佛羅里達國際大學公共服務榮譽博士。

一九九六年

・任國民大會議長（至一九九九年一月）。

一九九七年

・獲美國波士頓大學榮譽法學博士。
・獲美國愛達荷州州立大學榮譽法學博士。

一九九九年

・二月一日——任監察院院長。

二〇〇五年

・一月三十一日——監察院院長卸任。
・二月二十一日——出版回憶錄二卷（天下文化出版）。
・二月二十二日——任國泰慈善基金會董事長。
・九月二十九日——赴美國Norfork出席Club of Rome年會，並赴耶魯大學作專題演講。
・十一月十五日——出席北京大學「北京論壇會」。

二〇〇六年

• 八月二十四日——玲玲口述、張慧英女士撰《優雅的智慧》由天下文化出版。

• 九月二日——赴新加坡出席Forbes Global CEO Conference並拜會李光耀資政，會晤Nathan總統、李顯龍總理、黃根成副總理和楊榮文外長等政要。

二〇〇七年

• 四月二十五日——赴美國耶魯大學「台灣關係研討會」發表主題演講。

• 七月三日——赴里斯本出席UBS Philanthropy Forum，會後轉赴馬德里出席Club of Rome年會。

二〇〇八年

• 二月十九日——出席中央研究院「錢思亮院長百齡誕辰紀念會」。

• 九月十一日——赴新加坡出席UBS Global Philanthropy Forum，並會晤吳作棟資政、楊榮文外長。

• 十月十一日——外交部邀請赴捷克，出席Prague 2000「Prague Crossroads 國際會議」。

• 十月二十二日——率團赴韓國出席「台北首爾論壇」。

二〇〇九年

• 四月十六日——率團赴海南島出席「博鰲亞洲論壇」。

• 五月十五日——赴洛杉磯出席「南加州玉山科技協會年會」演講，並接受「終身成就服務獎」表揚。

- 九月二十七日——赴吉隆坡出席 Forbes Global CEO Conference。
- 十二月十九日——主持「第一屆兩岸國際法學論壇學術研討會」。

二〇一〇年

- 元月十九日——應沙烏地王國突奇親王邀請，赴利雅德「費瑟國王伊斯蘭研究中心」發表演說，並拜會國王長子 Abdullah 親王、王兄利雅德總督、Salman 親王（現任國王）等政要。
- 七月二十八日——拜會來華訪問之史瓦濟蘭（現改稱史瓦帝尼）國王恩史瓦第三世。
- 八月二十四日——赴新加坡，拜會李光耀國務資政、吳作棟資政、李顯龍總理和黃根成副總理。
- 十二月七日——赴北京出席「第一屆兩岸金融高峰論壇」。

二〇一一年

- 三月十六日——「太平洋文化基金會」推選為董事長。
- 四月十二日——率團赴海南島出席「博鰲亞洲論壇」。
- 十二月五日——赴美國華府出席「第四十屆台美當代中國研討會」。

二〇一二年

- 三月三十一日——率團赴海南島出席「博鰲亞洲論壇」。
- 五月二十八日——應約旦王國哈山親王邀請，赴安曼出席 WANA Forum 年會，做主題演講。
- 六月二十一日——赴北京出席「ＵＢＳ慈善論壇」並發表演講。
- 七月一日——應廈門大學邀請，在該校「國際法高等研究院開幕典禮」演講。並出席「海峽兩岸台灣涉外事務研討會」。
- 九月十七日——赴南京出席「海峽兩岸企業家紫金山峰會」。

二〇一三年

- 元月二十三日——率團赴韓國出席「台北首爾論壇」。
- 六月八日——應約旦哈山親王邀請，赴安曼出席WANA Forum年會並演講。
- 七月六日——赴新加坡出席「慧眼中國環球論壇年會」，並在開幕式演講。
- 九月二十二日——結婚五十週年。
- 十一月十九日——赴北京，在清華大學美國研究中心與師生座談，並在北京大學法學院張福運基金會演講。

二〇一四年

- 四月十八日——赴河南主持「兩岸經濟文化論壇」。
- 十月十三日——赴杭州主持「兩岸人文對話」。
- 十二月八日——主持「第三十一屆華歐會議——『歐盟的新人新政』」。

二〇一五年

- 元月五日——赴武漢出席「長江文化論壇」，並擔任中華文化人物頒獎人。
- 二月三日——赴香港浸信大學演講。
- 三月二十四日——陪同馬英九總統赴新加坡，弔唁李光耀國務資政。

- 四月五日——八十初度。
- 六月一日——赴長沙主持「兩岸人文對話」。
- 十一月二日——赴南京出席「紫金山峰會」。

二〇一六年

- 元月五日——赴西安擔任「中華文化人物頒獎人」。
- 二月二十二日——中央研究院「思學並濟　亮節高風——錢思亮先生特展」開幕。
- 二月二十三日——率「台灣論壇」訪問團赴北京與「中國國關研究院」「社科院台灣研究所」「清華大學台灣研究所」「現代國關研究院」等學術機構座談。
- 五月十八日——赴鄭州主持「兩岸經濟文化論壇」。
- 十月十五日——應約旦哈山親王邀請，赴安曼出席WANA Forum年會。
- 十一月五日——赴金門出席「兩岸企業家峰會」。

二〇一七年

- 元月十日——赴深圳擔任「中華文化人物頒獎人」。
- 四月二日——赴鄭州出席「程顥、程頤文化園」開幕儀式並揭幕。
- 六月四日——率「台北論壇訪問團」赴美國華府及紐約，拜會智庫及政要。
- 七月十日——應外交部邀請，赴華府參加「雙橡園八十風華專輯發表會」。
- 十一月十三日——赴梅州主持「兩岸人文對話」。

・十一月十八日——赴上海，在「錢氏家教家風高峰論壇」以及同濟大學發表演講。

二〇一八年

・元月十一日——出席「蔣故總統經國先生對台灣之貢獻暨逝世三十週年紀念座談會」。

・四月十八日——赴鄭州主持「兩岸經濟文化論壇」。

・五月一日——率「台北論壇訪問團」赴北京拜會「社會科學院台研所」「中國國際戰略研究基金會」「中國國際問題研究院」「中共中央黨校」「中國現代國際關係研究院」等機構。

・六月五日——赴北京主持「兩岸人文對話」。

・七月三十一日——中風顱內出血，入院手術。

・九月十八日——出院開始復健。

二〇一九年

・元月十四日——恢復上班。

・六月一日——「蔣經國國際學術文化交流基金會」推選擔任董事長。

二〇二〇年

・五月七日——出版回憶錄第三冊《錢復回憶錄・卷三：1988~2005台灣政經變革的關鍵現場》（天下文化出版）。

【附錄二】

錢復英文著作

1. *The Opening of Korea: A Study of Chinese Diplomacy 1876-1885*
   （The Shoe-string Press, Hamden, Connecticut, U.S.A. 1967）

2. *Speaking As A Friend*
   （Government Information Office, Taipei, R.O.C. 1975）

3. *More Views of A Friend*
   （Government Information Office, Taipei, R.O.C.1976）

4. *Faith and Resilience: The Republic of China Forges Ahead*
   （Kwang Hwa Publishing U.S.A. Inc. 1988）

5. *Opportunity and Challenge*
   （Arizona Historical Foundation, Hayden Library Arizona University, Tempe, Arizona, U.S.A. 1995）

【附錄三】

錢復獲國內外授勳獎章

COUNTRY	POSITION	MEDAL OF DECORATION	DATE
KOREA	Director-General, GIO	Order of Diplomatic Service Merit	1972.12
VIETNAM	Director-General, GIO	Order of Kim Khanh, Grade of Sac-Lenh	1973.4.13
REPUBLIC OF CHINA	Vice Minister, MOFA	Order of Brilliant Star with Grand Cordon 大綬景星勳章	1975.7.12
PARAGUAY	Vice Minister, MOFA	Orden Nacional del Merito en el Grado del Gran Cruz	1975.9.16
DOMINICAN REPUBLIC	Vice Minister, MOFA	Orden del Merito de Duarte, Sanchezy Mella, Grado de Gran Oficial	1975.11.5
DOMINICAN REPUBLIC	Vice Minister, MOFA	Orden del Merito de Duarte en el Grado de Gran Cruz Placa de Plata	1978.10.27
HONDURAS	Vice Minister, MOFA	Orden de Jose Cecilio del Valle en el Grado de Gran Cruz de Plata	1979.4
EL SALVADOR	Vice Minister, MOFA	Orden Nacional "Jose Matias Delgado" en el Grado de Gran Cruz de Plata	1979.6.13

COUNTRY	POSITION	MEDAL OF DECORATION	DATE
HAITI	Vice Minister, MOFA	L'Ordre Nacional Honneur et Merite Grand Officier	1979.7.10
SOUTH AFRICA	Vice Minister, MOFA	Order of Good Hope in the Grand Cross Class	1979.10.17
PANAMA	Vice Minister, MOFA	Orden de Vasca Nunez de Balboa	1980.8
DOMINICAN REPUBLIC	Vice Minister, MOFA	Orden de Don Cristobal Colon en el Grado de Gran Cruz de Plata	1982.2.11
PARAGUAY	Minister, MOFA	Orden Merito en el Grado de Gran Cruz Extraordinario	1990.6.19
KINGDOM OF SWAZILAND	Minister, MOFA	Chief Counsellor of the Royal Order of Sobhuza II	1991.1.16
HONDURAS	Minister, MOFA	Orden de Morazan, Gran Cruz, Plata de Plata	1991.10.9
CENTRAL AFRICAN REPUBLIC	Minister, MOFA	Ordre du Merite Centrafricain, Grand Officier	1992.5.15
GUATEMALA	Minister, MOFA	Gran Cruz de la Orden Quetzal	1992.6.6
EL SALVADOR	Minister, MOFA	Orden "Jose Matias Delgado" en el grado de Gran Cruz, Placa de Plata	1992.6.9

COUNTRY	POSITION	MEDAL OF DECORATION	DATE
GUATEMALA	Minister, MOFA	Orden de Antonio Jose De Irisari en el Grado de Gran Cruz	1992.8.31
NICARAGUA	Minister, MOFA	Orden Jose Dolores Estrada, Batalla de San Jacinto, en el grado de Gran Cruz	1993.7.7
COSTA RICA	Minister, MOFA	Orden Nacional Juan Mora Fernandez en el Grado de Gran Cruz de Plata	1993.7.29
NIGER	Minister, MOFA	Grand Officier de l'Ordre National du Niger	1994.6.2
BUKINA FASO	Minister, MOFA	Officier de l'Ordre National	1994.7.21
PANAMA	Minister, MOFA	Orden Manuel Amador Guerrero en el Grado de Gran Cruz	1994.11.18
GUINEA BISSAU	Minister, MOFA	Ordem Nacional de Merito de Cooperacao e Desenvolvimento	1995.4.11
GUATEMALA	Minister, MOFA	Soberano Congreso Nacional en el Grado de Gran Curz	1995.7.18
REPUBLIC OF CHINA	President, Control Yuan	Oder of Propitious Cloud with Special Grand Cordon 特種大綬卿雲勳章	2000.5.17

【附錄四】

人名索引

中文人名（含部分非英文語系人士之中譯名）

【二劃】

丁偉／220

丁樹範／180, 198

【三劃】

于文豪／174

于品海／212

【四劃】

孔令侃／346

孔令晟／35

尹永寬／152

方仲強／153

毛小平／39

毛高文／79, 81, 86, 89, 92

王允昌／158

王世明／246

王世杰／342

王永樹／349

王石／51, 69, 70, 71, 219

王任遠／237

王至弘／290

王作榮／368

王岐山／176

王育文／74

王叔銘／337

王岩／158

王昭明／356

王洛林／175

王健源／37

王雪紅／90, 92

王景弘／242

王雲五／58

王瑞杰／32, 257

王榮文／228
王榮平／208
王嶠奇／175
王廣亞／74
王德威／82, 89, 130
王毅／38, 173, 176, 177, 178, 196, 197, 255, 257, 258, 259, 261, 263, 266, 267, 269, 271, 273

【五劃】

丘宏達／79, 242, 311
包宗和／56, 220
包柏漪／235
包新弟／235
包道格／133, 182, 238, 243
史久鏞／190, 192, 194
史亞平／169, 170, 171
史綱／81
司徒雷登／122
左宗棠／219
玄鴻柱／153
甘毓龍／345
田弘茂／92
田玲玲／1-2, 100, 104, 107, 116, 124, 130, 134, 140, 141, 144, 150, 155, 160, 180, 191, 205, 212, 220, 240, 241, 242, 244, 254, 260, 262, 271, 273, 282, 284, 287-290, 293-299, 302-304, 341-342, 364, 371
田琍琍／295
白崇禧／156
白楊／251
白謙慎／97

【六劃】

安明栓／195
朱成虎／212, 231
朱崇實／194
朱雲漢／70, 82, 86, 92, 130, 234
朱敬一／130
朱衛東／227
江丙坤／173
江南／235, 354
江澤民／250-251

【七劃】

何亮亮／56
何炳能／297
何懷碩／97
余英時／79, 86
冷若水／107, 134, 136, 364
吳有訓／245
吳伯雄／277, 364
吳作棟／29, 31, 171, 173, 266
吳志攀／122
吳祖禹／158
吳釗燮／129, 136
吳國曾／157
吳敦義／94, 278
吳澄敏／242
吳瓊恩／52
呂冠頤／234
呂德耀／206
宋恭源／231
宋楚瑜／79, 273
李大維／100, 105, 107, 129
李元簇／364
李世明／171
李田意／339
李亦園／79, 81, 82
李光章／143, 241
李光耀／29, 31, 32, 130, 146, 168, 173, 174, 205, 271
李成家／297
李克明／61
李志宏／282, 285
李辰雄／36
李宗義／42, 160, 300, 302, 364
李岡／126-127
李念／214
李明／52, 149, 152
李明珠／126, 246,
李秉錫／201
李芸／246
李珀／59
李勇／254, 261
李奕賢／172
李彥秀／282
李盈璇／298, 302
李祖德／295
李啟明／299, 302

李國鼎／65, 79, 81, 184
李培基／156
李陶然／75
李棟洲／302
李登輝／119, 184, 228, 306, 334, 356, 360, 364, 366
李發焜／303
李煥／360
李慶平／78
李慶言／30
李澄然／183
李學勇／209
李興維／82
李鍾桂／47
李鴻忠／217-281
李豐鯤／296
李顯龍／29, 31, 171
杜正勝／84
杜筑生／140,
杜維明／61, 117
杜鷹／209
汪奉曾／33
沈平／154
沈克勤／135
沈昌煥／347
沈維新／242
沈錡／154, 155, 156
沈嶸／125
沙永傑／285
沙海林／216, 244
阮次山／270

【八劃】

周丹鳳／126
周文重／268
周志懷／227
周其鳳／56
周恩來／124
周詒春／126
周質平／64
周應龍／218
郅玉汝／110
呼世杰／54
季志業／228
季建業／195
林同棪／359

林秀嶺／243
林育慶／167
林忠山／330-331
林松佑／302
林芳郁／283
林昭文／167
林家卉／304
林凱南／283
林鳳萍／298
林震東／166
林鶴雄／294
芮成鋼／254, 266
邱大環／140
邱進益／52
邵玉銘／149
邵琪偉／257
邵學錕／347
金相俊（音譯）／150
金家熙（音譯）／152
金溥聰／310, 322
金達中（音譯）／150, 153, 198, 289
金樹基／361
金燦榮／56
金謹玄（音譯）／152
金耀基／83, 86

【九劃】

俞正聲／209
俞國華／81, 356, 358, 368, 370
俞新天／214-216
姚文勇／60
姚智／172
姚雙／242-243, 352,
施顏祥／170
柯文哲／94
柯新治／29, 207
段潔龍／206
洪秀柱／330
洪奇昌／226
洪國樑／54
洪讀／197, 262
皇甫平／245
胡旭光／126, 343
胡明復／126
胡為真／29-30, 149, 170, 179,

195, 269-270, 288
胡剛復／126
胡祖望／240
胡敦復／126
胡適／338, 342
胡興中／245
胡錦濤／124, 250, 252, 269, 271, 273

【十劃】

原壽／101, 113-114, 122
唐彥博／75
唐家璇／124
唐振楚／218
孫小良／70
孫天義／52
孫亦楷／122
孫至德／293, 295, 304
孫哲／212-213
孫家康／271
孫康宜／129-130, 133
孫揚明／355
孫殿英／52
孫聖安／74
孫聖連／74
孫震／49, 61, 70, 79
徐千媚／298
徐立德／79, 335
徐剛／254, 261
徐國勇／85
徐莽／261
栗戰書／58
烏元彥／135
秦孝儀／96, 218
袁明／38, 56, 121
袁健生／133, 180-181, 242
袁瀚清／338
袁鵬／228
郝平／113, 121, 123-124
郝柏村／123, 361
郝龍斌／25, 94
馬伯謀／355
馬松林／57
馬英九／62, 142-143, 147, 151,

152, 156, 162, 168-169, 170, 172-174, 181-182, 203, 228, 253, 257, 261-262, 269-271, 273, 288, 292, 300, 306, 311, 315, 322

馬鶴淩／ 330

高文寧／ 25

高占祥／ 58, 61-63

高欣儀／ 298

高英茂／ 79

高碩泰／ 135, 238, 240, 242-243

【十一劃】

婁勤儉／ 55

崔剛／ 152

崔蓉芝／ 235

張小可／ 54

張之香／ 211, 213

張文中／ 242

張光直／ 79

張有福／ 70

張均宇／ 171, 174

張志軍／ 229

張亞忠／ 77

張京育／ 79

張明光／ 290

張建邦／ 359

張建國／ 270

張祖詒／ 355, 241

張茲闓／ 235, 342

張欽次／ 130

張發得／ 10

張順安／ 242

張榮發／ 92

張福運／ 211-214

張慶衍／ 364

張豫生／ 48, 49, 60

張謇／ 59

張懷西／ 63

曹聖芬／ 218

梁英斌／ 198

梁啟源／ 226

梅洪／ 61

梅貽琦／ 342

盛華仁／ 208
章孝慈／ 362
章念馳／ 217
符傳禎／ 91
符耀蘭／ 260
習近平／ 58, 62, 208, 263, 266
莫天虎／ 331
許士軍／ 61
許文輝／ 32
許水德／ 364-365
許世銓／ 212
許倬雲／ 65-66, 78-79, 82, 86, 97
許家璐／ 37
許通美／ 30
許智宏／ 113, 117
許嘉璐／ 40, 51, 56-57, 60-61, 218
許鳴真／ 119
許歷農／ 366, 368
連榮華／ 205
連戰／ 79, 92, 305, 360, 364
郭台銘／ 298
郭承天／ 181
郭為藩／ 79
郭嵩燾／ 219
陳元／ 175-176, 254, 261
陳元豐／ 254, 261
陳水扁／ 182, 227-228, 273, 370
陳正湧／ 116
陳永綽／ 152
陳永龍／ 204
陳吉雄／ 368
陳宜君／ 290
陳明豐／ 292
陳建仁／ 86
陳香梅／ 134
陳哲明／ 56
陳振平／ 215
陳振泉／ 205
陳祖培／ 10
陳健同／ 40
陳雪屏／ 338

陳堯琪／301
陳菊／276
陳雲／175
陳雲林／115
陳新滋／220
陳毓駒／158
陳瑞松／280-281
陳瑞隆／207
陳義初／61, 71, 74, 76-77
陳誠／342-343
陳慶珠／207
陳錦華／207
陶澍／219
陸以正／361

【十二劃】

傅佩榮／86
傅建中／107, 134, 136, 242
傅斯年／338
勞克思／182
彭啟平／155
彭淮南／321
曾明同／54
曾昭倫／338
曾培炎／37, 195, 207-208, 252, 257, 260
曾雪如／149, 152
曾紫瑄／298
曾慶紅／120
曾慶源／33
曾慶龍／158
湯靜蓮／12
焦佑倫／196
程正昌／158
程建人／198, 225-226, 234, 289, 355
程家瑞／119, 189-190, 192, 363
程瑛／123
童振源／210
童涵浦／226
華志豪／226
費景漢／111, 148
辜振甫／363
辜濂松／356

黃文濤／212
黃光男／70
黃宗煌／229
黃冠棠／287, 289, 261
黃根成／29, 31, 172, 207
黃國倫／287
黃強／215
黃博浩／297
黃新壁／158
黃煌雄／300
黃調貴／6, 371

【十三劃】

楊心怡／231, 233
楊正宏／77
楊永明／149, 200
楊成華／290
楊西崑／347
楊國賜／75
楊淑君／275-276
楊勝宗／160
楊斯德／120
楊進添／170
楊裕球／359
楊榮文／29, 31
楊潔篪／257
楊蔭萱／242
楊衛澤／39, 208
楚崧秋／218
溫家寶／205, 255-256, 263
睢國餘／70
萬兆光／56
萬捷／61
萬紹芬／218
葉克冬／262
葉郁菁／7
葉家梧／349
葉嘉瑩／219
葉蘊華／122
葛兆元／70
葛學航／242
董建華／173
裘兆琳／234
詹火生／197, 253-254, 262

賈亦斌／120
賈慶林／178, 195-196, 209
賈慶國／401
鄒景雯／324

【十四劃】

廖風德／305
廖健男／290
熊光楷／291
端木愷／47
趙小蘭／181
趙全勝／179
趙建民／200
趙健／75
趙錫麟／160, 165
趙耀東／347
齊心／62
齊邦媛／82
齊寶錚／358

【十五劃】

劉大中／148
劉小燕／290
劉兆玄／321
劉志攻／144
劉延東／97
劉明洪／294
劉明康／38, 209, 258, 260
劉昌歧／330
劉政／285
劉炯天／75
劉素芬／246
劉順仁／61
劉瑛／284
劉瑞生／49, 60
劉夢溪／56, 64
劉銘／18
劉增光／204
劉樂寧／64
劉燕玲／205
劉遵義／79
劉錫鴻／219
潘振球／158
潘基文／203

潘敏行／158

潘慶德／115

蔡天寶／30, 205

蔡宏圖／2, 5, 28, 30, 41, 125, 296, 298, 370

蔡辰洋／22

蔡英文／86, 94-95, 227, 300, 332, 334

蔡啟村／116

蔡得勝／170

蔡富美／24

蔡萬霖／2, 5, 19-21, 44

蔡維屏／347

蔡增家／149-150

蔡鎮宇／2, 10, 370

蔣中正／54, 105, 155-156, 187, 201, 218, 282, 289, 314, 317, 337, 343-344, 346

蔣友松／94-95

蔣友梅／289

蔣方智怡／289

蔣孝剛／187

蔣孝嚴／322

蔣彥士／79, 347

蔣經國／42, 78-79, 82-86, 88-90, 92, 94-95, 119, 130-131, 136-138, 184, 341, 344, 349, 351, 353, 371

蔣夢麟／342

蔣碩傑／79

蔣曉松／251, 262, 268

鄧小平／119, 123-124

鄧振中／170

鄧淦／126, 245

鄧盛平／185

鄧蔭萍／7

鄭乙文／298

鄭大華／218

鄭必堅／114

鄭立中／176, 178, 228

鄭兆玲／221

鄭求銓／198

鄭念／105, 135

鄭欣／140-141

鄭貞銘／56

鄭國平／30

鄭愁予／133

鄭端耀／148-149

鄭澤光／195

【十六劃】

盧峰海／259

穆為民／72-73

蕭自誠／218

蕭萬長／168, 195, 207, 232, 252-253, 261-262, 269, 273, 301, 369

蕭慶倫／359

蕭贊育／218

賴幸媛／170, 176, 178

賴達明／297

錢成錫／244

錢旭紅／245

錢其琛／113-114, 118

錢美端／49, 73, 293, 295, 297, 300, 304

錢胡家琪／1, 287-288, 290, 304

錢偉長／244

錢國維／1-2, 31-32, 41, 49, 74, 290, 293, 295-298, 304

錢煦／117, 121, 154-155, 157-158, 339

錢裕亮／74

錢裕恆／74

錢裕恩／74, 232, 290

錢裕揚／74, 290

錢嘉東／255

錢漢東／214, 216, 249

錢穆／245

錢繩祖／72, 74

駱家輝／213

龍永圖／39-40, 252, 254, 260, 268

【十七劃】

戴相龍／268

戴傳賢／331, 334

薛琦／262

薛福成／219

謝正剛／158

謝孟雄／52

謝炎堯／294
謝英俊／56
謝發達／174, 205, 207
謝進旺／261
謝隆盛／261, 266-267
謝壽康／158
鍾任琴／75
鍾興國／191
韓昇洲／200
韓啟德／37

【十八劃】
簡又新／322
顏協清／290
顏金勇／171
顏炳立／50
魏立功／337
魏建國／207
魏家福／251
魏源／219

【十九劃】
羅世謙／127
羅志軍／209
羅保銘／257, 271
羅添宏／153
羅鴻進／242
證嚴法師／31
譚祥／343
關鏞／347

【二十劃】
嚴家淦／56
嚴雋琪／56
嚴震生／149, 152
蘇格／227
蘇起／226, 233-234, 253-255, 261

【二十一劃】
顧秀蓮／39, 51

【二十二劃】
龔仁心／67

英文人名

Abdulaziz, King Abdullah bin ／阿布都拉國王／ 164, 166-168

Abdulaziz, Prince Sultan bin ／蘇丹親王／ 164

Abdulaziz, Prince Turki al Faisal bin ／突奇親王／ 144, 159-163, 165, 167-168

Abdulaziz, Prince Turki al Faisal bin ／賓奇親王／ 349

Abdullah, King Abdullah II ／阿布都拉國王／ 101

Accili, Maria ／艾奇利／ 142

Adampoulous, William ／亞當・普魯士／ 28

al-Askar, Dr. Abdullah ／阿布都拉／ 165

al-Suwaiyel, Dr. Mohammed ／麥慕德／ 165

Antholis, William ／安索利斯／ 236

Arida, Lily Jacob Romain ／艾利達／ 203

Armacost, Michael ／阿馬考斯／ 154, 156

Badaina, Bashra ／巴黛娜夫人／ 233

Bader, Jeffrey ／貝德／ 159

Badran, Adnan ／巴德倫／ 203

Bark, Taeho ／朴泰浩／ 152

Balghunaim, Dr. Fahad A. S. ／巴谷那／ 166

Barbour, Haley ／巴波爾／ 34

Bartholomew, Carolyn ／白嘉玲／ 138

Bartlett, Beatrice S. ／白彬菊／ 110

Batarseh, Dr. Issa／伊薩／202
Batayneh, Mrs. Bushra／布夏拉夫人／186
Bellocchi, Nat／白樂崎／106, 135
Benda, Marek／班達／147
Bilbeissi, Motassom al-／比爾比西／187-188
Blair, Tony／布萊爾／167, 224
Bloch, Stuart／勃洛克／211
Bolton, John／波頓／135
Bond, Kit／邦德／107
Borchgrave, Arnaud de／狄保格瑞夫／106
Boren, David／博倫／183
Bostwick, Janet／鮑斯威夫人／364
Brooks, Arthur／布洛克斯／181
Brown, Davin／卜大衛／136
Brown, William／浦威廉／135
Bush, Barbara／老布希夫人／116
Bush, George Walker／小布希／124
Bush, Richard／卜睿哲／107, 135-136, 138-139, 182
Byrne, Malcolm／布萊恩／105
Campbell, Kurt／坎貝爾／138
Cheng, Dean／成斌／238
Chey, Tae Won／崔泰源／116-117

Cochran, Thad , R-MS／柯克倫／180, 239

Cohen, Jerome A.／孔傑榮／234

Conner, David／大衛・康納／30

Connorton, Jr., Jonathan V.／康諾頓／234

Crane, Phil／克瑞恩／133

Dean, David／丁大衛／82, 106, 130, 133, 135, 182, 352

DeMuth, Christopher／狄默斯／104, 135, 181

Derwinski, Ed／德文斯基／105

Diez-Hochleitner, Ricardo／迪亞士／101, 122

Dole, Robert／杜爾／107, 236

Donilon, Thomas E.／唐尼隆／288

Doski, Dinder Najiman／杜思奇／203

Dub, Tomáš／達布／147

Ensour, Abdullah／安素爾／187, 232-233

Faisal, Prince Bandar al／班達親王／165

Faisal, Prince Saud bin／沙伍德親王／164

Farris, Terry／法理斯／36

Feldman, Harvey／費浩偉／106, 135-136

Feulner, Ed／佛納／135, 181, 237

Foley, Cardinal John／傅萊／140-141

Foltz, William／福茲／108-109

Fonte, Michael／彭光理／106

Forbes, Chris／克里司／28

Forbes, Steve／斯蒂夫／28-31, 34-35

Francis, Saint／聖方濟各／142

Frye, C. Alton／佛萊／108

Fukuda, Yasuo／福田康夫／263, 268

Fukuyama, Francis／福山／223-224

Gammoh, Jamal Issa／卡莫／187

Gasper, Mr.／蓋斯普／225

Gerber, George／葛勃／243

Gilman, Benjamin A.／吉爾曼／105

Glucksmann, André／葛羅克斯曼／145-146

Gokhale, Vijay／高卡爾／259

Graham, Katharine／葛蘭姆／131

Green, Michael J.／格林／238

Hahm, Chai Bong／咸在鳳／198, 200-201

Haig, Anton／海格／32

Halper, Stefan／海普勒／350

Hamid, Dato Zakaria Abdul／扎卡利亞／33

Hammond, Ellen／韓蒙德／108

Hamre, John J.／韓瑞／238

Han, Chul Soo／韓哲洙／152

Han, Duck Soo／韓 洙／152

Harper, Gregg／哈伯／ 236
Hassan, Prince Rashid bin／拉希德／ 188
Hassan, Princess Sarvath al-薩瓦絲王妃／ 186, 188
Hassan, Princess Sumaya bint El／蘇瑪雅公主／ 202, 232
Hatch, Orrin／海契／ 105
Havel, Vaclav／哈維爾／ 143-144, 147
Hawke, Paul／霍克／ 250, 257-258
Heller, Jim／何樂進／ 239
Holdridge, John／何志立／ 137
Hosokawa, Morihiro／細川護熙／ 250
Hummel Jr., Arthur W.／恆安石／ 105
Hussein, Prince Hamzah bin／漢沙／ 188
Iannucci, Amb. Massimo／伊奴賽／ 141
Indyk, Martin／殷代克／ 182
Inhofe, James R-OK／殷浩甫／ 182
Johnson, Nelson T.／強森／ 243
Juma, Saddeldin／朱瑪／ 187
Kan, Shirley／甘雪麗／ 136
Kelly, William／凱利／ 112, 132
Khalifeh, Hani／漢尼／ 188
Khosla, Ashok／科斯拉／ 101
Kim, Dae Jung／金大中／ 150

Kim, Gwang Lim ／金光琳／ 199
Kim, Heung Kyu ／金興圭／ 151
Kim, Jong Un ／金正恩／ 199
Kim, Tae Hyo ／金泰孝／ 150
Kim, Young Sik ／金永植／ 152
Kirby, William ／柯偉林／ 95
Klaus, Václav ／克勞斯／ 148
Koerber, Eberhard von ／柯博爾／ 101
Kubek, Anthony ／顧貝克／ 183
Laden, Osama bin ／賓拉登／ 193233
Laghi, Cardinal Pio ／賴希／ 140-141
Laux, David ／羅大為／ 106
Lee, Hong Koo ／李洪九／ 149-150, 152, 153, 198-199
Lee, Jong Hee ／李鍾熙／ 151
Lee, Myung Bak ／李明博／ 150-151
Lee, Sang Ok ／李相玉／ 361
Lees, Martin ／李司／ 139
Lilley, James ／李潔明／ 104, 106, 135-138, 243
Lilley, Sally ／利利／ 243
Lohman, Walter ／羅曼／ 238
Lord, Winston ／羅德／ 234-235
Lozi, Ahmad ／勞齊／ 189

Lu, Chris ／盧沛寧／ 236
Mahathir, Dato Seri Mukhriz bin Tun Dr. ／穆克利茲
Mahbubani, Kishore ／馬凱碩／ 30, 32, 130
Malan, Senator Lucio ／馬蘭／ 142
Mann, James ／孟捷慕／ 137
Masini, Eleonora ／馬沙尼／ 142
Matsunaga, Spark D-Hi ／松永正行／ 181
MaxMillan, Martin ／麥米倫／ 36
McKinnon, Don ／麥金儂／ 144
Meadows, Dennis L. ／梅鐸斯／ 103
Mohamad, Datuk Seri Mahathir bin ／馬哈迪／ 33-35, 348
Montezemolo, Andrea Cardinal Cordero Lanza di ／席蒙洛／ 140
Moore, Mike ／穆爾／ 146
Moriaty, Jim ／莫健／ 242
Myers, Ramon H. ／馬若孟／ 155
Nathan, Andrew J. ／黎安友／ 234
Nathan, S. R. ／納丹／ 32
Negroponte, John D. ／尼格拉彭第／ 271
Newman, Abbey ／牛曼／ 110
No, Tae U ／盧泰愚／ 152, 361
Noor, Queen ／努爾王后／ 188
Norris, John ／羅瑞智／ 239

Novoting, J. ／諾伏汀／ 147

O’ Connor, Sandra D. ／奧康納／ 105

Obama, Barrack ／歐巴馬／ 34, 150, 157, 237

Overholt, William ／奧佛豪／ 291

Owens, Adm. William ／歐文斯海軍上將／ 291-292

Park, Geun-hye ／朴槿惠／ 199

Park, Tongsun ／朴東宣／ 153

Peccei, Aurelio ／貝齊／ 139-140

Peck, Daniel W. ／莫德良／ 239

Pickering, Bruce ／皮克林／ 154

Piketty, Thomas ／皮凱提／ 224

Pini, Amb. Mario Filippo ／皮尼／ 142

Pollack, Jonathan ／波拉克／ 238

Pottinger, Matt ／普廷格／ 239

Pratt, Mark ／班立德／ 135

Qassem, Marwan al ／卡錫姆／ 187-188

Rabadi, Dr. Wissam ／拉巴地／ 202

Ramos, Fidel ／羅慕斯／ 250, 252, 260, 268, 271

Rangel, Charles ／藍格／ 105

Ranis, Gustav ／芮尼斯／ 108, 111

Reagan, Ronald Wilson ／雷根／ 136-138, 211, 350

Reardon, John ／李爾頓／ 156

Reed, Joseph V. ／李德／ 117
Revere, Evans J. R. ／李維利／ 234
Rice, Condoleezza ／萊斯／ 104
Richardson, Bill ／李查遜／ 34
Roberts, David ／羅伯茲／ 247
Roberts, Pat ／羅勃茲／ 236
Romberg, Alan ／容安瀾／ 106, 137
Romero, Leonardo Callejas ／卡耶哈斯／ 361
Rowe, David N. ／饒大衛／ 338
Royce, Ed ／羅伊斯／ 236, 242
Runte, Roseann ／隆迪／ 100-101
Rusk, Dean ／魯斯克／ 105
Russel, Daniel A. ／羅素／ 235-236
Russett, Bruce ／羅塞特／ 108
Salovey, Peter ／薩隆維／ 248
Samdja, Claude ／司馬傑君／ 206
Sasakawa, Ryoichi ／笹川良一／ 185
Sasakawa, Yohei ／笹川陽平／ 143-144, 185-186
Saud, King Fahd bin Abdulaziz al ／法赫德國王／ 165
Saud, Prince Faisal bin Abdullah bin ／費瑟親王／ 166, 168
Saud, Prince Salman bin Abdulaziz al ／薩爾曼親王／ 167
Saud, Prince Saud bin Abdullah bin Thunayan al ／紹德親王／ 168

Scalapino, Robert ／施樂伯／ 121, 154, 156

Schrage, Barbara ／施藍旗／ 182

Schriver, Randy ／薛瑞福／ 138

Schwab, Klaus ／史瓦普／ 206

Shanmugaratnam, Tharman ／尚達曼／ 207

Sharif, Maha al ／瑪哈／ 203

Silva, Senator Gustavo ／席爾瓦／ 141

Somare, Michael ／索瑪利／ 257

Sonnenfeldt, Helmut ／宋納斐／ 105

Sousa, Richard ／蘇沙／ 156

Spence, Jonathan ／史景遷／ 111

Stanhope, Admiral Sir Mark ／史坦霍浦海軍上將／ 103

Stone, Laura ／石露蕊／ 239

Stone, Richard ／史東／ 105

Sultan, Fahad al ／法赫德／ 168

Sultan, Prince Bandar bin ／班達親王／ 164

Švejnar, Jan ／塞吉那／ 147

Swaine, Michael ／史旺／ 238

Talal, HRH Prince Hassan bin ／哈山親王／ 100-101, 139, 184-186, 188, 201-204, 229-233

Talal, Hussein bin ／胡笙國王／ 188

Talal, Prince Abdullah al Hussein bin ／阿布杜拉／ 188

Talal, Prince Rashid al Hassan al ／雷希德親王／ 233

Teo, Josephine ／楊莉明／ 206

Thornton, Susan ／董雲裳／ 239

Thurmond, Strom R-S.C. ／塞蒙德／ 180

Tosack, Steve ／陶錫／ 112

Trump, Donald ／川普／ 233-234, 237-239

Vattani, Amb. Umberto ／伐坦尼／ 141

Wadsworth, Jack ／伍德武茲／ 156-157

Wakin, Eric ／瓦金／ 95

Westerfield, H. Bradford ／威斯斐爾德／ 107-108

Wilson, Michael ／威爾遜／ 134

Wright, Thomas ／賴特／ 238

Yiengpruksawan, Mimi Hall ／霍爾／ 105, 110, 128, 133

Young, Stephen ／楊甦棣／ 104

Zagoria, Donald S. ／柴戈利亞／ 234

Zamil, Abdullah al ／扎米爾／ 165

Zapata, Mario Carias ／卡里亞斯／ 361

Zavadil, Petr ／扎瓦迪爾／ 146

Zuccalli, Camile ／楚克利／ 141

Zuckerberg, Mark ／祖克柏／ 248

國家圖書館出版品預行編目(CIP)資料

錢復回憶錄：2005-2023退而不休的使命傳承 / 錢復作. -- 第一版. -- 臺北市：遠見天下文化出版股份有限公司, 2023.09
　面；　公分. -- (社會人文；BGB558)
ISBN 978-626-355-342-2 (精裝)

1.CST: 錢復　2.CST: 回憶錄　3.CST: 臺灣政治

783.3886　　　112011654

社會人文 BGB558

錢復回憶錄・卷四

2005-2023 退而不休的使命傳承

作者 — 錢復

總編輯 — 吳佩穎
社文館副總編輯 — 郭昕詠
封面設計 — 張議文
封面攝影 — 陳之俊
校對 — 陳佩伶
內文排版 — 簡單瑛設
「復」字書法 — 歐豪年

出版者 — 遠見天下文化出版股份有限公司
創辦人 — 高希均、王力行
遠見・天下文化 事業群榮譽董事長 — 高希均
遠見・天下文化 事業群董事長 — 王力行
天下文化社長 — 林天來
國際事務開發部兼版權中心總監 — 潘欣
法律顧問 — 理律法律事務所陳長文律師
著作權顧問 — 魏啟翔律師
社址 — 臺北市 104 松江路 93 巷 1 號
讀者服務專線 — 02-2662-0012 ｜ 傳真 — 02-2662-0007；02-2662-0009
電子郵件信箱 — cwpc@cwgv.com.tw
直接郵撥帳號 — 1326703-6 號　遠見天下文化出版股份有限公司

製版廠 — 中原造像股份有限公司
印刷廠 — 中原造像股份有限公司
裝訂廠 — 精益裝訂股份有限公司
登記證 — 局版台業字第 2517 號
總經銷 — 大和書報圖書股份有限公司　電話／(02)8990-2588
出版日期 — 2023 年 9 月 15 日第一版第 1 次印行

定價 — NT 600 元
ISBN — 978-626-355-342-2
電子書 ISBN — 9786263553903 (EPUB)；9786263553910 (PDF)
書號 — BGB558
天下文化官網 — bookzone.cwgv.com.tw

天下文化
BELIEVE IN READING